新 视 界

始于未知　去往浩瀚

大分流的关口

1522—1582年
全球权力、财政、战争和文化

华腾达 著

上海远东出版社

尔根、比利时的安特卫普、格鲁吉亚的第比利斯、伊朗的伊斯法罕等地，笔者都有幸到访过。虽然无法穿越到五百年前，但亲历那些先人存留下的历史遗迹，依然让笔者感觉到，相较于人类的历史、地球的历史，个体是如此的渺小。同样的道理，无论是"亚洲中心论"或者"东方中心论"，还是"欧洲中心论"或者"西方中心论"；无论是王侯将相，还是才子佳人，都不过是历史的一个注脚。

借用埃隆·马斯克（Elon Musk）的那句已经被玩成网络梗的名言，"世界是个巨大的草台班子"，各位读者在看完这本书后，或许会对 1522 年到 1582 年的世界也有同样的体会：孰强孰弱，或许并不那么重要。而历史本身才是最有趣的。

华腾达

2024 年 5 月 31 日

目 录

1522 年,距今已经 500 多年,正处于大分流的前夜。我们首先可能会好奇,1522 年的世界是长什么样的?

1522—1582 年这 60 年里,世界各国的统治大权都掌握在谁手中? 大明帝国,三个见不着人的皇帝;日本,足利家族完全被战国大名盖过风头;奥斯曼帝国,苏莱曼一世之后再无枭雄;都铎王朝,伊丽莎白一世风头正盛;瓦卢瓦王朝,前有弗朗索瓦一世,后有美第奇太后;阿维什王朝,航海家族的守成之梦;哈布斯堡王朝,两代"地王"疲惫地统治着大片的疆域。

第二章　钱从哪来：各国的"捞钱之道" ……………………………………55

1522—1582 年各国的皇室和"财政部"明争暗斗：大明帝国，皇帝、内阁和户部 PK；奥斯曼帝国，苏丹和"书记官"PK；都铎王朝，国王和议会 PK；瓦卢瓦王朝，国王和"财政官"PK；阿维什王朝，香料卖得正欢；西班牙的哈布斯堡王朝呢？快破产了。

第三章　亚欧角力:"战争与和平"

聂作平的《历史的耻部》里有一段话很适合用来描述这 60 年间的风起云涌:四海承平的治世只是历史里几个小小的段落和细节,乱世却一个接一个,在已经被众多的血腥和阴谋弄得疲惫不堪的史家那里,他们只能面对这些乱世与人祸,无能为力地鸣呼几声,然后再洒几滴同情的浊泪。

第四章　雅俗之间：各国的"文化生活" ……………………………………169

一个国家的文化往往是建立在其制度和财政水平等基础之上的"软实力"，是一国国力的"终极表现"。纵观1522—1582年这60年，我们会看到，当时全球这些主要国家的"文化表现"，往往与其当时的国力和财政状况有着紧密的关联。

　　1582 年，万历皇帝正式开始亲政，接手了一个财政紧张、边境不够太平的大明帝国；织田信长在这一年陨落，丰臣秀吉开始领导一个在对外贸易和思想上更加开放的日本；早已没有了苏莱曼大帝的奥斯曼帝国，在财政和向外扩张的泥沼中缓步前行；法兰西的美第奇太后和亨利三世都已在其人生中的最后几年，勉力维持着一个财政上已不堪一击的瓦卢瓦王朝；菲利普二世仍然运营着一个表面繁荣的庞大帝国，葡萄牙已在它的疆域之内，但其"无敌舰队"将在短短几年后被打败；英格兰与荷兰都在虎视眈眈，准备争夺下一任的霸主之位。1582年，全球史的新篇章，已然开启。

绪　论

1522 年的世界：
大分流的前夜

1522 年，距今已经 500 多年，正处于大分流的前夜。我们首先可能会好奇，1522 年的世界是长什么样的？

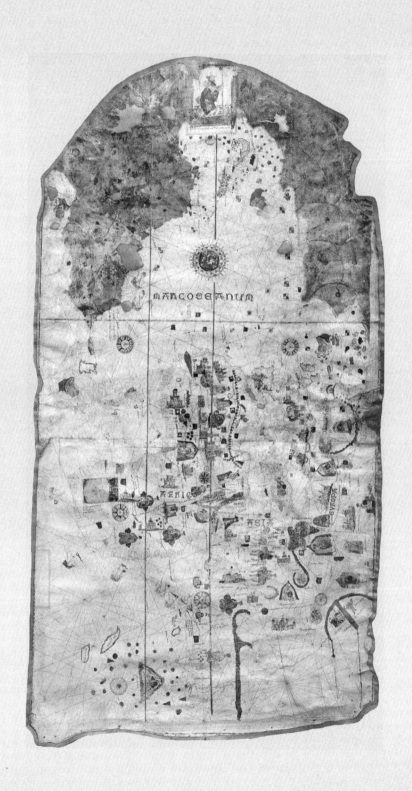

这张是著名的"胡安·德拉科萨地图"，一般被认为是已知的第一张包含了新大陆，也是有史以来第一张加入了赤道和北回归线的世界地图。这幅地图的作者是胡安·德拉科萨(Juan de la Cosa, 1450—1510 年)，他是一位西班牙航海家，是哥伦布第二次去往加勒比海探险航行时的随行制图师(见图 1)。

在 16 世纪的西班牙，官方对于地图资料实行严格的保密政策。当时由官方绘制的航海地图，一般都藏在用两把锁才能打开的匣子里，而两把钥匙分别在两个人手中保管。这或许就是为什么地图作品很多的德拉科萨却只给后人留下了这一幅地图的原因。这张地图现在收藏于西班牙马德里的海军博物馆。

图 1　胡安·德拉科萨画像

历史上，一般把 476 年西罗马帝国灭亡一直到 1453 年东罗马帝国(或称拜占庭帝国)被奥斯曼帝国攻克的这段时间称为中世纪。当然，也有学者有其他不同的时间划分，比如将后面这个时间点延长到 1492 年哥伦布开启大航海序幕，等等。

但无论是哪种划分，1522 年无疑处于中世纪后新的历史纪元的开端期。新航路的开辟，或者说地理大发现，可以看作是欧洲在世界历史上崛起的标志，亦是学界一般公认东西大分流的开始。葡萄牙人阿瓦勒斯在 1513 年成为第一个到达中国的欧洲商人。然而未及开展进一步的活动，他便命丧海盗之手；西班牙人则在 1519 年派遣了麦哲伦(Ferdinand Magellan)率队寻找前往中国的路线，大量的未知与谜团等在前方。

可以说,1522 年正处于大分流的前夜。我们不禁好奇,500 年前的世界是什么样的?

1522 年的大明:难搞的嘉靖

1522 年,大明帝国。

这一年史称嘉靖元年,但实际上嘉靖皇帝已经在上一年的 4 月接替正德皇帝正式即位,开启了其对大明帝国长达 45 年的统治。

嘉靖即位伊始就"证明了"自己是一个很难搞的皇帝。著名的"大礼议事件"堪称嘉靖皇帝给他的臣子们的第一个下马威。所谓的"大礼议事件"就是:1521 年,正德皇帝驾崩无嗣,内阁首辅杨廷和立宗室旁支的朱厚熜入继大统,即嘉靖皇帝。朱厚熜是兴献王朱祐杬的次子。朱厚熜想要追封亡父兴献王朱祐杬为"皇帝",并尊封生母蒋氏为皇太后,但首辅杨廷和等旧臣要求他改以明孝宗为父、生父生母改称为叔父叔母,因而引发了"大礼议事件"。

1522 年 2 月,蒋氏居住的宫殿院落中发生了一场火灾。杨廷和把这一事件看作是皇帝祖先不满于祭祀的安排:火在古代中国被视为主宰所有礼仪事务的自然力。于是他借此逼迫嘉靖至少暂时撤销他双亲的帝、后称号。这进一步激起了嘉靖皇帝对杨廷和及朝廷内文官高官的怨恨。而这一场"大礼议事件"对于整个嘉靖朝,以及之后的大明帝国走向,都有着不小的影响[1]。

1522 年的日本:"互卷"的大名

1522 年的日本已经处于"战国时代",虽然名义上仍然是室町幕府在掌权。早至大约 1490 年代开始,新兴势力的战国大名开始抬头。而正是从 1520 年代开始,"战国大名"风头益长,与之相应,幕府将军的权力日益缩小。"下剋上"的情况愈演愈烈,是日本战国时代的一个显著特征。之前室町幕府的"守护领国制"逐渐演变成了"战国大名领国制"。(见图 2)

什么是"大名"?"大名"就是"守护",其管辖的国家也称为"分国",而分国的治理权是幕府委任的职权。而且,虽然称为分国,但幕府为了防止"大名"权力过大,仍然会掌控一些直属权力。换言之,"大名"是幕府的下属和任务执行者(从某种程度上,或许也可以理解为类似当时欧洲的大领主、大庄园主)。

伊达政宗	上杉景胜	武田晴信
北条氏	今川义元	德川家康
织田信长	丰臣秀吉	大友义镇

图 2　日本战国时代一些大名的印章

资料来源：冯玮：《日本通史》，上海社会科学院出版社，2008 年版，第 275 页。

　　纵观整个室町时代，许多近国地区的守护，由于直接参与幕府的政务，因此往往人在京都，于是一般会委派代理（"守护代"）管理领国。另外还有一些守护仿效幕府建立"奉行人"机构以执行各种裁决结果、课税等重要事宜。"守护代"和"奉行人"居住的场所称为"守护所"，并以此为中心，在周边形成小规模的城下町。这种对领国的治理方式，为"大名"被"架空"提供了充分可能。这也是在战国时代"下剋上"成为普遍现象的根本原因。

　　"战国时代"，顾名思义就是群雄割据，互争雄长，战事频发。当时的日本，北有斋藤义龙，东有今川义元，东北有"战国第一兵法家"之称的武田信玄（本名武田晴信），北陆有上杉辉虎（又名上杉谦信），等等[2]。这些实力强劲的大名持续的"互卷"，其结果居然是，尾张国一个根基浅薄的小领主织田信长脱颖而出，并在 16 世纪下半叶接替了室町幕府对全国的管理。

1522 年的奥斯曼：苏莱曼霸业的开始

1522 年，奥斯曼的新任苏丹苏莱曼一世围攻并占领了罗得岛。从此罗得岛被奥斯曼帝国统治一直到 1912 年。罗得岛早在古希腊时期和中世纪就一直是欧亚交通要冲，也是地中海上的兵家必争之地。

新即位的苏莱曼一世显然野心勃勃。他的前任塞利姆一世刚刚于 1517 年灭亡了埃及的马穆鲁克王朝：奥斯曼由此成为伊斯兰世界的中心。而苏莱曼一世觊觎在地中海获取更大的主导权。众所周知，威尼斯是地中海上掌控商业命脉的重要力量之一。当然，这对于奥斯曼帝国而言也不是什么新鲜事。奥斯曼帝国与基督教国度两者之间的贸易中，诉诸武力或者威胁经常扮演重要的角色。在之前的几个世纪，甚至早至 11 世纪，意大利城邦经常利用军队对付当时的拜占庭，即东罗马帝国，将他们的优势武力转化为经济收益。东罗马帝国被奥斯曼帝国攻陷之后，奥斯曼占据组织力量的优势地位：威尼斯和其他基督教商人必须支付大量费用才能换取贸易权利，而在开放海域上，每艘船必须靠自己的力量对抗海盗。海盗中有基督徒，也有穆斯林，不只是十字军组织，还有在 1522 年前都以罗得岛为总部的圣约翰骑士。1522 年苏莱曼一世占领该岛后，骑士就将海盗活动转移至马耳他岛[3]。

而在陆路方面，此时的奥斯曼帝国与波斯萨法维王朝激战正酣，而苏莱曼一世还把目光投向了奥地利、匈牙利等地区。

1522 年的英国：嘉年华的"排场大比拼"

1522 年，英国正处于都铎王朝执政时期。

这一时期英国的国家财政相对平稳，这几乎完全得益于此时的英国"内阁首辅"托马斯·沃尔西（Thomas Wolsey，1475—1530 年）。沃尔西的官方职位包括林肯主教（1514）、约克大主教（1514）、枢机主教（1515）、英格兰大法官（1515）和教廷使节（1518），而他此时的实际地位是"一人之下万人之上"，是英格兰的全权守卫者，是高超的财政管理者（见图 3、图 4）。

就在两年前的 1520 年，托马斯·沃尔西刚组织了皇家礼仪的经典之作：一场以眼花缭乱的奢靡而闻名的嘉年华"金帛盛会"（Field of the Cloth of Gold），据说被人们誉为世界第八奇迹。"金帛盛会"位于加来附近的两个小镇基尼斯（Guisnes）

和阿德尔（Ardres）之间。亨利八世和弗朗索瓦一世在这场嘉年华上比武。

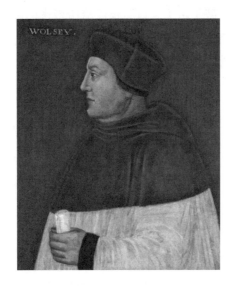

图 3 托马斯·沃尔西（Thomas Wolsey）画像

图 4 托马斯·沃尔西（Thomas Wolsey）作为约克大主教的纹章

这场嘉年华的政治意义在于向新任的神圣罗马皇帝查理五世展示：如果有必要，英吉利海峡两岸的老冤家可以并肩作战对付哈布斯堡王朝的恐吓。此时的查理五世统治着欧洲大片的领土。因此，这并非常规战争，而是在亨利八世和年轻的法王弗朗西斯一世（即弗朗索瓦一世）之间，展示不同寻常的和睦关系[4]。（见图 5）

图 5 《金帛盛会》（绘于 1545 年）

然而,英国王室的财政摆阔,并不能掩盖当时已经开始风雨飘零的经济和财政问题。1522 年以后,市场需求的增长刺破了由于人口增长停滞所带来的虚假繁荣的泡沫。对土地的渴求导致土地租金飙升。常见的观点认为,都铎王朝时期活跃的土地市场孕育了一个欺压穷人的、贪婪的资本家阶级。而这些在 1522 年已经初见端倪[5]。

1522 年的法国:财政"创新元年"

1522 年,已经是法王弗朗索瓦一世在位的第八年。这一年,法国正在爆发严重的财政危机,从而迫使这位瓦卢瓦王朝的统治者对传统税制进行改革。这一年的两项重大"创新"对法国财政制度的影响一直至少延续到了 1789 年的法国大革命。

其一是 1522 年弗朗索瓦一世发行了一笔史无前例的、高达二十万里弗尔的长期公债:这顿时缓解了弗朗索瓦一世的财政状况。这是一种由公众认购并由巴黎市政府的信用维持的政府公债,公债认购者往往能每年得到一笔利息直到去世,本金则不收回,这就是我们今天所常说的"年金"。

另一项是 1522 年设立的"额外收入局"。从这名字上就能看出,这种收入是额外性质的,是不固定的。这个职位最重要的作用就是竞拍全法国的官位,以及可能由这些职位承担的各种课税。更有甚者,如果官位被"二手交易"了,"额外收入局"还能对此课证官职转让费。

我们将在后面的章节中看到,新的社会结构使得当时的法国统治者可以通过税赋、举债和卖官等手段来攫取法兰西的财富。15 世纪 50 年代在经历了中世纪的经济危机后,法国的经济复苏开始出现,与探险者发现新大陆所带来的欧洲财富普遍增长遥相呼应。经济复苏的一大指标是人口规模:在 16 世纪中期法国的人口规模几乎达到了黑死病之前的水平。1572 年布朗多姆写道:"法国的发展就像鸡蛋那样圆满。"在 16 世纪上半叶,鼠疫和饥荒也较少发生;而自 15 世纪 90 年代以来,战争往往发生在法国边界以外,而不是在法国国内[6]。

这就是 1522 年的法国,一派欣欣向荣之景。然而,真的是这样吗?

1522 年的奥地利:不会说德语的斐迪南

1522 年,奥地利的斐迪南刚刚成为奥地利大公不满一年。就在上一年,查理五世给予了斐迪南位于奥地利的领地——然而与哈布斯堡家族在其他地区的领地相比，哈布斯堡家族在德意志和中欧拥有的这块土地价值较低，而且这块领地受到两大难题的困扰：奥斯曼帝国和新教徒。

从经济上说，与西欧相比，多瑙河地区衰落了，因为贸易已经转向了大西洋，而且同东方的贸易也已经因为奥斯曼的入侵而被阻隔。这里的采矿业依然兴旺，虽然这个产业大部分被哈布斯堡家族的南德金融家控制着，而且不久就因为美洲金银的涌入而受到影响。奥地利的农业也有部分的商品化现象，这就造就了大土地所有者的繁荣，但对很多农民而言，这不过是一种"变相的农奴制"。

除此以外，当斐迪南于 1521 年抵达维也纳的时候，他还面临其他不太乐观的情况：这位来自西班牙的年轻人几乎不会说德语，他甚至要面对下奥地利等级会议的反叛[7]。斐迪南竭力让这座城市完全服从于君主的权力：他没有废除死刑。1522 年 8 月，在维也纳新城的法庭上，他处决了反对派头目、市长马丁·西本伯格（Martin Siebenbürger）、五名议员和两名贵族。与此同时，路德教派改革思想的爆发力震撼了整个城市，使斐迪南和王朝处于守势，他在与天主教会的密切配合下才得以发起重要反击[8]。

不过，奥地利的这位斐迪南大公很快就将证明自己的实力：他将是奠定奥地利哈布斯堡王朝辉煌时代的第一人。

1522 年的西班牙：没有回来的麦哲伦

1522 年也是大航海时代探险的关键一年。我们在中学历史课上都学过新航路的开辟，图 6 类似于我们以前在历史教科书上看到的地图。麦哲伦本人和大部分船员中道丧命（麦哲伦在 1521 年菲律宾的一场部落冲突中去世），只剩下 18 个人在胡安·塞巴斯蒂安·艾尔卡诺（Juan Sebastian Elcano）的率领下，于 1522 年回到了西班牙。

虽然麦哲伦没能回到西班牙，但这次环球"首航"让人们有史以来第一次确切地认识到：地球是一个球体。欧洲的水手们仅花了不到三十年，就从对大西洋那边一无所知，到对环球航行习以为常。西班牙的历史学家弗朗西斯科·洛佩斯·德戈马拉（Francisco Lopez de Gomara）在 1522 年宣称"所有的地方都被走过，所有的知识都被了解"[9]。

1522 年，刚刚即位的神圣罗马皇帝查理五世，以联姻之约使得英国的亨利八

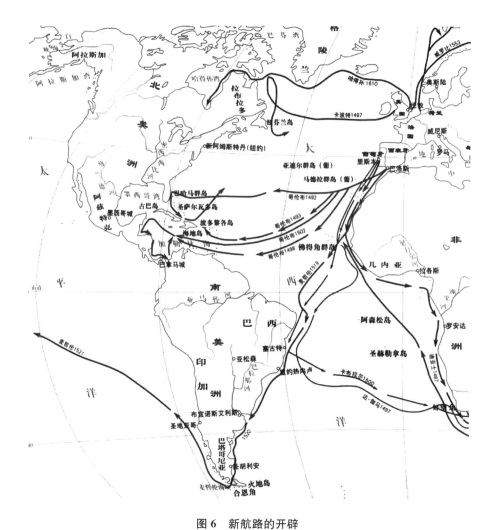

图6　新航路的开辟

资料来源:张芝联、刘学荣主编:《世界历史地图集》,中国地图出版社,2002年版,第78页。

世再度向法国开战。而在西班牙国内,1522年亦不太平。1520年间,西班牙的多个城市的中产阶级在胡安·德帕迪利亚的率领下找到软禁胡安娜的城堡,请求她出来执政。至9月,西班牙的十八个主要城市中有十四个参与了起义,并组建了洪达政府,自诩为捍卫胡安娜的王权。1520年12月,西班牙王室军队进攻洪达政府取得大捷。1522年2月,洪达政府彻底战败投降。1522年7月,查理五世从德意志回到西班牙,处决了大批洪达起义的领袖,并要求继续关押非首要分子的三百余名起义骨干,其他跟随者则得到赦免。

1522 年，西班牙的版图还在日益扩大中。当时，哈布斯堡王朝正通过和西班牙半岛上阿拉贡、卡斯蒂亚王国的联姻取得对西班牙帝国的统治，并通过进一步的航海探险，扩大其对地中海地区、美洲和一些亚非地区的统治权[10]。

1522 年的葡萄牙：守成时代

1521 年 12 月，著名的"幸运"曼努埃尔一世驾崩。葡萄牙王国迎来新任统治者若昂三世。

在曼努埃尔一世的时代，葡萄牙可谓光芒四射。以 1497—1507 年间为例：1497 年，达伽马率领四艘船舰和 170 名船员前往印度；1500 年，卡布拉尔的舰队抵达巴西；1502 年，达伽马第二次前往印度；1505 年，阿尔梅达率领 22 艘战舰前往印度；1506 年，葡萄牙人第一次来到锡兰；1507 年，葡萄牙人抵达波斯湾并攻占了也门港口和霍尔姆兹。曼努埃尔一世时代的航海探险不胜枚举。从 16 世纪初期开始，里斯本作为葡萄牙海外贸易中心的地位得以奠定，它不仅是世界贸易网络的中心，还是各种精美奢侈品的提供地；1522 年时，葡萄牙造船业基本立于全球的金字塔尖。在 1522 年的里斯本，出售珍贵香料的市场、雄壮宏伟的教堂、能吹海风的别墅、流淌着涓涓溪水的果园、装饰华丽的游艇，随处可见。

1522 年，新即位的若昂三世将把葡萄牙继续带向何方？

参考文献

[1] [美]牟复礼、[英]崔瑞德编，张书生等译：《剑桥中国明代史：1368—1644 年》（上卷），中国社会科学出版社，1992 年版，第 432—434 页。

[2] 冯玮著：《日本通史》，上海社会科学院出版社，2008 年版，第 276 页。

[3] [美]威廉·麦克尼尔著，许可欣译：《威尼斯：欧洲的枢纽 1081—1797》，上海人民出版社，2021 年版，第 126—127 页。

[4] [英]西蒙·沙玛著，彭灵译：《英国史Ⅰ：3000BC-AD1603》，中信出版集团，2018 年版，第 246—247 页。

[5] [英]肯尼思·O. 摩根著，方光荣译：《牛津英国史：从公元前 55 年至 21 世纪》，人民日报出版社，2021 年版，第 217 页。

[6] [英]科林·琼斯著，杨保筠、刘雪红译：《剑桥插图法国史》，世界知识出版社，2004 年版，第 126 页。

[7] [美]史蒂芬·贝莱尔著，黄艳红译：《奥地利史》，中国大百科全书出版社，2009 年版，第

42 页。

[8] Sachslehner，J. *Wien：Biografie einer vielfältigen Stadt*. Graz：Molden Verlag，2021.

[9] Henry Kamen，*The Iron Century：Social Change in Europe* 1550—1660. London：Weidenfeld and Nicolson，1971.

[10][荷兰]彼得·李伯庚著，赵复三译：《欧洲文化史：全球史视角下的文明通典》，江苏人民出版社，2012 年版，第 354 页。

第一章

谁在统治：
权力的发动机

1522—1582 年这 60 年里，世界各国的统治大权都掌握在谁手中？大明帝国，三个见不着人的皇帝；日本，足利家族完全被战国大名盖过风头；奥斯曼帝国，苏莱曼一世之后再无枭雄；都铎王朝，伊丽莎白一世风头正盛；瓦卢瓦王朝，前有弗朗索瓦一世，后有美第奇太后；阿维什王朝，航海家族的守成之梦；哈布斯堡王朝，两代"地王"疲惫地统治着大片的疆域。

　　当我们打开一部全球史，不假思索地，我们想了解都是谁在统治当时的世界各国。1522—1582 年全球各国的权力架构无疑各有异同。关于这一点，著名经济史学家扬·卢滕·范赞登（Jan Luiten van Zanden，1955— ）在其《通往工业革命的漫长道路》一书中阐述了一种比较权威的观点——在 16 世纪的欧洲，自上而下和自下而上的两种自发过程的结合使西欧形成了相对民主的制度：法人团体（corporate bodies）接替了宗族组织。可以说，西欧选择了那些更为"个人主义"的制度。而伊斯兰世界的强大家族的联系，就与其在形成"法人团体"的观念上的失败结合在一起，阻碍了法人实体（corporate entities）的发展[1]。当时的大明帝国也类似于后者。

　　让我们来详细展开，探究一下这 60 年间大明帝国、日本、奥斯曼帝国以及一些主要欧洲国家的权力架构及其统治者（见表 1）。

表 1　1522—1582 年全球各主要国家的统治者及其在位时间

王朝	统治者	在位时间	摄政者
大明帝国	嘉靖皇帝（朱厚熜）	1521—1567 年	
	隆庆皇帝（朱载垕）	1567—1572 年	
	万历皇帝（朱翊钧）	1572—1620 年	张居正（摄政：1572—1582 年）
日本战国时代	足利义晴	1521—1546 年	
	足利义辉	1546—1565 年	
	足利义荣	1568 年	织田信长（摄政：1568—1582 年）
	足利义昭	1568—1573 年	

王朝	统治者	在位时间	摄政者
奥斯曼帝国	苏莱曼一世	1520—1566 年	
	赛利姆二世	1566—1574 年	
	穆拉德三世	1574—1595 年	
法国瓦卢瓦王朝	弗朗索瓦一世	1515—1547 年	凯瑟琳·美第奇太后（摄政：1559—1589 年）
	亨利二世	1547—1559 年	
	弗朗索瓦二世	1559—1560 年	
	查理九世	1560—1574 年	
	亨利三世	1574—1589 年	
英国都铎王朝	亨利八世	1509—1547 年	议会（摄政：1547—1553 年）
	爱德华六世	1547—1553 年	
	玛丽一世	1553—1558 年	
	伊丽莎白一世	1558—1603 年	
西班牙哈布斯堡王朝	查理五世	1516—1556 年	
	菲利普二世	1556—1598 年	
奥地利哈布斯堡王朝	斐迪南一世	1521—1564 年	
	马克西米连二世	1564—1576 年	
	鲁道夫二世	1576—1608 年	
葡萄牙阿维什王朝	若昂三世	1522—1557 年	卡塔琳娜和恩里克（摄政：1557—1568 年）
	塞巴斯蒂安一世	1557—1578 年	
	恩里克一世	1578—1580 年	

一、"东方赛里斯"：大明帝国

1522—1582 年的大明：皇帝、内阁与司礼监

"空前的中央集权"

豆瓣评分高达 9.8 的《大明王朝 1566》一开篇，江南织造局总管杨金水就在张

罗着卖丝绸给老外。"丝绸之国"在拉丁语里叫"塞里斯"（Seres），早在西汉时期，当时古罗马的历史学家已经如是称呼中国。时至明朝，大明帝国更是名副其实的"赛里斯"。

现在只要一提到古代中国的权力架构，很多人的第一反应就是"高度的中央集权"。众所周知，唐朝的皇权专制并不强。这种"高度的中央集权"的制度，其实始于宋朝，其初衷是为了避免出现唐末五代十国时期的分裂割据局面。

而大明帝国作为最后一个由汉人统治的古代帝国，其权力架构上的最大特点就是空前的中央集权：其集权程度是之前的任何一个王朝都无法与之比拟的。大明帝国也是一个典型的小农经济：统治者并不是无能力拓展其疆域，而是通过限制自己的领土野心，将资源集中用于国内发展[2]。

君臣关系的"主奴化"

伴随着更高度的中央集权，大明帝国的君臣关系也日趋"主奴化"。大明帝国的这一卑劣变化，基本上是沿袭了蒙古人统治的元朝，和之前的唐宋盛世时期无关。蒙古人人主中原后，在一定程度上改变了中原文化。其中有一个很核心的变化，就是"人"的社会地位出现了卑微化。这种人格卑微化表现在两个方面：一是盛行全民劳役；二是君臣关系的"主奴化"——元朝时在中原地区首次出现了跪拜礼，大臣们向皇帝上奏时全部要跪着。糟糕的是，大明帝国对这些"照单全收"。

早在春秋战国时期，随着职业官僚制度的建立，君臣关系更多的是雇佣的性质。到了唐宋时期，随着科举制度的快速发展，稳定的士人阶层形成，君臣关系的主奴性质进一步淡化。尤其是宋朝，在君臣关系方面，士大夫阶层强调君臣双方都要服从于道，而道统是先于君统的。然而，元代的君臣关系几乎倒退到了远古时期，呈现为主奴关系[3]。在这一点上，由汉人统治的明朝，几乎是继承了这一点：朱元璋建立大明后，也制定规矩，凡是要上奏的官员，一律要下跪启奏。这颇为让人唏嘘不已。

皇帝不是超人："票拟制度"

明帝国建立伊始，朱元璋就废除了丞相一职。但皇帝毕竟不是超人，尤其是朱元璋以后的皇帝，根本做不到像他那样事必躬亲、起早贪黑。皇帝需要有高级别的大臣为其分担繁重的政务，于是内阁制度应运而生。内阁制度始于永乐初年，成祖建立文渊阁，解缙与黄淮、杨士奇、胡广、金幼孜、杨荣、胡俨等进文渊阁参预机务,明朝内阁制度由此开始。不过,内阁制度的真正运转是在朱瞻基(宣德帝)登基后。

朱瞻基确立的"票拟制度"标志着内阁制度的正式运转。所谓票拟制度,就是大臣们的奏折上呈后,内阁先商议并提出批复意见,然后写个小条子附在奏折上,一并呈给皇帝。皇帝审阅小条子后,用朱笔批阅,或边口述意见边由太监代用红笔批示,这称为"批红"。不过,这一制度虽然一定程度上便利了皇权的正常运转,却也为之后屡次出现的宦官威慑朝臣、权倾内外的局面埋下了隐患[4]。

皇帝、内阁和司礼监

宦官专权是明朝行政体系里经常出现的一个问题。洪武帝在明朝伊始确立了宦官不得干政的祖训,然而,在实际操作中,皇帝与朝臣之间的政务沟通经常需要宦官这一媒介。因此,宦官对国事的干预几乎是不可避免的。明代的宦官屡次获得超过皇帝的权力,导致常规流程被破坏,内政机构在那些时期经常无法拥有实权[5]。

等到了 1522—1582 年的时候,内阁和六部虽然在名义上呈同级关系,但实际上,内阁作为处于行政管理最顶层的机构统领六部。六部的长官,即尚书,时常有入阁的机会。其中,吏部负责文官和低级官员的任免、提拔和考核;户部负责统计人口、耕地、赋税的计算和征收以及政府财政,因此本书中提到的很多学者都曾有户部尚书的经历;礼部负责庆典、礼仪、祭祀和进贡等事宜;兵部负责一般性的军事管理;刑部掌管司法和刑狱;工部负责政府建设项目、为朝廷定期招募工匠、维护水利设施、开发自然资源等。在整个明代,六部尚书加上都察院都御史,共同组成内政机构的最高管理层。

一般情况下,大明帝国的文官治理有方。尽管皇帝在理论上是无所不能的,但他不负责制定政策。不同的问题会根据其轻重缓急程度,提交给六部或内阁,或直呈皇帝。内阁大学士经常会在问题后附上合理建议,供皇帝下诏书时参考。皇帝可以接受内阁的建议,也可能与内阁协商达成另一种决策。最终决策权永远属于皇帝,但文官负责给皇帝提供选择范围[6]。

于是我们可以看到,大明帝国的最高决策层是由皇帝、内阁高官和宦官集团中的司礼监这三条线共同组成的。内阁和司礼监之间虽然有出现过张居正和冯保这样的长达十年以上的合作关系(1572—1582 年),但在大部分情况下,这两者之间更多的是激烈的利益冲突和或明或暗的矛盾。因此,内阁和司礼监之间往往是相互制衡的关系(见图 1)。

那么，整个帝国能否正常运行，那就要看皇帝的把控能力了。在 1522 年到 1582 年间先后在位的嘉靖、隆庆、万历，都是此中能手，而其中又以嘉靖的"控局能力"最强。

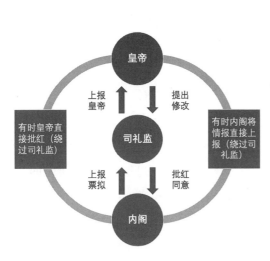

图 1　1522—1582 年大明帝国皇帝、司礼监、内阁的日常政务处理示意图

图 2　嘉靖皇帝画像

"帝王术大师"：嘉靖(1521—1566 年在位)

嘉靖帝朱厚熜(1507—1566 年)是明朝第十二任皇帝，庙号世宗。嘉靖即位伊始就展开了长达三年半的"大礼议事件"，其间廷杖致死朝臣多达十六人；最终嘉靖皇帝仍然不顾朝臣反对，得偿所愿(见图 2)。

嘉靖皇帝统治的前二十年，俨然英明君王的形象。政治上严禁宦官干政且勤于政务；经济上减轻赋役，还耕于民；军事上清除外患，整顿边防；文化上完善科举制度，整顿学政，提拔才俊。这一时期史称"嘉靖中兴"。嘉靖执政的前半段，国家财政稳定，商业发达，每年富余白银就多达五百多万，粮草够支用十余年。

转折点发生在嘉靖二十一年(1542 年)11 月的一天晚上：几个宫女试图勒死嘉靖皇帝而未遂。事后所有涉事宫女都被即时处决。在这次事件之后，嘉靖皇帝完全退出了朝廷和紫禁城的正常生活。自此以后，他彻底停止出席惯常的早朝。除了一小批被信赖的谋臣外，他和帝国的绝大多数官僚都不再有直接的接触[7]。

嘉靖比起他的先祖们，更加精通帝王之术。他在位的中后期，虽然二十几年没上朝,但始终掌握着明朝的军政大权,对国家的政务了如指掌,同时还把文武百官都玩弄于股掌之间。明朝有个特殊的职位叫司礼监秉笔太监,常代皇帝行"批红"大权,朱厚熜用它制衡内阁,作为特务机构的锦衣卫也派上了用场。只是嘉靖执政的后半段,吏治日益败坏,社会风气日奢,国家财政状况也大不如前。与此同时,嘉靖本人对于道教的痴迷也越来越深,着迷于通过药物、宗教仪式和养生之道追求长生不老。严嵩、严世蕃父子总领朝政期间的诸多弊端,嘉靖难辞其咎。

"后宫的蜜蜂":隆庆(1567—1572 年在位)

图 3　隆庆皇帝画像

隆庆帝朱载坖(又作朱载垕,1537—1572 年)是明朝第十三任皇帝,庙号"穆宗"。隆庆在位虽然只有短短六年时间,却做成了隆庆开关和俺答封贡两件大事,为大明帝国的"续命"作出了很大贡献(见图 3)。

隆庆帝重用徐阶、高拱、李春芳等人,可谓是任人唯贤。而为了改变嘉靖皇帝数十年不上朝的形象,隆庆倒是每天坚持"未明而衣,日旰而食,岁无虚月,月无虚日,视朝可谓勤"。但是,这看起来更像是皇帝在履行某种仪式。而且,据称隆庆皇帝也并没有正史中描述的这么勤奋。革弊施新没多久,他开始宠信太监滕祥、孟冲等人。即位后不久,他很快就将权力交给了以高拱为首的内阁,平时很少召见阁臣,而他自己就在后宫享乐。

而且,老天似乎与他开了个玩笑。坊间传闻隆庆皇帝特别好色,整天在后宫里忙来忙去,被人比作后宫中辛勤的蜜蜂。加上他长期服用春药,导致他的身体很快就透支,即位之后没几年就卧病在床,身体也不允许其上朝了。于是,他的累计上朝时间恐怕比嘉靖更短。

"不上朝的皇帝":万历(1572—1620 年在位)

当然,隆庆的上朝时间再短,也比不上他的继任万历皇帝。万历皇帝长达 30

年不上朝的纪录,整个全球古代封建王朝恐怕都无人能及(见图4)。

万历皇帝(1563—1620 年)于 1572—1620 年间在位,是大明帝国在位时间最长的皇帝。他在位的前十年,仍然是个少年。朝政实际上由他的母亲李太后和内阁首辅张居正掌控。因为有张居正对朝政的掌控,国家运行机制良好。张居正去世之后,万历皇帝亲政。张居正受到公开指责,他的财产被没收。此后明廷的最高层保持没有领导的状态。内阁里的权力斗争确实受到了抑制,任何个人都不再可能对这个机构进行控制,然而之后的内阁首辅中也再也没有出现张居正这样的能臣。

图 4　万历皇帝画像

万历皇帝因为立储的问题,和官僚们的关系闹得很僵。而当万历开始派遣一些太监到各省当税使和矿监时,他进一步疏远了官僚们。更夸张的是,由于缺乏明廷的领导,万历年间很多官职处于空缺状态,也无人递补。官员如果想提出辞呈,万历是既不同意也不反对:事实上,万历基本上是根本不处理这些奏章。

"万历三大征"是很多明史书籍记述万历皇帝时会提到的史诗。但事实上,根据《剑桥中国明代史》的观点,没有什么历史上的正当理由把在西南扑灭一个土著首领的战役、在西北镇压兵变的战役以及与日本的战争,当作具有同等重要性的三个事件而硬凑在一起。这一组合更像是大明帝国的史官(或者后来的一些学者)夸大晚明帝国的军事威力以颂扬一个衰落中的王朝,即使是以罔顾真实性为代价[8]。

大明权臣:"一人之下万人之上"

在 1522—1582 年间,大明帝国最重要(也最有名)的四位握有实权的内阁首辅分别是严嵩、徐阶、高拱和张居正。他们先后执掌明廷,拥有"一人之下万人之上"的权力,有时甚至能达到"代行皇权"的程度,尤其是在皇帝长期不上朝或者是皇帝过于年幼的那些时日里。

严嵩（1548—1562 年任首辅）

图 5　严嵩画像

严嵩（1480—1567 年），明朝权臣。《明史》将严嵩列为明代六大奸臣之一，称其"惟一意媚上，窃权罔利"。严嵩在中进士后，先在北京与南京的翰林院任职十余年。此时的嘉靖皇帝宠信时任礼部尚书的夏言，于是借着同乡这层关系，严嵩高攀夏言。随后，严嵩历任南京礼部尚书，并在赴京朝觐嘉靖时被留下，从而开始获得与嘉靖频繁接触的机会。夏言自视甚高，反对世宗沉迷道教，因而渐不为明世宗所喜。1548 年，严嵩从此开启了对朝堂长达近二十年的影响力。

然而，这里的影响力并不是指严嵩一手遮天。严嵩的实际权力其实根本没有大家所认为的那么大。嘉靖皇帝作为一个玩弄帝王术的高手，是不会允许手下有人一手遮天的。严嵩和内阁次辅或者其他阁僚之间是明显的互相制约的关系。严嵩掌权的近二十年里，地位屡次被挑战：夏言、仇鸾、陆炳、徐阶，都是在朝堂上非常有竞争力的对手。而且，严嵩最终正是被徐阶成功弹劾并赶走的（见图 5）。

严嵩能够博得嘉靖的喜爱，有一个很重要的原因是他很善于写青词。青词因在青藤纸上用朱红色字写而得名。青词本是道教举行斋醮仪式时献给天界神明的奏文，其特点是文笔华丽，以示皇帝对求仙的诚意。官方的青词写作始于唐朝，而到了嘉靖年间，因为嘉靖皇帝对道教相当痴迷，因此善于写青词很容易得宠。严嵩为了写好青词倾注了大量精力，废寝忘食。据说在 1550 年庚戌之变时，俺答的军队已经包围了京城，情况万分紧急，此时严嵩居然还在专心致志地写青词。

当然，严嵩得以这么多年"一人之下万人之上"，光是能写青词显然是不够的。严嵩其实在基本国策上没犯过什么太大的错误，确实也在勤恳地维持大明帝国的正常运转，还提拔了不少人才，并没有任人唯亲。然而严嵩有两大败笔，或许是导致他风评很差的最主要原因。一个是他党同伐异：他陷害了不少与他政见不合的忠良之士，比如夏言、沈炼、杨继盛、曾铣、张经。另一个是贪污。不过严嵩家族的贪污，主要推手其实不是严嵩，而是他的儿子严世蕃。严世蕃时任工部尚书，私底下的各种权钱交易不计其数。不过话说回来，官员贪污在明朝并不鲜见。一个重要原因就是明代的官俸之低为历代之罕见。大明帝国的很多大小官员，敛财颇有手段,不仅名下有大量土地,而且还设法在征税时隐田以逃税。上述这两点都将在本书第二章中展开。

因此,我们可以以认为,资本和地主阶级依附于以官员为代表的士人阶级,形成了官资一体的利益集团,这一利益集团其实与皇权是有较大的对立关系的。严嵩很显然是嘉靖的"马前卒",是皇权的代言人。换句话说,严嵩并不是利益集团的一部分,反而身处利益集团的对立面。因此,一旦严嵩失去了皇权的庇护,其下场可想而知。

而严嵩的下场真的就是如此。晚年的严嵩本就越来越不为嘉靖皇帝所喜,再加上严嵩在朝堂上的竞争对手的"推波助澜":嘉靖四十一年(1562年),学者何心隐教道士蓝道行,以扶乩降"神语",揭露严嵩父子弄权之状,御史邹应龙乘机弹劾严世蕃[9]。于是,严嵩就在当年被嘉靖皇帝勒令致仕,不久又因严世蕃案被抄家,不得不寄食于墓舍而终。可以说严嵩是"成也嘉靖,败也嘉靖"。

徐阶(1562—1568年任首辅)

徐阶(1503—1583年),字子升,号少湖,是松江府华亭县(今天的上海市松江区)人,明朝时期有名的高官,在1562—1568年间担任内阁首辅(见图6)。

徐阶经常会被明史学者和爱好者们与他的前任严嵩放在一起比较。很少有人注意到的是,他和严嵩其实有一个共同的伯乐:杨廷和(1459—1529年,于1512—1515年以及1517—1524年间担任内阁首辅)。弘治十八年(1505年)的会试,杨廷和对严嵩的答卷赞赏有加,并根据当时的科举惯例,杨廷和成了严嵩的老师;而在嘉靖二年(1523年)的殿试上,杨廷和断言当时的新科进士徐阶日后必成大器。

图6　徐阶画像

徐阶和严嵩分属互相看不顺眼的两大派别。徐阶得以与严嵩共事多年却不为严嵩所伤,一大原因就是徐阶的忍耐力极强。当时位居内阁次辅的徐阶在坊间有个很有趣的绰号,叫"甘草国老"。甘草中正平和,但味道太甜,而且药效过慢。这个绰号显然是讽刺徐阶是个老好人。徐阶懂得如何讨好嘉靖皇帝,他也写青词(虽然没有到严嵩对青词的入迷程度),也向嘉靖提出可以帮他炼丹。而对严嵩,徐阶也是百般示好,对严嵩言听计从,让狡猾的严嵩都放松了对他的警惕。

徐阶本人非常喜欢讲学。徐阶不仅是进士出身,而且还高中探花,因而在学术上可谓"根正苗红"。徐阶是当时阳明心学的推崇者。他即使身居高位,不管工作多忙,也坚持讲学。所以他在士人阶层里的名声非常好。甚至高拱还吐槽过他讲学太多,不务正业。

虽然在历史上,徐阶的名声比严嵩好太多,然而其实在贪污方面,严嵩根本还称不上是个大贪官。徐阶的资产是严嵩的几十倍。徐阶在他的家乡,即当时的松江府有良田二十四万亩(见《林居漫录》;一说二十万亩,见《皇明史窃》)。

那么,徐阶的好名声来自哪里?除了上述原因之外,最重要的一个原因应该是徐阶干了更多的实事,并且让官僚体系重新运作起来。严嵩任内阁首辅之时,整个朝堂上党争不断,乌烟瘴气;而在徐阶任内阁首辅之时,虽然不能说党争一点都没有,但是官员之间总算不会为了互相抨击而耗费大量精力,更多的精力可以放在实际的治国之上。大明帝国因此获益,其获得的利益远甚于徐阶和他的党羽所贪污的钱财。

高拱(1571—1572 年任首辅)

在 1571 年接替徐阶内阁首辅之位的是高拱(1513—1578 年)。他的内阁首辅任期虽然只有 1 年,但是他资历很老。而且从某些方面来看,他的权力与他之后的张居正不相上下。嘉靖、隆庆年间,内阁的地位得到提升,内阁的一众成员就想把批红权从宦官集团那里收回到内阁手中。而其中做得最成功的就是高拱(见图 7)。

图 7　高拱画像

他任首辅期间,司礼监的大太监人选,需要有他的推荐才可以任职,而在他之前,这种情况根本是闻所未闻。当时司礼监掌印太监之位空缺,按照资历应该是由冯保接位,然而高拱却推荐了御用监的陈洪接位。而等到陈洪被罢免后,高拱还是不推荐冯保,而是让孟冲接位。冯保心里一定把高拱的祖宗十八代全部骂了一遍:让陈洪接位也勉强算了,这下居然让一个管烧饭的尚膳监来接司礼监掌印太监这么重要的"首席太监"职位,明摆着是跟冯保过不去。于是,冯保和当时正谋求内阁首辅之位的张居正一拍即合,联手扳倒了高拱。与此同时，内阁还没焐热的从司礼监夺回的批红权，又回到了司礼监手中。

张居正（1572—1582 年任首辅）

张居正（1525—1582 年），是大明帝国最有名
的内阁首辅之一。张居正从 1572 年直到 1582 年
他去世为止，掌权十年。这十年间，他有司礼监大
太监冯保和万历皇帝的生母慈圣太后的全力支
持，几乎是一人独揽大权，实际权力堪比皇帝。

在财政方面，他在这十年中所积累的国库储
备的成就很显著：在他去世前不久，京城的粮仓有
足够的存粮以满足此后九年的需要；不到紧急时
刻不能支取的太仓库储藏室里的存银增加到 600
多万两；太仆寺还保存了另外 400 多万两；广西、浙
江和四川的省库平均存款在 15 万—80 万两。对
国家财政的关心显然决定性地影响了张居正的各

图 8　张居正画像

项政策[10]。张居正进行全国推广的"一条鞭法"将在本书第二章中详细展开。

不过略显讽刺的是，张居正虽然一直或明或暗地抨击严嵩的敛财问题，他本
人也是一个深陷贪污嫌疑的高官。虽然他确实比前任（比如严嵩、高拱等人）更亲
民，但与他利用自己的权力牟取私利的程度相比前任有过之而无不及。张居正也
是一流的敛财高手，与他所嘲讽的严嵩，以及他的老师、前任首辅徐阶并没有什么
不同。他享受着奢侈的生活方式。张居正过世后，万历帝搜查张家，据称收缴黄
金一万多两，白银十万多两。张居正是帝国的大富豪之一[11]。（见图 8）

二、"颓废幕府"与日本战国时代

1522—1582 年的日本：室町幕府与旁落的大权

在 1522—1573 年间，日本正处于战国时代（自 1467 年 1 月"应仁之乱"爆发之
日起），但室町幕府至少仍然是名义上的日本统治者。其对全国的统治和支配，是
以与御家人之间建立的"主从的支配权"和"统治的支配权"为基础的。但由于各

领国之间的结盟、服属、吞并,"领国"的区域范围必然发生变化。而以结盟、服属、吞并为基本内容的"合纵连横",正是战国时代的基本特色。室町幕府的守护体制,也正是在这一过程中彻底瓦解的。

而在朝廷与幕府的关系方面,自足利义满以后,天皇的权威明显呈上升趋势。这一趋势,同时也反映战国争乱愈演愈烈。战国大名经常有希望获得天皇、将军的认可成为守护,并因此强化与其的关系。但大名们基本上享有独自的权力,与天皇、将军不存在从属关系。就这个意义而言,战国大名的领国具有地域国家的属性,不仅各自为政,在领国内形成了自成一体的经济运营方式[12]。

而等到足利义晴于 1521 年接下幕府将军位置的时候,已经是标准的战国时代、室町幕府的末期,此时将军的权力已经是越来越小。而足利义晴也不是个有作为的将军,算是个无能的将军,远不如他的先代开辟幕府时代的足利尊氏将军和将政权推向顶峰的足利义满将军。第 13 代足利义辉虽然想重振幕府,可是幕府已经无往日的力量,他最后也只落了孤身战死的下场。第 14 代代将军足利义荣只是个傀儡,第 15 代将军足利义昭设计了对织田信长的包围网,但是最后也是功败垂成。室町幕府于 1573 年正式宣告灭亡。

"日本的周王朝":1522—1573 年的足利家族

足利义晴(Ashikaga Yoshiharu,1511—1550 年)是室町幕府的第 12 代将军,第 11 代将军足利义澄的长子,于 1521—1546 年在位。足利义晴一直试图恢复幕府将军的权力,设立由自己亲信组成的政治中枢。他还迎娶朝廷重臣之女为正室,试图得到朝廷的支持。足利义晴与当时的幕府"管领"(幕府中央最高行政官)细川晴元不和,并于 1546 年在舍利寺之战中被细川晴元击败。此后,足利义晴将将军职让给其子足利义辉。但由于足利义辉尚年幼,足利义晴仍然以大御所的身份继续执掌幕政,直到 1550 年病逝(见图 9)。

足利义辉是室町幕府后期最有作为的将军。足利义辉(Ashikaga Yoshiteru,1536—1565 年),是室町幕府第 13 代大将军(1546—1565 年

图 9　足利义晴画像

在位），足利义晴之子。足利义辉为人刚毅，一心想要恢复幕府结束乱世，然而终被奸人所害。他虽然没能保住室町幕府的基业，但他却是日本历史上武术最为精湛的幕府将军，人称"剑豪将军"。足利义辉在早年曾接受剑神上泉信纲和冢原卜传的指导。冢原卜传曾传授给义辉"一之太刀"的奥义，而这些卜传没有传授给其他徒弟，足见卜传对义辉武功的认可。1565年足利义辉在居所受到松永久秀袭击，据传足利义辉一人在室内与叛军相持达三小时，无人可以近身。最后叛军将榻榻米拆下作为盾牌，将

图 10　足利义辉画像

义辉围住并压倒，再用长枪刺死被压住的将军。还有一个说法是，足利义辉被敌军围困，以一己之力力战五百余人毫发无伤，最后叛军无奈之下只能用乱箭将足利义辉射死。无论是以上哪个版本，其"剑豪将军"的美名及其悲壮的结局都是毋庸置疑的（见图 10）。

足利义荣（Ashikaga Yoshihide，1538—1568 年）是室町幕府第 14 代将军，但在位仅 7 个月（1568 年 2 月至 9 月）。他的父亲是足利义晴之弟足利义维。1565年足利义辉被松永久秀等人杀死后，足利义荣被拥立，翌年入摄津富田，1567 年请朝廷封其为将军，翌年二月足利义荣接将军位，但当年九月就病逝了。足利义荣从而成为室町幕府历代将军中唯一一个没有踏足本据地京都的将军（见图 11）。

足利义昭（Ashikaga Yoshiaki，1537—1597 年），是日本室町幕府第 15 代大将

图 11　足利义荣塑像

军，也是末代将军，足利义晴的次子，于 1568—1573 年在位。他年轻时曾入佛门，在足利义辉被叛臣弑死后，被细川藤孝等人拥立还俗。在得到织田信长的协助之后，足利义昭于 1568 年进入京都而成为室町幕府第 15 代大将军。但是之后织田信长便试图扩大权力并限制足利义昭的行为，于是足利义昭便与武田信玄、上杉谦信等大名联合反制织田信长，形成

对织田信长的包围网,但是都被织田信长打破。

1573 年,织田信长举兵将足利义昭放逐河内,室町幕府宣告实质上灭亡。但足利义昭的大将军身份在名义上直到 1588 年才取消。在室町幕府覆灭后,足利义昭被迫流亡。他曾试图通过与西国大名毛利氏合作来恢复自己的地位,但最终也失败了。后来,他转而投靠丰臣秀吉,希望能够借助丰臣家的力量恢复自己的地位。然而,丰臣秀吉并不信任他,最终将他软禁在京都西北的一座庙宇中,结束了他的政治生涯(见图 12)。

图 12　足利义昭画像

战国豪杰:织田信长和丰臣秀吉

织田信长(1552—1582 年掌权)

织田信长(Oda Nobunaga,1534—1582 年)是日本战国时代尾张国(今日本爱知县)的大名,从其父织田信秀 1552 年去世后成为织田家的首领,并在 1568 年到 1582 年为掌握大权的日本实际领导人,并在 1573 年实质上推翻了名义上管理日本超过两百年的室町幕府。在日本历史上,织田信长与其曾经的手下丰臣秀吉、其盟友德川家康并称"战国三杰"。他是日本历史上备受瞩目的政治家和战略家之一(见图 13)。

图 13　织田信长画像

织田信长出身于尾张国的一个小领主家庭,是织田氏的成员。尽管他出身在一个相对较小的家族,但织田信长通过其智慧、胆识和政治手腕,成功地在战国乱世中崭露头角。织田信长的政治生涯始于他继承家族领地后,迅速展现出了出色的领导才能。他采取了一系列果断而有效的措施,加强了家族的地位和影响力。织田信长通过与其他领主的外交手段,扩大了自己的势力范围,并利用战乱时期的机遇,逐渐将周围的领地纳入了自己的势力范围。

织田信长的最重要的政治成就之一是统一了中部地区的尾张、美浓和近江三国。他通过一系列的军事行动和外交手段，成功地征服了这些地区的领主，将他们纳入自己的势力范围。这一举措使得他的势力得以进一步扩大，成为战国时代的一股重要势力。

织田信长的军事才能也是他的政治成功的重要因素之一。他建立了一支精锐的军队，采用了一系列新的战术和策略，包括快速机动、奇袭和火器的使用，使他在战场上取得了惊人的胜利。他的军队在许多战役中都展现出了强大的战斗力，成为日本战国时代最为恐怖的军事力量之一。

然而，织田信长的统治并不是一帆风顺的。在他的统治时期，他也面临着来自内部和外部的种种挑战。内部方面，他不得不应对来自家族内部的反对势力和内讧，以及来自其他势力的挑战。当时名义上的幕府大将军足利义昭与织田信长为敌，联合武田氏、浅井氏、朝仓氏、铃木氏等势力，组成第一次信长包围网。信长逐一消灭各个势力，瓦解了包围网，并放逐义昭。然而，正当织田信长掌控近畿全境并进一步扩展其势力之时，他于 1582 年遭家臣明智光秀背叛，被明智光秀超过一万人的部队包围于本能寺，史称"本能寺之变"，织田信长终告陨落。

丰臣秀吉（1585—1598 年掌权）

丰臣秀吉（Toyotomi Hideyoshi，1537—1598 年），在 1585 年到 1598 年间是日本的实际统治者。丰臣秀吉原为贱民出身，然后因侍奉大名织田信长，富有才干而逐渐发迹。1582 年，主君织田信长于本能寺之变中意外殒命后，丰臣秀吉随即于山崎之战中击败叛臣明智光秀，然后在清洲会议取得织田家主导地位，篡夺织田家原先势力据为己有，进而成为织田信长的实质继承者。1585 年，丰臣秀吉获封为内大臣兼任摄政，并于 1587 年兼任朝廷最高官位太政大臣的职位，成为当时日本的实际最高统治者（见图 14）。

图 14　丰臣秀吉画像

相传丰臣秀吉曾被人称作"猿面冠者"，也就是嘲讽他像穿着衣冠的猿猴。当时在日本的传教士弗洛伊斯记载秀吉"身材矮小，容貌丑陋，右手有六只手指"。就连丰臣秀吉自己也承认"相貌丑陋、五体贫弱"。弗洛伊斯记载了丰臣秀吉的夜生活："太阁（丰臣秀吉）极为好色而不知廉耻，经常沉迷于动物性的肉欲中，在他的宫廷内，拥有二百名以上的女人。这个暴君年龄已经超过六十岁（外表看起来比实际年龄还要老），但是他还派人出外搜寻美女，不管是商人或是工人的女儿，也不管是未婚或是寡妇，只要是容貌美丽，都被他召进城内。而且他都只留一二天，就让那些妇女回家，只有让他满意的，才长久留在城内。"[13]

三、"中东魅影"：奥斯曼帝国

1522—1582 年的奥斯曼：政教合一的军事帝国

首先，奥斯曼帝国是一个世俗与伊斯兰教政教合一的君主神权国家，这是本书中提及的所有其他帝国都不具备的特点。也就是说，伊斯兰教在帝国的政治生活中具有重要作用，伊斯兰教的机构和政府行政机构可以看作是互相平行的关系，而这两者都由苏丹掌控。

奥斯曼帝国还有另一个区别于同时期其他帝国的特点：它是一个靠征服维持内部团结的军事帝国，但同时也是一个较为典型的小农经济。即便时至 16 世纪，奥斯曼帝国也不是商品经济社会，货币对社会的影响十分有限，大部分人是在农田劳动，自给自足。因此，奥斯曼就更加对货币不敏感了：货币崩了没啥，反正就以物易物呗；但是农业崩了不得了，那是真的崩溃了。这一点，和大明帝国倒是有几分相像。

以上的两大制度基础，加上当时基督教世界的分裂，造就了 1522—1582 年间的奥斯曼帝国甚为剽悍的历史。这要从 1517 年说起。那年，马丁·路德与当时在位的奥斯曼苏丹塞利姆一世，几乎是同时对他们所在的宗教文化做了重大改革。这并不是什么巧合：这是对同样的全球局势的相似反应。更重要的是，他们两个人的所作所为，也影响到了对方的思想和行为。奥斯曼帝国在军事上的成功相当于扯下了基督教世界的虚弱及其在意识形态上腐朽的"遮羞布"；反过来，在 16 世纪早期，敌对阵营之间高涨的决战热情也迫使奥斯曼人在 1517 年之后必须更主动、更直接地将自己标榜为捍卫全球伊斯兰文明的先锋。塞利姆一世及其继承者看到基督教的宗教改革运动导致了欧洲的进一步分裂，决定要对这一机遇善加利用。随着新教与天主教之间的暴力冲突愈演愈烈，基督教世界陷入分裂，这就给了短短几年后苏莱曼一世开始统治下的奥斯曼帝国大幅扩张版图，尤其是在欧洲东南部扩张版图的机会[14]。

"枭雄苏丹"：苏莱曼一世（1520—1566 年在位）

苏莱曼一世（Süleyman，1494—1566 年），是奥斯曼帝国在位时间最长的苏丹（1520—1566 年在位），同时兼任哈里发（见图 15）。年轻的苏莱曼一世即位后不久，巴尔托洛梅奥·孔塔里尼（Bartolomeo Contarini，当时的威尼斯使节）如此描述就职典礼上的新任苏丹："他25 岁的年纪，身材高挑而硬朗，外表柔弱。颈部稍长、面容瘦削、鹰钩鼻，留着一簇小胡子和少许胡须，尽管略显苍白，却依然神采奕奕。他被誉为英明之主，好学之士，所有人都想受益于他的统治。他的头巾也大得出奇。"这一生动的

图 15　苏莱曼一世画像

形象描绘，与苏莱曼一世（又称作"苏莱曼大帝"）的画像非常契合。

苏莱曼大帝是欧洲 16 世纪最杰出的君主之一，在他的统治下，奥斯曼帝国在政治、经济、军事和文化等诸多方面都进入全盛时期。苏莱曼大帝统率下的奥斯曼军队的扩张态势一直到 1529 年的维也纳之围时才被暂时遏制。而苏莱曼大帝在与波斯的萨法维王朝的战争中则占领了大半个中东地区，包括伊斯兰教三大圣地麦加、麦地那、耶路撒冷，阿拉伯帝国倭马亚王朝故都大马士革、阿拔斯王朝故都巴格达和法蒂玛王朝故都开罗等。苏莱曼大帝在位期间，奥斯曼帝国舰队称霸地中海、红海和波斯湾。其不朽的军事战绩将在本书第三章中展开。

苏莱曼一方面斗志高昂，另一方面又生性多疑、忧郁、容易激动。在漫长的统治期间，他遇到的坎坷，可能要超过他过度自大的祖先拜亚齐的遭遇，也比后来的苏丹们不得不面对的那些问题更加棘手。晚年的苏莱曼体弱多病，年轻时的高昂斗志和意气风发荡然无存——他身着朴素的衣服，用陶盘进餐。某次，在苏莱曼老迈之际，奥地利大使前来辞行。在大使的相关记述中，大帝已经不再是一个活生生

的人,而是成为帝国的化身:老朽、辉煌、臃肿、造作,一条腿遭受着溃疡之苦[15]。

"酒鬼":塞利姆二世(1566—1574 年在位)

图 16　塞利姆二世画像

雄才大略的苏莱曼一世本来有好几个儿子,然而最有王者气质的苏莱曼一世的长子穆斯塔法皇子(但并非皇后所生),因苏莱曼一世皇后罗克塞拉娜和大维齐尔(奥斯曼帝国苏丹以下最高级的大臣,类似于中国古代宰相的地位)鲁斯坦帕夏的谗言,被苏莱曼一世下令处死。后来苏莱曼一世对这一决定后悔不已,然而为时已晚。吉汉吉尔皇子则在得到他同父异母兄长的死讯几个月后因悲伤过度而死。而在后续争夺皇位的过程中,巴耶济德皇子于 1559 年被塞利姆皇子击败并逃亡到波斯,他在 1561 年被波斯沙赫塔赫玛斯普一世绞死。

于是,苏莱曼一世的四个儿子只剩下一个还活着,也就是后来继位的塞利姆二世(见图 16)。他作为奥斯曼帝国的苏丹自 1566 年起在位直至逝世。他是苏莱曼一世与罗克塞拉娜皇后(Roxelana)的儿子。塞利姆二世登基后,沉迷酒色,因此被称为"酒鬼塞利姆"。国政大多由他的大维齐尔穆罕默德·索库鲁(Mehmed Sokollu)以及后妃努尔巴努负责。

"傀儡帝王":穆拉德三世(1574—1595 年在位)

穆拉德三世(Murad Ⅲ,1546—1595 年)的统治期间为 1574 年至 1595 年。他是苏丹塞利姆二世与努尔巴努所生的长子。穆拉德三世是一个绝对的弱主,他从来没有离开伊斯坦布尔。他在位的最后几年中,他甚至没有离开托普卡帕宫,也没出席过星期五聚礼,因为奥斯曼新军威胁一旦他离开皇宫就废黜他(见图 17)。穆拉德三世统治时期,经济上愈发困难,包括通货膨胀和财政赤字。

不过,在他统治期间,奥斯曼帝国仍然在对外扩张,并在一些重要军事战争中获胜。比如,1578 年,

图 17　穆拉德三世画像

入侵格鲁吉亚和希尔凡的维齐尔拉拉·穆斯塔法帕夏占领第比利斯,指挥奥斯曼军队在彻尔德尔之战中打败了波斯人(见图 18)。又比如,1582 年,卡菲尔帕夏率领的奥斯曼帝国军队又在火炬之战中击败了萨法维王朝的军队。

图 18　俯瞰第比利斯老城区(笔者摄,2018 年 8 月)

四、"新晋霸主"：英格兰都铎王朝

1522—1582 年的都铎王朝：王权的集中与被约束

从整个英国的视角来看,都铎王朝时期的英国尚处在农业时代,农业人口占全国人口的九成。但资本主义因素的发展已经引起了社会阶级结构的变化,主要表现在封建旧贵族的衰落、资产阶级工商业者队伍的扩充、乡绅新贵族的崛起和农民的两级分化[16]。

15 世纪长达 30 年的红白玫瑰战争的结束,符合当时正在兴起的市民阶级的要求,尤其是商人们的要求。商人们希望新建立的都铎王朝能建立强有力的王权,消灭国内的封建割据势力,对外开拓疆土,称霸海上,为英国的商人谋取更多的利益。不过在英国,王权从来不是绝对的。第一,《大宪章》的存在始终是对国王权力的一种约束。第二,都铎王朝尽管要受到《大宪章》的限制,但国王势力的强弱依然是一个带有决定性的因素。第三,在英国,适合于中央集权体制的庞大官僚系统直到都铎王朝时期才建立起来。国王必须依靠这一官僚系统,才能统治全国,才能保证中央财政收入,也才有财力去扩充舰队[17]。

而从王权的角度来看,在亨利八世 1509 年即位以前,长久以来,英格兰国王一直是"平等者中的领头羊",而不像是"国王和皇帝"。对于英国而言,国王不应只是做君主,而应该治理国家。之前的玫瑰战争对农业或贸易造成的损害不大,但却破坏了对君主制的信心:人们认为国王没有能力或不愿意保护所有臣民的权利。特别是,王室政权已经不再是政治中立者,而是被一些人转变为派系斗争的工具。可以说,当时英国君主制的所有方面,尤其是法律制度,都深受家庭忠诚、贵族争斗、裙带主义和人际关系网络的影响。

这一点在 1509—1558 年亨利八世、爱德华六世以及玛丽一世先后执政期间仍无改变,直到伊丽莎白一世于 1558 年即位,王权得到了极大加强。然而,16 世纪英国的民生问题堪忧。从亨利八世即位到伊丽莎白一世去世,必需消费品价格上涨了 5 倍。若将 1509 年的价格指数设为 100,1530 年时这个数字已经达到了 169,1580 年时这个数字达到了 342,而到 1598 年时这个数字已经高达 685。这些数据表明,在 16 世纪的英国,资本家阶层已经成为凌驾于普通老百姓之上的"特权阶层"[18]。

我们可以这么认为,这一时期的英国都铎王朝君主制的最基本特征是:封建主义与资本主义的共存。上述的 16 世纪英国社会结构的演变,正是导致这一情况的重要原因。

"宗教改革者":亨利八世(1509—1547 年在位)

亨利八世(Henry Ⅷ,1491—1547 年),是英格兰国王亨利七世次子,都铎王朝的第二任国王,于 1509 年继位(见图 19)。亨利八世为了废掉之前的王后并立新的王后而与当时的教宗反目,他推行英格兰宗教改革,并通过一些重要法案,容许自己另娶。他将当时英国主教立为英国国教会大

图 19　亨利八世画像

主教,使英格兰教会脱离圣座,他本人则成为英格兰最高宗教领袖。威尔士并入英格兰也是发生在亨利八世在位期间。虽然亨利八世是英格兰宗教改革的推行者,英国国教(即盎格鲁宗)的领导人,但是他对教义其实并没有什么创见,一生都提倡天主教仪式及教条。他的儿子爱德华六世以及小女儿伊丽莎白一世都继续推行改革,让英国国教新教化。但他的大女儿玛丽一世在位期间曾恢复天主教的地位。

亨利八世在位期间,除了推行宗教改革外,更积极鼓励人文主义研究。合并英格兰和威尔士,使英国王室的权力达到顶峰。国家的权力扩大,而中产阶级对政治的参与度也增加;亨利成功地参与欧洲大陆上的政治外交,然而却为此耗尽国库,给以后继位的英国君主带来麻烦。

"弱主"：爱德华六世(1547—1553 年在位)

爱德华六世(Edward Ⅵ, 1537—1553 年),1547 年即位英格兰与爱尔兰国王,加冕时年仅九岁。他是亨利八世和他的第三任妻子珍·西摩的儿子。爱德华六世是都铎王朝第三位君主,也是英格兰首位"真正信奉新教"的统治者(见图 20)。

爱德华六世从小体弱多病,但这并没有阻止他接受良好的教育。两位剑桥教授理查德·考克斯和约翰·切克分别担任他的总指导老师和希腊语老师。其他几位学者则帮助他学习拉丁文、希腊文和法文。

由于爱德华六世直到过世都未成年,因此英

图 20　爱德华六世画像

国政务由摄政议会代为管理。该议会首先由他的舅舅萨默塞特伯爵爱德华·西摩领导,但他在 1549 年以谋反罪的罪名被处死,即"西摩事件"。而后由诺森柏兰公爵约翰·杜德利主持。这也是一位野心家:他让儿子吉尔福德与珍·格蕾结婚,并谋划让珍·格蕾成为爱德华六世的继承人[19]。珍·格蕾后来还真的在爱德华六世去世后登基,但不过九天就被玛丽一世推翻,史称"九日女王"。

爱德华六世在新教改革方面取得了一些进展,但其统治很快出现了严重的危机,宗教上反对力量的存在仅仅是一个方面,更为严重的危机出现在经济方面。由于农业歉收,导致物价飞涨。同时,由于羊毛纺织业的发展,圈地运动愈演愈烈,这进一步加深了原有的危机。1549 年英国爆发了著名的诺福克郡凯特起义,这使政府大为恐慌。萨默塞特伯爵出于同情和犹豫而没采取什么措施,但其他贵族还是设法镇压了这次起义。

"血腥玛丽":玛丽一世(1553—1558 年在位)

图 21 玛丽一世画像

玛丽一世(Mary Ⅰ,1516—1558 年),英格兰女王和爱尔兰女王,都铎王朝第四位和倒数第二位君主。玛丽一世是亨利八世和凯瑟琳王后的长女,她有一个同父异母的弟弟,即在她之前登基的爱德华六世,以及一个同父异母的妹妹,即在她之后登基的伊丽莎白一世。她为了避免王位落入其信奉新教的妹妹伊丽莎白手中,还同意了与菲利普二世的婚事,因此玛丽一世同时还是西班牙王后。

她继承王位后恢复了罗马天主教(旧教),取代她父亲亨利八世在英格兰宗教改革提倡的英格兰教会。在这一过程中,她下令烧死了 300 名宗教异议人士,因而得名"血腥玛丽"(见图 21)。玛丽一世去世后,她苦心经营的英国天主教不复盛况,被继任的妹妹伊丽莎白一世以盎格鲁宗取代。

"童贞女王":伊丽莎白一世(1558—1603 年在位)

伊丽莎白一世(Elizabeth Ⅰ,1533—1603 年),是都铎王朝第五位与末代君主(见图 22)。因终生未婚,有"童贞女王"之称(见表 2)。伊丽莎白一世在位时期,史称"黄金时代"。伊丽莎白一世即位之初,就面临诸多问题:与法国的战争,与苏格兰和西班牙紧张的关系,局势混乱,法纪松弛,财政拮据,物价飙升;尤其棘手的是国内尖锐的宗教派别矛盾。伊丽莎白一世成

图 22 伊丽莎白一世画像

功地化解了上述大部分问题[20]，包括通过官方宣传的攻势树立其君王权威（见下表）。她推行宗教和解，不但成功保持英格兰统一，在近半个世纪统治后，英格兰成为欧洲最强大和最富有的国家之一，尤其是 1588 年英国击败西班牙的"无敌舰队"，成为英国历史上最重大的军事胜利之一。

表 2　16 世纪 60 年代末、70 年代初官方宣传中的伊丽莎白一世和玛丽一世形象

伊丽莎白一世—"好"女王	玛丽一世—"坏"女王
我们纯天然的淑女和女主人	一个感情败坏的女人，对财产充满贪婪
纯洁与童贞 与英格兰王国的神秘契合	暴政 现实的婚姻，背信弃义，性放荡，流血事件
披着太阳外衣的女人 英格兰人、新教徒——"改革派教徒"	"耶洗别"（《圣经》中的十大恶人之一） 天主教徒、伪新教徒、反叛分子

资料来源：Igor，Kakolewski (2021). *Melancholy of Power*：*Perception of Tyranny in European Political Culture of the 16ᵗʰ Century*. Berlin：Peter Lang，p. 402.

在伊丽莎白一世统治的四五十年是英国初始工业革命的关键期，不过这一阶段贸易总量没有大的增长。但与此同时，大量并不直接体现于贸易增长上的战略性创业活动却扎扎实实地起步了[21]。在伊丽莎白一世近半个世纪的统治期间，英格兰是欧洲最强大的国家之一。英格兰文化也在此期间达到了一个顶峰，涌现出了诸如莎士比亚、弗朗西斯·培根等著名人物。英国在北美的殖民地也在此期间开始确立。伊丽莎白一世的统治时期也是英国历史上的重要矛盾转折期：君主专权开始向议会主权转化，在封建经济形态中已萌生出资本主义的幼芽。

五、"浪漫骑士"：法兰西瓦卢瓦王朝

1522—1582 年的瓦卢瓦王朝：权力的发动机

著名心理学家斯蒂芬·平克（Steven Pinker）在《人性中的善良天使》（2019）中采用"文明进程"理论解释了一个很有意思的现象：16 世纪在欧洲多国出现了很明显的暴力减少的趋势。他认为，这由两个根本原因促成：一是"经济革命"，即人们通过互相贸易获得利益；二是国家权力的不断增长。他的观点是：更强大、权力

更集中的政府阻止了贵族和骑士的械斗,并开启了文明进程。如他所说,"一个人通往财富的门票不再是成为这个地区最厉害的骑士,而是前往国王宫廷进行朝拜,屈从于国王和朝臣"[22]。

1522—1582 年的法国正是如此。君主权力在 16 世纪的法国仍然是封地、神权和主权的混合物。统治者仍然将自己视为"老爷中的老爷",坚持封地仪式。王室和官僚机构已经成为权力的发动机,教会和大封地领主被限制得更紧,更有效地控制各省的手段正在不断发展。

公共威望现在体现在君主身上,而王冠则是主权的体现。保持地区的特有形式,比如地方等级、高等法院、海关等,成为主权的一种义务。"绝对"权力,一个不断被法国王室宣传使用的措辞,意味着不仅仅是立法,同时还要在立法时遵守"王国的基本法律"。这些基础法律包括了从神圣罗马帝国统治甚至教皇在位时起所要求的王权独立性。法国国王是"他自己国家的皇帝":他认为自己和 15 世纪中期以来拥有世袭皇帝封号的哈布斯堡统治者是平起平坐者。

就连臣仆们都热衷于模仿王家气势,这反过来迫使国王们走上了政治上耀武扬威、大吹大擂和大摆排场之路:"宫廷对艺术大张旗鼓的庇护恩宠,使得王宫成为继中世纪教堂后的最精美繁复的艺术之地。"[23]弗朗索瓦一世就是这样的一个例子。

"文艺复兴的骑士":弗朗索瓦一世(1515—1547 年在位)

弗朗索瓦一世(1494—1547 年)是法国瓦卢瓦王朝的国王,又称"大鼻子弗朗索瓦"。他统治法国长达 32 年,可能是法国历史上最著名也最受爱戴的国王之一,被视为开明的君主。弗朗索瓦一世于 1494 年生于法国夏朗德地区干邑,是查理五世的曾孙和路易丝的儿子,也是瓦卢瓦王朝的继承人。他在 1515 年继承了王位,成为法国国王。他的统治期间是法国文艺复兴时期的鼎盛时期,其被称为"文艺复兴的骑士"(见图 23)。

图 23　年轻时的弗朗索瓦一世画像

弗朗索瓦一世在政治和文化方面都有重要

的成就。他积极推动法国的现代化和中央集权,加强了王权,使得法国在欧洲的地位更加巩固。他采取了一系列改革措施,包括税收和行政改革,以加强王国的财政和管理,比如开创巴黎市政府、储金局和中央金库的公债制度,促进度量衡统一。他本人是一位意大利艺术的爱好者。他鼓励了文化和艺术的发展,支持了许多文艺复兴时期的艺术家和学者,例如莱昂纳多·达·芬奇和弗朗索瓦·拉伯雷。

然而,弗朗索瓦一世的统治也有显著的困难。他与意大利的敌对势力不断交战,其中最著名的是与神圣罗马帝国皇帝查理五世的战争。这场战争导致了法国在意大利的重大损失,虽然弗朗索瓦一世在某些战役中取得了胜利,但最终未能达到他的目标。此外,弗朗索瓦一世压迫贵族、教会而建立强大王权,在他任内三级会议始终没有召开,甚至部分的地方三级会议也被取消。因此他在国内也面临着贵族和天主教会的反对,尤其是他试图削弱贵族特权和增加王权的改革引发了不满。

弗朗索瓦一世的个人生活也是颇具传奇色彩的。他是一个热情而浪漫的人,热爱艺术、音乐和文学。他的宫廷成为文艺复兴时期的文化中心,聚集了许多艺术家、诗人和思想家。他还因其与美艳的安妮·博林(安妮·布列塔尼的女儿)的浪漫爱情而闻名,两人的婚姻也给法国和英国之间的关系带来了一些影响。在艺术方面,今天在卢浮宫里人们见到的那许许多多的法国王室的收藏实际上就是从弗朗索瓦一世时代开始的。

然而,弗朗索瓦一世的统治并不是没有争议。一些历史学家批评他过度追求战争而忽视了国内的问题,导致法国在他的统治下遭受了许多痛苦和破坏。此外,他在处理宗教问题上的策略也饱受争议,尤其是在宗教改革运动开始兴起时,他对新教徒采取了严厉的镇压政策。尽管如此,他仍然被认为是法国历史上一个重要的统治者。

"破坏狂人":亨利二世(1547—1559 年在位)

亨利二世(1519—1559 年)是弗朗索瓦一世和克洛德皇后的次子(见图 24)。他的统治时期充满了政治动荡、宗教冲突和外交挑战。他在继承王位之前已经担任了一些重要职务,包括副国王和布列塔尼公爵。亨利二世致力于加强法国的中央集权,通过改革行政和财政体制来巩固王权。他采取了一系列措施来削弱贵族

图 24　亨利二世画像

的权力,增加王室的收入,并改善国家的经济状况。此外,亨利二世还采取了一系列军事行动来扩张法国的领土,尤其是在意大利和法国东北部地区取得了一些成功。但是他在位期间与西班牙的一连串战争,让法国负担二千万里弗尔以上的债务,导致法国财政破产与王权衰落。他支持了文艺复兴运动的发展,鼓励了艺术和文学的繁荣。他的宫廷成为许多艺术家、诗人和思想家的聚集地,其中包括弗朗索瓦·拉伯雷、皮埃尔·德·鲁安和诺埃尔·德·拉·特雷蒙。此外,他还支持了许多重要的建筑项目,比如卢浮宫的扩建和维尔索河谷的美化工程。

然而,亨利二世面临着宗教问题的困扰,尤其是新教改革运动的兴起。亨利二世试图平衡天主教和新教徒之间的关系,但他的努力未能取得成功,导致法国爆发了许多宗教冲突和内战。其中最著名的是 1562 年爆发的法国宗教战争,这场战争持续了数十年,造成了巨大的破坏和人员伤亡。一些历史学家批评他在处理宗教问题上的策略过于犹豫不决,导致法国陷入了长期的宗教冲突之中。

此外,亨利二世还面临着外交上的挑战。他与许多邻国,特别是神圣罗马帝国和英国之间的关系紧张。与神圣罗马帝国的冲突主要集中在意大利,而与英国的冲突则主要是在欧洲大陆和海上进行的。这些外交冲突给法国带来了巨大的压力,也对国家的经济和社会造成了影响。他的外交政策也受到了一些批评,一些人认为他在与邻国的关系上缺乏远见和决断力。

"法国慈禧":凯瑟琳·德·美第奇(1559—1589 年摄政)

凯瑟琳·德·美第奇(1519—1589 年),生于意大利佛罗伦萨,是法国国王亨利二世的王后,也是法国瓦卢瓦王朝的女性统治者,作为法国国王弗朗索瓦二世、夏尔九世和亨利三世的母亲,她在这三位国王在位期间实际上长期摄政,即使在儿子成年后也没有实际上真正还政,堪称"法国版的慈禧"。她以其聪慧、政治手腕和对文化艺术的支持而闻名于世(见图25)。

值得一提的是,凯瑟琳·德·美第奇出生于美第奇家族,这是一支在意大利政治和文化领域具有相当重要影响力的家族。她是洛伦佐·德·美第奇和玛德琳娜·德·拉·图尔·德·苏瓦索的女儿，从小就接受了良好的教育，深谙意大利文化和政治。1533年，凯瑟琳与后来成为法国国王的亨利二世结婚。这场政治联姻的目的是加强法国和意大利之间的关系，并巩固法国在欧洲的地位。凯瑟琳在法国王室的地位并不容易。她与亨利二世的婚姻并不幸福，亨利二世有很多情妇，最有名的当属戴安娜·德·布瓦提埃，就连凯瑟琳都清楚戴安娜才是"无冕之后"。著名的舍农索城堡，亨利二世毫不犹豫地把它送给戴安娜作为礼物。凯瑟琳则一直在努力争取自

图 25 凯瑟琳·德·美第奇画像

己的地位和权力。尽管如此，她仍然在政治上发挥了重要作用，特别是在亨利二世去世后，她成为法国王国的摄政王之一。

凯瑟琳·德·美第奇在政治上展现出了惊人的才能和坚韧的意志。作为摄政王之一，她在法国政治中扮演了重要角色，尤其是在她儿子查理九世（即"夏尔九世"）和亨利三世还未成年时。她在政治上的主要目标是维护法国的稳定和王室的权力，尽管她在此过程中面临着许多困难和挑战。凯瑟琳在政治上的主要挑战之一仍然是应对宗教问题。在她的统治时期，法国处于宗教动荡的时期，新教徒和天主教徒之间的冲突愈演愈烈。凯瑟琳试图通过缓和双方的关系来维护国家的稳定，但她的努力并未取得太大成效。最终，法国爆发了长达数十年的宗教战争，这给国家造成了巨大的破坏和动荡。

尽管面临诸多挑战，凯瑟琳在政治上展现出了惊人的机智和决断力。她通过与贵族和宗教领袖的谈判来维护国家的统一，并成功地处理了许多政治危机。她还采取了一系列措施来加强王室的权力，包括削弱贵族的权力和加强中央集权。尽管她的统治方式有时被批评为专断和强硬，但她的目标始终是维护国家的利益和稳定。

除了在政治上的影响外，凯瑟琳还对法国文化和艺术产生了重要影响。她是一位热情的艺术赞助人，支持了许多文艺复兴时期的艺术家和学者。她在卢浮宫

等地建立了许多艺术品收藏,使之成为当时欧洲最重要的艺术中心之一。她还鼓励了文学和戏剧的发展,支持了许多重要的作家和剧作家,例如皮埃尔·德·鲁安和蒙田。凯瑟琳的文化政策为法国的文化繁荣作出了重要贡献,并为后来的艺术家和学者提供了重要的启示。

凯瑟琳·德·美第奇的统治对法国和欧洲历史产生了深远的影响。首先,她在政治上的才能和决断力使得法国得以在动荡不安的时期保持相对稳定和统一。她的努力促成了法国的中央集权,加强了王室的权力,为后来的国王奠定了良好的政治基础。其次,凯瑟琳在文化和艺术方面的支持使得法国成为欧洲文化的中心之一。她的赞助和鼓励为许多艺术家和学者提供了发展的机会,推动了法国文化的繁荣和发展。她的文化政策为法国的文艺复兴作出了重要贡献,使得法国在欧洲的文化地位得到了提升。最后,凯瑟琳的统治对法国王室的演变产生了重要影响。她是法国瓦卢瓦王朝的最后一位主要女性统治者,她的统治标志着瓦卢瓦王朝的结束。她的后裔亨利四世成为法国波旁王朝的创建者,开启了一个新的王朝时代。因此,凯瑟琳·德·美第奇的统治标志着法国历史的一个重要转折点,对法国的政治、文化和王室产生了深远的影响。

弗朗索瓦二世(1559—1560 年在位)

弗朗索瓦二世(François Ⅱ,1544—1560 年)是法国国王亨利二世和凯瑟琳·德·美第奇的长子。弗朗索瓦二世于 1559 年 7 月 10 日登基成为法国国王,但在短短一年多的时间里,他的统治因其早逝便戛然而止。

他在枫丹白露度过了他的童年和少年时期,接受了严格的教育,包括文学、历史、军事和政治方面的培训。作为法国王位的继承人,他被注定要承担起国家的重任。1559 年,他的父亲亨利二世去世,他成为法国国王,但当时他还只有十五岁。因此,他的母亲凯瑟琳·德·美第奇担任了摄政王,代理国家事务。在这段时间里,法国政局相对稳定,国家继续进行着弗朗索瓦一世时期的政策和改革。

弗朗索瓦二世的统治期间充满了政治动荡和内外困扰(见图 26)。他接任国王之际,法国正处

图 26　弗朗索瓦二世画像

于宗教分裂的危机之中，天主教徒和新教徒之间的对立日益激化。弗朗索瓦二世
的统治正是这一时期的顶峰。在弗朗索瓦二世的统治下（他的母亲美第奇太后
担任摄政，掌握实权的是当时的权臣吉斯公爵和红衣主教查理），新教徒和天主
教徒之间爆发了激烈的冲突，导致了大规模的流血事件。虽然法国最终取得了
胜利，但这场战役暴露出了国家内部的深层次矛盾，加上政府破产与 1560 年西
欧开始物价革命造成的动乱，触发了法国的宗教大分裂，预示着即将到来的宗
教战争。

除了内部问题外，弗朗索瓦二世还面临着外交挑战。他的统治时期恰逢欧洲
格局的变化，法国与西班牙、英国和神圣罗马帝国等国家之间的关系复杂而紧张。
特别是在意大利问题上，法国与西班牙的争夺日益激烈，导致了多次战争的爆发。
在他任内，受到 1559 年 4 月与西班牙所定的和平条约影响，法国的国际影响力逐
渐下降；而法国财政则因为过去与西班牙数十年的战争，负债高达四千八百万里
弗尔。

可以说，弗朗索瓦二世的统治时期，法国内部趋于分裂和动荡，而在外部，法
国与西班牙和其他邻国的争端加剧了其与外界的紧张关系，使得法国陷入了孤立
和困境之中。这不仅削弱了法国的实力，也影响了国家的声望和地位。

查理九世（1560—1574 年在位）

查理九世（Charles Ⅸ，1550—1574 年）是法国国王亨利二世和凯瑟琳·德·
美第奇的第三个儿子，也是法国国王弗朗索瓦一
世的孙子。查理九世的童年时期并不幸福，他成
长于一个政治动荡和家庭纷争的时代。1559 年
查理九世的哥哥弗朗索瓦二世继位成为法国国
王。然而，弗朗索瓦二世的统治时间非常短暂，
他于 1560 年去世，查理九世在未成年的情况下
继承了王位。由于查理九世尚未成年，他的母亲
凯瑟琳·德·美第奇继续担任摄政，代表他处理
国家事务。虽然 1563 年 8 月凯瑟琳宣布 14 岁
的国王已成人而结束其摄政，并在 1564 年展开
为期两年的王室出巡，但实际上凯瑟琳仍掌控着
国王（见图 27）。其母一摄政就任命洛皮达尔为

图 27　查理九世画像

掌玺大臣,此人风评甚佳,主张宗教宽容并努力调解新旧教之间的矛盾。

查理九世统治期间充满了挑战和困难,特别是在宗教和外交方面。查理九世的统治时期是法国宗教战争的时期,也是法国历史上一个动荡不安的时期。他的统治初期被称为"平静的年代",在这段时间里,法国宗教局势相对稳定,新教徒和天主教徒之间的关系相对和谐。然而,随着时间的推移,宗教冲突愈演愈烈,最终爆发了法国宗教战争。查理九世试图通过签署圣巴托洛谬之约来平息宗教冲突。该协议于 1572 年 8 月 24 日签署,旨在结束新教徒和天主教徒之间的敌对关系。然而,圣巴托洛谬之夜的惨剧却使得这一协议成为一场灾难。在这一夜晚,成千上万的新教徒被杀害,导致了法国宗教战争的进一步恶化。这一事件也导致查理九世长期陷入忧郁的幻想进而精神失常,并引发了他在 1574 年的早逝。

查理九世的统治对法国和欧洲历史产生了深远的影响。首先,在他统治期间法国宗教战争开始,导致了国家内部的动荡和分裂。其次,查理九世的统治也影响了法国的外交政策和国际地位。他与西班牙和其他邻国的关系紧张,导致了多次战争的爆发。这些外交斗争使得法国陷入了孤立和困境之中,削弱了国家的实力和影响力。最后,查理九世致力于加强国家的中央集权,削弱贵族的权力,加强国家的统一和稳定。他的政策为后来的法国君主奠定了政治基础。

亨利三世(1574—1589 年在位)

亨利三世(Henry Ⅲ,1551—1589 年)是法国瓦卢瓦王朝的最后一位国王。他的统治时期充满了政治动荡、宗教冲突和内战,但同时也见证了法国文化的繁荣

图 28　亨利三世画像

和艺术的发展。他是法国国王亨利二世和凯瑟琳·德·美第奇的第四个儿子。他的两个哥哥,即弗朗索瓦二世和查理九世先后在 1560 年和 1574 年去世,亨利三世继承了法国王位。他之前曾在 1573 年曾被波兰贵族议会选举为波兰国王,称亨里克五世,他因为在波兰感到不自在,于是在 1574 年回国接任法国国王(见图 28)。

亨利三世的统治时期是法国宗教战争的时期,也是法国政治动荡的时期。他的统治初期,法国仍然受到宗教战争的困扰,新教徒和天主教徒之间的冲突日益激化。亨利三世试图通过

签署平定法令来结束宗教冲突，但最终未能取得太大成效。而法国与西班牙的紧张关系也在持续。而在国内政治方面，亨利三世承接查理九世的政策，试图加强国家的中央集权，削弱贵族的权力，加强国家的统一和稳定。他采取了一系列措施来削弱贵族的权力，包括限制他们的特权和权力，加强国王的控制力。

六、"日不落"：西班牙哈布斯堡王朝

1522—1582 年的哈布斯堡王朝：皇室与贵族的合作

1522—1582 年间的西班牙和奥地利都由哈布斯堡王朝统治。哈布斯堡家族在欧洲历史悠久，最早可以追溯到公元 6 世纪时的阿尔萨斯公爵，先是扩张至瑞士北部。1020 年筑起鹰堡，名为哈布斯堡。随后哈布斯堡家族将势力扩张到莱茵河流域。到了 16 世纪初，马克西米连一世通过皇室联姻，进一步增强了哈布斯堡家族的权势。

当查理五世在 1520 年正式成为神圣罗马帝国的皇帝时，他在大法官麦库里诺·加迪纳拉（Mercurino Gattinara）的建议下，提出了"踏上普世君主国的旅途"的设想。然而，这种普世君主国的诉求是不现实的。哈布斯堡王朝的领地极度分散（远超本书涉及的奥地利和西班牙地区），因而很难管理。甚至在查理五世当上皇帝以后，他的奥地利臣民仍然拒绝承认维也纳过去的管理委员会，并自行设立了新的管理机构。地方统治阶层中间同样骚动不安，这些阶层试图保持他们的自治权[24]。

而在 1522—1582 年的西班牙，仍旧不是一个官僚的、中央集权化的或现代国家，尽管职业官僚随着新的教育制度——城镇大学的精英式大学——发展而成长起来，更新着这个阶层。相反，16 世纪的时候出现了"领主的复兴"，因为查理五世和菲利普二世为了行政管理方便，也为了财政原因或者为了收到现成的货币，把税收、租金和司法权让渡给地方当权者。不过，世袭官员很少，选举产生的官员也无足轻重；司法官仍然是由王室指定的官僚；教会的庇护权也掌握在国王的手里。

从他们统治的社会是否顺从的角度来看，西班牙君主制是成功的。贵族的合作是必不可少的,当时的有钱人联合起来排除干涉、镇压反抗。君主们发现他们与贵族阶级这个君主制政府天然盟友之间没有利益冲突,而且该阶级传统的身份正具有为王室服务的功能。贵族和君主的联盟意味着自由的雇主阶级的野蛮有时不会受到惩罚,甚至得到纵容。

贵族一代代地通过为皇室提供服务,从而得到皇室授予贵族称号并保持下去。西班牙的快速发展,得到了贵族和王室的利益相融合的保证。与这时期欧洲其他君主国不同,西班牙没有经历过严重的贵族叛乱。真正的权力斗争不是在王室和贵族之间,反而是在贵族和城镇之间,比如本书开头提到的 1520—1522 年间的"洪达起义"[25]。

在 1522—1582 年间,西班牙先后由查理五世和菲利普二世统治,这两位在历史上都是赫赫有名的。

"爽文男主":查理五世(1516—1556 年在位)

查理五世无疑是整个 16 世纪全欧洲最有可能成为"爽文"男主的人物。他的老妈作为他外公外婆的长女继承了庞大的西班牙帝国。他的爷爷是独生子,奶奶是独生女,于是他自己作为老爸的长子又继承了父系这边的全部财富。于是,不到 20 岁,他就已经拥有了小半个地球,且富甲天下。不过上天也算公平,他在外貌上没有沿袭他的帅哥老爸和美女老妈的基因:哈布斯堡家族众所周知的代代遗传了数百年的丑陋下巴的鼻祖就是这位查理五世(见图 29)。

图 29 查理五世画像

查理五世(Charles Ⅴ,1500—1558 年)是神圣罗马帝国哈布斯堡王朝皇帝(1520—1556 年在位),同时是尼德兰君主(1506—1555 年在位)和德意志国王(1519—1556 年在位),还是西班牙哈布斯堡王朝的首位国王(称为卡洛斯一世,Carlos Ⅰ,1516—1556 年在位)和奥地利哈布斯堡王朝的一员。

作为西班牙的国王,他在 1518 年重用在葡萄牙受到冷遇的航海家麦哲伦,并出资帮助麦哲伦进行环球航行(见图 30)。麦哲伦先后来到南美洲，占领了现代的智利和秘鲁，扩大了西属美洲的殖民地，使西班牙成为当时的海上霸主。为了扩大帝国的统治范围，查理五世先后和法兰西王国、奥斯曼帝国爆发战争，最终都以胜利告终，使西班牙哈布斯堡王朝在当时盛极一时。

图 30　麦哲伦画像

查理五世统治的领域包括西班牙（除本土外，还包括那不勒斯、撒丁岛、西西里岛和美洲殖民地）、奥地利、低地国家、名义上的神圣罗马帝国，还有非洲的突尼斯等地，他的帝国跨越两个半球，在当时被称为"日不落帝国"（这一名称直到 200 多年后的 1763 年才被用于形容英国）。查理五世在 1555 年击溃新教诸侯的努力失败后，开始淡出政务。

鉴于所辖的领土实在是太大，查理五世管不过来，到了晚年疲惫不堪，于是将国土一分为二，分别交由弟弟斐迪南一世与儿子菲利普二世继承。1558 年，查理五世病逝，其子菲利普二世即位。

"全球地王"：菲利普二世（1556—1598 年在位）

菲利普二世（Felipe Ⅱ de España，1527—1598 年）是西班牙哈布斯堡王朝的国

图 31　菲利普二世画像

王，也是西班牙最具影响力的统治者之一（见图 31）。菲利普于 1556 年继承了他的父亲查理五世的西班牙国王之位，得到了西班牙、尼德兰、西西里与那不勒斯、弗朗什孔泰、米兰及全部西属美洲和非洲殖民地的庞大领土。同时，他还继承了神圣罗马帝国的皇帝头衔，以及查理五世在荷兰和意大利等地的领地。这使得菲利普成为当时世界上最强大的君主之一，他的帝国跨越了欧洲、非洲和美洲。

菲利普二世被认为是西班牙帝国的全盛时期的象征，他在西班牙和其他地区的统治期间

塑造了现代西班牙的格局。菲利普二世的统治时期被称为西班牙的黄金时代。他致力于加强国家的中央集权,推行天主教改革,维护天主教会在国内外的权威,以及扩张西班牙的领土。他是一个虔诚的天主教徒,认为宗教在政治和社会中起着至关重要的作用,因此他努力镇压异端和异教徒,维护天主教的统一。

菲利普二世的统治时期也是欧洲历史上一系列重要战争和外交事件的见证者。他积极参与了许多欧洲大国之间的政治斗争和军事冲突,以维护西班牙的利益和地位。其中,与英国的冲突尤为著名。菲利普与伊丽莎白一世之间的敌对关系导致了西班牙无敌舰队与英国海军的对决。西班牙的失败使得其海上霸权受到了严重挑战,这标志着西班牙帝国的衰落开始。另外,菲利普还在与荷兰的战争中投入了大量资源和人力,试图镇压荷兰的宗教和政治叛乱,但遭失败,这些对西班牙的财政和军事力量都造成了沉重打击。

1598 年,菲利普二世去世,结束了他长达 42 年的统治。菲利普二世的丧钟宣告了哈布斯堡王朝衰落和西班牙强国的没落。当他的棺材放在停尸间的时候,西班牙的黄金时代就结束了[26]。

"异端杀手":哈布斯堡王朝的奥地利大公们

斐迪南一世(1521—1564 年为奥地利大公)

斐迪南一世(Fernando Ⅰ,1503—1564 年)在 1521 年到 1564 年间是奥地利大公,同时自1526 年起成为波希米亚和匈牙利国王,1527 年起成为克罗地亚国王,1558 年起成为神圣罗马帝国的皇帝(见图 32)。在他登基之前,他以他的哥哥,即查理五世的名义统治着哈布斯堡的奥地利地区的世袭土地。此外,他还担任查理五世在德意志的代表。

斐迪南一世以其前任马克西米连一世的改革尝试为基础,巧妙地引入了中央集权政府的关键要素。根据 1527 年的宫廷国务条例设立了枢密院,作为他新成立的联合君主国的最高执行机关;设立了御前议事会,作为最高法院;设立宫廷

图32 斐迪南一世画像

大臣公署负责管理工作。后又于 1556 年设立御前战争议事会，协调匈牙利的军事行动。这种新型中央集权体制的成功建立表明，这位君主具有相当高超的政治智慧，而尤其令人惊叹的是，斐迪南来到奥地利时甚至还不会说德语[27]。

他统治期间的关键事件是与奥斯曼帝国的斗争，奥斯曼帝国从 15 世纪 20 年代开始大举进军中欧；而新教改革导致了几场宗教战争。斐迪南一世试图对帝国内部的问题（主要是宗教问题）进行灵活处理，然而最终采取的却是比他的前任更具对抗性的态度。

马克西米连二世（1564—1576 年为奥地利大公）

马克西米连二世（Maximilian Ⅱ，1527—1576 年）是哈布斯堡王朝的神圣罗马帝国皇帝（1564—1576 年在位）与匈牙利国王（1563—1576 年在位），是斐迪南一世之子，而查理五世是马克西米连二世的伯父（见图 33）。

马克西米连童年接受了良好的人文主义教育，对新教显示出特别的好感，但最终出于政治前途的考虑放弃了自己的信仰，公开宣布改宗天主教。但他因为反对查理五世，赢得了新教诸侯的好感。马克西米连二世的统治时期是欧洲历史上动荡而重要的时期之一，不过他以其温和的政策、智慧的外交手段和文化的推动而闻名。

图 33　马克西米连二世画像

但在宗教领域，马克西米连二世也并不"温和"。1555 年《奥格斯堡宗教和平条约（Augsburger Religionsfriedens）》的缔结为君主创造了非常广泛的权力，他们现在可以指定其臣民的宗教信仰。当斐迪南一世皇帝于 1564 年去世时，所有新教徒的希望都寄托在他的继任者身上，但马克西米连二世却未能实现他们的这一愿望。尽管他奉行促进天主教徒和新教徒之间对话的政策，但他仍然忠实于哈布斯堡王朝的路线：1568 年，他发布了一项所谓的"宗教让步"政策（"Religionskonzession"），规定新教贵族只能在自己的庄园内实践他们的信仰。与其他城市一样，维也纳也是一个主权领地，因此无论好坏，信徒都必须支持代表其主权的天主教教派。由于周围村庄的一些贵族允许城镇居民参加他们的新教仪式，许多路德教徒每周日都会"离开"维也纳：他们转移到乡村——赫尔纳尔斯（Hernals）庄园城堡的教堂，或者后来主要搬到因泽斯多夫（Inzersdorf）地区——在那里举行周日弥撒。马克西米连甚至还能容忍乡间别墅教堂里的福音派礼拜活动。

鲁道夫二世（1576—1608 年为奥地利大公）

图 34　鲁道夫二世画像

鲁道夫二世（Rudolf Ⅱ，1552—1612 年）是哈布斯堡王朝的神圣罗马帝国皇帝（1576—1612 年在位）。他还是匈牙利及克罗地亚国王（称"鲁道夫一世"，1572—1608 年在位）、波希米亚国王（称"鲁道夫二世"，1575—1611 年在位）和奥地利大公（称"鲁道夫五世"，1576—1608 年），马克西米连二世之子（见图 34）。

1576 年马克西米连二世去世后不久，继任者鲁道夫二世关闭了赫尔纳尔斯庄园城堡的这座教堂。1580 年，鲁道夫还关闭了乡间别墅中出售路德及其学生著作的书店。尽管鲁道夫二世在宗教事务上并不是狂热分子，但他变本加厉地推行了反宗教改革措施，而这些措施长期以来只是表面上针对真正的信仰——事实上，皇帝与新教阶层之间的权力斗争达到了白热化的程度，其中君主试图决定性地削弱其地位。早在 1577 年，鲁道夫就禁止了所有新教的公共服务以及在新教学校就读；路德教传教士在私人场合的活动现在受到将被起诉的威胁；牧师们不得不离开这座城市。甚至信仰新教的宫廷官员、商人和议员也被驱逐；从 1580 年代起，只有那些同意君主指定的教派——天主教的申请者才能获得公民身份。而在这场不妥协的斗争中，有两个重要的助手站在鲁道夫一边：他的兄弟恩斯特大公（Archduke Ernst，1553—1595 年），他是恩斯河奥地利段的上下游地区总督，一向以顽固著称；以及梅尔基奥尔·克莱尔（Melchior Klesl，1553—1630 年），他是圣斯蒂芬学院教务长兼维也纳大学总务长[28]。

七、"海上雄狮":葡萄牙阿维什王朝

1522—1580 年的阿维什王朝:航海的家族

阿维什王朝是葡萄牙历史上的第二个封建王朝,存续期是 1385—1580 年。我们在历史课上学到的葡萄牙称霸欧洲的年代,正是发生在阿维什王朝的统治时期。

在 1383—1385 年间的空位时期结束后,若昂一世(1385—1433 年在位)开启了阿维什王朝在葡萄牙的统治。1387 年,若昂一世迎娶了英王爱德华三世的孙女菲利帕。菲利帕王后将英国的王室体制引入了阿维什王朝,并且向英国的商业团体提供庇护。在这种"重商氛围浓厚"的背景下,其次子佩德罗主导了里斯本的商业发展,而三子亨利王子则随父若昂一世率军占领休达,实现了控制非洲海岸航行的目的,拉开了葡萄牙探险家航海时代的序幕。在若昂一世的支持和鼓励下,亨利王子创办了航海学校,网罗欧洲各国的航海人才,为葡萄牙培养了大批熟练的航海者[29]。

以此为始,阿维什王朝的历代八位统治者,都是航海事业的支持者。航海,就是阿维什王朝整个制度的基石。亨利王子致力于开发沿非洲西海岸南下的航路,若昂二世致力于寻找葡萄牙通往印度的新航路,曼努埃尔一世致力于非洲南部海岸以及前往东方的整个新航路,若昂三世加大了对东亚的探索,塞巴斯蒂安一世则对征服摩洛哥心心念念。

除此以外,1522—1582 年这 60 年间的葡萄牙的另一大制度特色是国家角色的崛起。随着曼努埃尔一世的进一步中央集权,国家慢慢取代了商人的角色:从事商业活动的大多数是国家的公务人员。商业具备了新的特性,小商人已经无法插手。因为当时的经商活动主要是远洋贸易,要求具备粮仓、兵工厂和军队;只有国家才能拿出财力并拥有经商的特权[30]。

"虔诚者":若昂三世(1522—1557 年在位)

若昂三世是葡萄牙著名的"幸运"曼努埃尔一世之子,于 1522 年即位(见图35)。如果说他的父亲热衷于派人探索新航路,那若昂三世则注重天主教的海外传教,因而获得了"虔诚者"(o Piedoso)的"官方绰号"。为此,他还特地在 1537 年将葡萄牙历史最悠久的大学定址在了科英布拉,在此之前大学一直在里斯本和科英布拉之间来回变动。若昂三世从欧洲各地聘请教师,并改革教育体制。

科英布拉大学最有特色的就是它有着 700 多年历史的图书馆,以及其独具特色的学士服——白衬衣、黑领带、黑西装、黑皮鞋,外加黑色大斗篷。据说风靡全球的《哈利波特》中魔法学校校服的灵感就源于此。

在若昂三世统治期间,葡萄牙人取代了阿拉伯人成为印度洋贸易的实际控制者:里斯本成为非洲贸易和东方贸易的超级中转站。在丰厚贸易利润的吸引下,大批的葡萄牙农民涌入沿海地区寻找出海机会,于是葡萄牙的农业开始出现衰落的迹象,国家开始依赖于海外贸易。

图 35　若昂三世画像

图 36　塞巴斯蒂安一世画像

"葡萄牙版朱厚照":塞巴斯蒂安一世(1557—1578 年在位)

塞巴斯蒂安一世(Sebastian Ⅰ,1554—1578 年)是若昂三世的孙子,曼努埃尔王子和神圣罗马帝国皇帝查理五世之女胡安娜的独子,这就意味着他还是查理五世的外孙(见图 36)。他即位时只有 3 岁,由他在西班牙哈布斯堡王朝的祖母卡塔琳娜和其叔祖红衣主教恩里克(即后来的恩里克一世)摄政。

从孩提时代,他就梦想着征服摩洛哥,成为基督教区域的首领。由于喜欢习武和骑马,这位年轻国王时常带着一群贵族子弟离开里斯本,在葡萄牙各地游荡和狩猎，颇有点大明帝国朱厚照的风范：朱厚照除了把大把时间花在豹房里以外，还曾亲征讨伐蒙古小王子。

他于 1568 年亲政后，整顿了葡萄牙的财政、军事、司法体系。1574 年，他首次进攻摩洛哥，没有成功，但他的狂热丝毫未减。1578 年，他又率军进攻摩洛哥，史称"三王之战"，葡军大败，塞巴斯蒂安一世本人在横渡马哈赞河时溺毙，终年 24 岁。

"纯洁者"：恩里克一世（1578—1580 年在位）

1578 年塞巴斯蒂安一世去世后亦无子嗣，于是葡廷推举曾担任摄政的恩里克（Henrique，1512—1580 年）即位，为恩里克一世。恩里克本来已经是枢机（Cardinal，即教宗治理天主教会的主要顾问，地位仅次于教宗，一般由教宗亲自任命），现在为了接任葡萄牙国王的位子而还俗。因而他也有一个"官方绰号"，叫"纯洁者"（o Casto）。

图 37　恩里克一世画像

1580 年，恩里克一世在位仅 2 年后即逝世，他统治的这 2 年，大部分的精力放在了寻找继承人上（见图 37）。然而，他在遗嘱中没有提及王位继承人，只任命了一个由五人组成的联合政府，在新国王产生之前暂代国王之职。于是，隔壁的西班牙菲利普二世趁虚而入，派军队占领了里斯本，葡萄牙阿维什王朝宣告结束，葡萄牙王国正式并入西班牙哈布斯堡王朝的统治之下。

参考文献

［1］［荷］扬·卢滕·范赞登著，隋福民译：《通往工业革命的漫长道路：全球视野下的欧洲经济，1000—1800 年》，浙江大学出版社，2016 年版，第 75—77 页。
［2］［美］王国斌、罗森塔尔著，周琳译：《大分流之外：中国和欧洲经济变迁的政治》，江苏人民出版社，2019 年版，第 187 页。
［3］石俊志：《夺富于民：中国历史上的八大聚敛之臣》，中信出版集团，2017 年版，第 218 页。
［4］边俊杰：《明代的财政制度变迁》，经济管理出版社，2011 年版，第 97 页。
［5］［美］贺凯著，谢天译：《明朝监察制度》，中国方正出版社，2021 年版，第 36—41 页。

［6］华腾达：《明朝的钱去哪儿了：大明帝国的财政崩溃与商人命运》，上海远东出版社，2023 年版，第 26 页。

［7］［美］牟复礼、［英］崔瑞德编，张书生等译：《剑桥中国明代史：1368—1644 年》（上卷），中国社会科学出版社，1992 年版，第 450 页。

［8］［美］牟复礼、［英］崔瑞德编，张书生等译：《剑桥中国明代史：1368—1644 年》（上卷），中国社会科学出版社，1992 年版，第 544 页。

［9］沈起炜：《中国历史大事年表》，上海辞书出版社，1983 年版，第 450 页。

［10］［美］牟复礼、［英］崔瑞德编，张书生等译：《剑桥中国明代史：1368—1644 年》（上卷），中国社会科学出版社，1992 年版，第 505—507 页。

[11] Hua, Tengda (2021). *Merchants，Market and Monarchy：Economic thought and history in early modern China*. London：Palgrave MacMillan.

［12］冯玮：《日本通史》，上海社会科学院出版社，2008 年版，第 274 页。

［13］杨永良：《日本文化史：日本文化的光与影》，台北语桥文化，1999 年版。

［14］［美］阿兰·米哈伊尔著，栾力夫译：《奥斯曼之影：塞利姆的土耳其帝国与现代世界的形成》，中信出版集团，2021 年版，第 486—487 页。

［15］［英］杰森·古德温著，周晓东、郭金译：《奥斯曼帝国闲史》，江苏人民出版社，2017 年版，第 82—93 页。

［16］阎照祥：《英国史》，人民出版社，2003 年版，第 135 页。

［17］厉以宁：《厉以宁讲欧洲经济史》，中国人民大学出版社，2016 年版，第 167 页。

［18］［英］肯尼思·O.摩根著，方光荣译：《牛津英国史：从公元前 55 年至 21 世纪》，人民日报出版社，2021 年版，第 218 页。

[19] Zwierlein, Cornel. Security Politics and Conspiracy Theories in the Emerging European State System (15th/16th c.)[J]. *Historical Social Research*，2013，38(1)：65—95.

［20］阎照祥：《英国史》，人民出版社，2003 年版，第 158—163 页。

［21］梅俊杰：《自由贸易的神话：英美富强之道考辨》，上海三联书店，2008 年版，第 119 页。

［22］［美］斯蒂芬·平克著，安雯译：《人性中的善良天使：暴力为什么会减少》，中信出版集团，2019 年版，第 166 页。

［23］［英］科林·琼斯著，杨保筠、刘雪红译：《剑桥插图法国史》，世界知识出版社，2004 年版，第 121—122 页。

［24］［美］史蒂芬·贝莱尔著，黄艳红译：《奥地利史》，中国大百科全书出版社，2009 年版，第 38 页。

［25］［英］雷蒙德·卡尔著，潘诚译：《西班牙史》，东方出版中心，2009 年版，第 119—121 页。

［26］［法］让·德科拉著，管震湖译：《西班牙史》，商务印书馆，2003 年版，第 371—372 页。

［27］［美］史蒂芬·贝莱尔著，黄艳红译：《奥地利史》，中国大百科全书出版社，2009 年版，第 44 页。

[28] Sachslehner, J. (2021). *Wien：Biografie einer vielfältigen Stadt*. Graz：Molden Verlag.

［29］肖石忠：《看得见的世界史：葡萄牙》，石油工业出版社，2019 年版，第 43—45 页。

［30］顾卫民：《葡萄牙海洋帝国史（1415—1825）》，上海社会科学院出版社，2018 年版，第 103—104 页。

第二章

钱从哪来：
各国的"捞钱之道"

1522—1582年各国的皇室和"财政部"明争暗斗：大明帝国，皇帝、内阁和户部PK；奥斯曼帝国，苏丹和"书记官"PK；都铎王朝，国王和议会PK；瓦卢瓦王朝，国王和"财政官"PK；阿维什王朝，香料卖得正欢；西班牙的哈布斯堡王朝呢？快破产了。

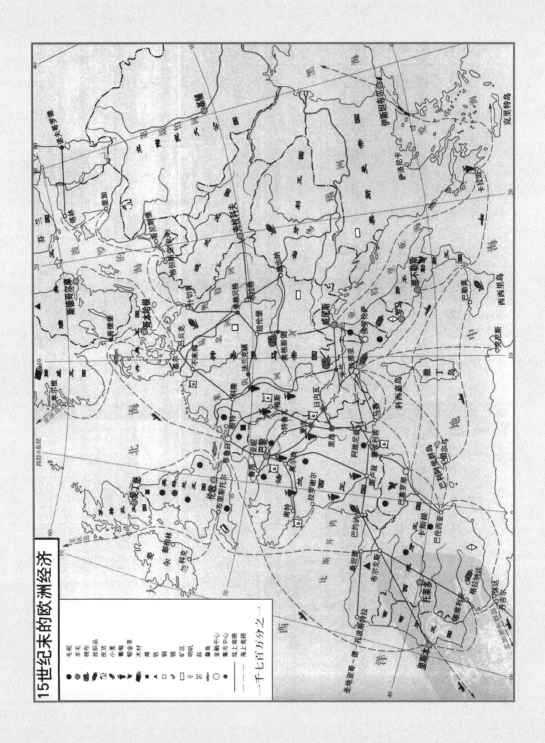

15世纪末的欧洲经济

如何赚钱和管钱历来是各国统治者面临的难题，这对于 1522—1582 年间的统治者们亦不例外。

我们先来看本章的章首图[1]：它基本上展示了 1522 年左右欧洲各国所面对的经济概况。可以看出，由于还没有进入工业革命，当时的欧洲"经济业态"还处于相对原始的阶段。

根据诺贝尔经济学奖获得者道格拉斯·诺斯（Douglass C. North）的观点，欧洲各个经济体在 16 世纪之所以会在经济绩效上出现很大的差异，主要原因就是在财政方面的：当时各个国家在应对持续的财政危机时所创建的财产权形式。比如，1500 年前的英国议会已经从君主那里夺取了对征税的控制权，而在法国，15 世纪的无政府状态导致三级会议将征税权拱手让给了查理七世，以换取君主对更好的秩序和保护的承诺[2]。从 15 世纪起，先是在意大利，然后在其他各国，各级各类的行政官员就已开始把自己想到的关于应该如何管理政府和经济，特别是如何管理财政的意见写出来[3]。

那么，16 世纪的财政管理是否仍是如此呢？在 1522—1582 年间的欧洲，虽然行政管理的进步和城市的自由得到了进一步的肯定，但财政上的管理日趋严格。在 16 世纪前的几个世纪，欧洲的很多统治者持续放弃其自身拥有的管理权力，并以"特权"的形式授予贵族和教堂；为了使城市受益，他们也开始采取同样的行动。但逐渐地，经济权力的下放达到了极限。国王的立法权力不断扩大。与此同时，财政问题日益成为统治者面对的最迫切问题之一。这一时期对财政的重视，以及随之而来的统治者不断扩大收入的各种努力，可能是政府越来越多地干预经济事务的最重要的单一因素[4]。

而在 1522—1582 年间的亚洲,奥斯曼帝国在这一时期的大部分时间是在苏莱曼一世的领导下,尽力维持着财政收支的平衡,虽然其对外扩张的冲动经常让财政收入捉襟见肘;正处于战国时代的日本,幕府和各个大名都在拼命靠财政增强自身实力;这一时期的大明帝国财政收支也日益紧张,明廷正在寻求解决之道。我们就从这 60 年间的大明帝国财政谈起。

一、16 世纪的"月光族"

大明帝国:哪儿都要用钱

公共财政收入

首先我们来看大明帝国的财政收入。根据现代的财政学理论,税收收入是财政收入的大头,一般在各个国家税收都占到八成甚至九成以上。16 世纪的大明帝国也不例外。田赋收入(类似现代的农业税,但并不等同农业税)和工商收入(商业类税收)是最主要的。不过,田赋仍然占到绝对的大头,商业税仅起到一种陪衬的作用。除此之外,还有专卖收入,以及其他一些杂税、管理收入、折色收入、借贷收入、来自对外贸易的收入等等。表 1 是 1522—1602 年间一些年份的田赋征收状况。田赋和商业税这两大块将在本章的后面小节中展开。

表 1　1522—1602 年间大明帝国田赋征收状况

年份	户数	田地（百亩）	米（石）	麦（石）	丝绵（斤）	布（匹）	绢（匹）	折色钞（锭）
1522	9 721 652	4 387 526	18 224 670	4 625 773	73 170	133 206	320 459	—
1532	9 443 229	4 288 284	18 224 670	4 625 773	73 170	133 206	320 459	—
1542	9 599 258	4 289 284	18 224 777	4 625 822	73 172	133 206	320 459	—
1552	9 609 305	4 280 358	18 224 774	4 625 821	73 172	133 206	320 459	—
1562	9 638 396	4 311 694	18 224 774	4 625 821	73 172	133 206	320 459	—
1567	10 008 805	4 677 750	13 098 609	2 320 313	36 943	312 845	160 199	4 798 001

（续表）

年份	户数	田地（百亩）	米（石）	麦（石）	丝绵（斤）	布（匹）	绢（匹）	折色钞（锭）
1568	10 008 805	4 677 750	19 847 864	4 620 626	73 886	625 690	320 398	9 596 002
1602	10 030 241	11 618 948	23 701 801	4 534 043	314 644	362 411	148 129	—

资料来源：根据梁方仲的《中国历代户口、田地、田赋统计》（中华书局，2008 年版）中的数据整理而成。

公共财政支出

提供公共品是政府的重要财政职能之一，古今中外概莫能外。在财政学领域，从公共品的性质来区分，公共品可以分为全国性的公共品、准全国性的公共品以及地方性的公共品。全国性的公共品是指那些可供全国居民同等消费并且共同享受的物品，比如国防。准全国性的公共品是指不同地域和行政区的居民在对可以共同享有的消费上并非完全机会均等，比如教育。而地方性的公共品则包括救火设施、地方治安力量等[5]。

那么，16 世纪大明帝国的财政支出主要在哪些方面呢？大致可以分为公共支出和皇室内府支出两大块。其中，公共支出主要分为以下这些部分，其中涉及不少上述的公共品。

国防和军费开销

明初的时候建立了一套军屯体系：国家给每个士兵一块地，休战的时候就种地，收成按一定的比例和国家分成。这样，国家不仅几乎不需要额外支付军饷，还多了一大笔收入。军费的问题解决了，于是那个时期明朝的边境问题也得到了极大的缓解。朱棣是一个好大喜功、南征北战的皇帝，而当时良好的财政状况也给了他这样的底气：当时军屯的收入居然能占到全国税粮的 2/3 以上。我们可以看到永乐至宣德年间的大明帝国很牛：在北面能吊打蒙古，在南面基本没有明中后期愈演愈烈的倭寇问题；与此同时，明廷还有足够财力派郑和七下西洋。

然而到了 16 世纪，军屯体系逐渐被破坏。早在弘治年间，兵部尚书马文升就曾指出："屯田政废，册籍无存。上下因循，无官查考。以致卫所官旗、势豪军民侵占盗卖十去其五六，屯田有名无实。"原本由军屯负责的军费开支，自正德年间之后都从国库支出，这意味着从此之后，不仅减少了一项巨大的财政收入，军费开支成了国家财政的沉重负担。根据相关数据，洪武年间每年的军费支出不到财政收入的 1%,而到了嘉靖年间改成募兵制后,军费支出占到了财政收入的 30% 以上。而且从此之后,由于军饷需要国家调拨而不是像当年军屯那样就地取饷,军饷及时发放的可靠性也极大地降低了。迫于巨大的财政压力,还出现了明后期的"三饷"加派。比如,万历年间的辽饷加派,主要用于辽东的军事需要。

教育支出

16 世纪的明廷继续维持明初确立的学校教育体制,即中央国学、地方儒学以及社学三级。中央国学即是国子监,是大明帝国学校体系中的最高学府。各府州县以及各司都要设立地方儒学,其下还可以附设武学、医学等专门学校。地方儒学不断地向国子监输送民间的优秀学生,即贡生。贡生构成了国子监学生的主体。国子监负责为国家培养和输送人才,与科举制度并行,且优于科举。宣德以后,国子监逐步与科举制度接轨,大多数国子监生也要参加科举考试,使国子监变成了科举的储才之地。而社学在地方儒学之下,是官学教育的最低一级,专门教育 15 岁以下的民间幼童[6]。这一庞大的教育网络在全国铺开,从而使明代的教育比此前任何朝代都要普及。而这些教育机构的正常运营都需要财政的大力支持。

官员俸禄支出

总的来说,明朝官员的俸禄之低为历代之罕见。《明朝那些事儿》里提到一件真实发生的趣事:海瑞在为官期间仍很节俭,以至于有一天海瑞去菜场买肉为母亲贺寿,结果成了当地的头条新闻。就连当时的权臣、巡抚浙江的右佥都御史胡宗宪都逢人就惊叹这件事,而且这件事还被载入了官方正史:"总督胡宗宪尝语人曰:昨闻海令为母寿,市肉二斤矣。"(《明史·列传第一百十四》)

表 2　大明帝国文官俸禄表

文官品级	俸禄(石)	文官品级	俸禄(石)
正一品	1 044	从一品	888
正二品	732	从二品	576
正三品	420	从三品	312
正四品	288	从四品	252
正五品	192	从五品	168
正六品	120	从六品	96

（续表）

文官品级	俸禄（石）	文官品级	俸禄（石）
正七品	90	从七品	84
正八品	78	从八品	72
正九品	66	从九品	60

资料来源：根据［英］崔瑞德、［美］牟复礼的《剑桥中国明代史：1368—1644 年》（下卷，中国社会科学出版社，2006 年版）中的数据整理而成。

表 2"大明帝国文官俸禄表"中的单位并不是我们常用的银子的计量单位"两"，而是"石"。在 16 世纪的大明帝国，1 石大约对应现在的 71.6 千克（资料来源：《中国科学技术史·度量衡卷》）。明廷给官员们发的不是银子，而是大米。其实，这个数字一点也不低。如果按这个标准足额发放工资，即便是官僚系统中最低层的"九品芝麻官"，过上小康生活也应该是够的。

可问题是，明廷足额支付官员俸禄只在洪武年间维持了一段时间，到了后来官员俸禄中的大米比率就不断下降，取而代之的是丝、棉等实物以及"大明宝钞"。"大明宝钞"由于官方滥发等原因，导致贬值严重，很快就几乎成了废纸一张。黄仁宇在《十六世纪明代中国之财政与税收》一书中指出，16 世纪时大明官员所得到的实际收入，仅仅相当于其名义俸禄的 1/25 左右。难怪《明史》中会发出感叹："自古官俸之薄，未有弱此者！"在 16 世纪，实际上已经很少有官员仅靠他们的薪水为生。这种情况也适用于低级的胥吏和文官，其收入聊胜于无[7]。

低归低，官员俸禄仍然是 16 世纪大明帝国每年的一大笔财政支出。那么，既然大明帝国的实际官员俸禄如此之低，为什么很多人仍然趋之若鹜呢？答案：对当官的权力和"福利"的渴望。除了本身的行政职权之外，官员及其家属可以豁免纳税和兵役；一些不重的罪行可以得到豁免和减轻；更不用说还有"官商勾结"的机会（下文食盐专卖的开中制就是很典型的例子）。所以，努力争取金榜题名成为官僚集团中的一员，还是大部分大明帝国人士的最高理想：士人阶层、商人阶层、农民阶层，都是这么想的。

公共设施建设和宾客驿站

从财政的角度来看，道路和驿站无疑是财政系统中的重要组成部分之一。在 16 世纪的大明帝国，西汉时由桑弘羊提出的均输和平准等政策继续得到推行，并获得了一些显著的成果，比如稳定主要商品的市场价格、通过国家干预消除与贫困有关的问题等。而为了促进这两个系统,16 世纪的明廷在基础设施建设上投入了大量资金,具体来说,就是道路、运河和驿站。这可以看作是国家力量的另一个重要优势。毕竟,无论在西方还是东方,"商人的市场化计算都需要更频繁、更准确的远距离事件信息。"[8]

道路和邮局(永乐年间开始出现一种称为"民信局"的专门供民间传递函件的系统)等基础设施无疑是必不可少的。但公共产品历来不太可能由私人负责建造,因为个人缺乏动力,同时也担心"搭便车"这样的问题。在 16 世纪的大明帝国,道路和驿站都"密密麻麻,包括边境地区","主要交通干道沿线的一些豪华旅舍看起来高档且有品位"[9]。此外,16 世纪的大明帝国还出现了一个与从 14 世纪开始出现在欧洲的商人组织的"基于商会的通信系统"非常相似的系统。

当然,大明帝国的道路网和驿站的建设,民用只是其次的。其最主要的目的,仍然是服务国家和国家财政。比如,16 世纪的粮食转运,通常一州一县要承担十多个单位的粮食需要,边区一个军事单位的粮食来源可能来自十来个或二十个不同的县份[10]。因而,整个大明帝国错综复杂的输送线肯定需要全国道路网的建设作为支撑。而邮驿系统的建设显然也和国家财政息息相关。1570 年代频频出现财政危机,张居正想节省政府开支,于是拿邮驿经费"开刀",改革后全国邮驿经费减少了三分之一。后来到了明代末年,当时的户部给事中建议崇祯皇帝裁撤天下驿站,每年可以因此节约 30 万两白银,大喜过望的崇祯帝立即下诏付诸实践:此时的他已经无法顾及邮驿系统对于国家的重要作用了。

救灾相关支出

16 世纪的大明帝国还有一大块财政支出是和救灾相关的。在自然灾害方面,明朝算是"创了纪录"。据邓拓《中国救荒史》的统计,276 年的明朝,灾害数量多达 1 000 余次[11]。在关于明朝灭亡原因的诸多解释中,有一种就是基于明末的"小冰河期"展开的。比如许靖华(2014)认为,大明帝国自 1368 年始至 1644 年止,即便关于小冰期时间跨度说法各有不同,但都无法否认:明朝的最后一百年,也就是 1544—1644 年,是气温骤降的一段时间[12]。

因而 16 世纪明廷在救灾方面的财政支出是巨大。以明朝的济农仓制度为例,济农仓储备粮食承担如下几个主要方面的支出。第一,用以补荒年税粮不足;第二,用以弥补漕粮运输中的损失;第三,用以赈济饥民;第四,用以资助水利的兴修;第五,用以补充里甲支出费用的不足:但凡里甲需要"买办纳官丝绢"、修理官舍、庙观、学校等开支，多从济农仓余粮及"所易钱随时支用"。

当时明廷的财政改革，没有涉及田赋制度的本身，即所谓"田则"问题，而主要是把田赋运输的附加税的负担调整得合理一些，严格了田赋征收、保管和运输过程管理制度，并以节省下来的税粮费用，建立济农仓，形成对地方财政经费的补充，比如用于上文提到的弥补里甲支出费用的不足。这些改革终究还是对16世纪大明帝国的田赋制度演变以及稳定救灾方面的支出产生了较为重要的影响。

皇室内府收入

在16世纪的大明帝国，主要掌管国家钱粮的储藏及皇室的用度的是司礼监和御马监等内府机构。与很多人的想象不同，按照明朝的制度，国家经费其实是与皇室经费严格分开的。国家经费，也就是"外库"，其主要收入来源是户部管辖的太仓库，工部管辖的节慎库以及太仆寺管辖的常盈库；其中，太仓银库主要承担边备饷银的支付。而皇室经费则主要由内承运库支付，也就是我们常说的"内帑"。

明代内帑的主要来源则是"金花银"，所谓"金花银"指的是明朝赋税改革后出现的特定名称的白银，"金花银"是由南方各地起运税粮的一部分折征而来（见图1）。一般的说法认为，这是为了解决从南京迁往北京的文武官员俸禄支米在途中损耗的问题，于是有官员建议在江西、南京、浙江等地折米为绢布、白银等物，送到

图1　大明帝国16世纪时的金花银（中国国家博物馆馆藏）

京城充当俸禄,这便是"金花银"之由来,当时白银还不是明朝的法定货币,所以日常俸禄是支米折俸。后来改折漕粮,便用"金花银"作为俸禄发给在京武臣,其他多余的全部纳入内承运库,成为皇帝重要的收入来源[13]。

正统之后,土地兼并加剧,特别是成化之后,上自皇室贵族,下至富商地主,都变本加厉地掠夺土地。有"恃豪势而强占着,有因连界而并吞者","有见其耕荒成熟而争取者","有受投献地土"和"乘势侵夺田园"者,勋贵更以"奏讨"方式大量强夺民田,就连皇帝和后妃们也直接掠夺土地,建立皇庄和宫庄[14]。据弘治二年户部尚书李敏等以灾异上疏:"皇庄有五,共地一万二千八百余顷。勋戚、太监等官庄田三百三十有二,共地三万三千一百余顷。"[15]

皇庄为皇室占有的土地,是皇室经费的重要来源。皇庄由宦官经营,收入直接归宫中的皇室使用。但是皇庄的扩大,意味着农民的土地减少,从而会影响公共财政部分的国家赋税。嘉靖皇帝 1522 年即位伊始,派遣时任给事中夏言和御史樊继祖等对京师周围、顺天等八府的皇庄田土进行专项稽查。夏言等人历时一年清查后写成《勘报皇庄疏》,上报给嘉靖皇帝。嘉靖皇帝下令将清查出的两万余顷之前被皇庄侵占的土地退还给原来的田主[16]。这次对皇庄的稽查,一定程度上有效地抑制了土地兼并的步伐,对大明帝国的财政起到了正向作用。

皇室内府支出

16 世纪的大明帝国皇室内府在支出方面是非常惊人的。一般分为三大块。其一是帝后的饮食和服御之费用。其二是庆典、祭祀活动和巡幸的费用。比如,1577 年,一位公主庆祝寿辰耗费了十万两白银。万历皇帝的诸位儿子的册封典礼耗费了超过一千二百万两白银,而他们的婚庆典礼又再次耗费了另外一千二百万两白银。其三是宫殿、陵寝及木料采办的花费。比如,万历皇帝重建被烧毁的皇宫建筑,据称木材开支就超过了九百万两白银。而天启年间,皇宫修建在一年内就花费了六百多万两白银[17]。商人们也时常会参与采购服饰、木材等皇室事项中。

明朝官员们在他们给皇帝的奏疏中常常引用多年来宫廷开支的各种项目来批评皇帝个人的铺张浪费。一个常常引用的题目就是缎匹,它的费用常常达到几百万两。皇宫所需缎匹按特别的设计织成,显示着穿者的品级,这些织物被做成各式礼服,用于宫廷。每年要以大约每匹 12 两白银的价格向商人们订购 8 000 到28 000 匹织物。这些费用由生产这些物品的地区从其税额中扣除。不过,有时帝国的配额无法应付总的开支,或者地方税收少于解运额度,就会导致资金的短缺。

地方官员就不得不调整这个差额，或者一定程度上削减开支，或者向某些纳税人额外加征。1575 年，当国家事务仍然在张居正的控制之际，宫廷还向商人们订购了 97 000 匹织物，分数年输纳。尽管这项采办计划导致了财政的紊乱，但它与王朝的一贯做法是一致的[18]。

虽然皇室费用支出每年有定规，但随意性还是较大的。尤其是，当碰到生活奢侈、开支用度巨大的皇帝，内承运库银两入不敷出时，就会动用太仓库的银两。这就增加了国家的财政负担，也加大了皇家财政监管的难度。宣德元年（1426 年），宣德皇帝下令勘查内府钱粮，这表明早在明初时，明廷已经开始加强对内府财政机构的监察，以遏制愈益发展的贪腐之风。尽管明政府加强了对内府财管的审计，但随着明朝吏治腐败的加剧，内府管财政的宦官仍然多方侵吞皇室经费，这促使明政府进一步加大审计和稽核的力度。比如，嘉靖八年（1529 年）诏令："每年差给事中、御史各一员于内府内承运等库，并各监局巡视监收，禁革奸弊。先将各系衙门见在各项钱粮，会同该管人员逐一查盘明白，作为旧管。每年终，通将旧管、收除实在数目磨算无差，造册奏缴。"

"收、支、存"：起运、存留与太仓库

16 世纪大明帝国财政收支体系的实际执行，其核心是"起运"与"存留"。起运是指按中央指派，各司、府、州、县定期定额将赋税运至中央及九边的仓库。所谓九边，一般是根据刊于嘉靖二十一年（1542 年）的《皇明九边考》中的定义，即大明帝国为了防范东、西蒙古进犯，先后设立的辽东、宣府、大同、榆林（也称延绥）、宁夏、甘肃、蓟州、山西、固原九个军事重镇（如图 2 所示）。1542 年后，随着防务加重，大明帝国又在九边的母体上新设了众多新镇。在万历即位当年（1572 年），九边一共驻扎了约 60 万的兵力。这些大军对于明廷的财政是很大的挑战。

而存留是指一部分赋税由地方做常规支出，存留主要源于夏税秋粮、盐课、户口盐钞、商税、卫所屯田存留等。明代政府财政收支的运行基本呈现由上到下，层层向下传达政策命令，最后由地方执行的过程，这一过程最终落脚到明代政府的基层组织来组织收入。收入组织完成后，由中央和地方根据自身的财力组织安排支出，其中最主要的是由皇室和户部来安排。从决策过程看，明前期大学士参与财政事项的决策，草拟诏书供皇帝参考。宣德年间内阁获得票拟权。嘉靖年间，内阁权力进一步扩大，获得用人权。作为财政中枢，户部也具有一定的决策权。决策下达之后，最终由地方政府执行[19]。

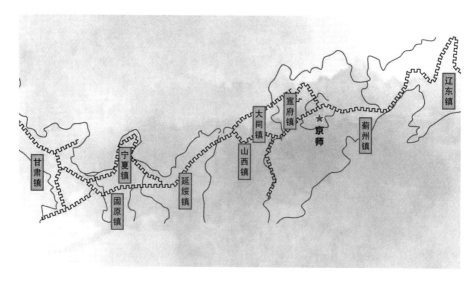

图 2　16 世纪大明帝国九边示意图

太仓库,是明朝官府设置的专门用以贮存赋税折银、籍没资财田产等财产物资的府库。从下表中可以看到,在 1522—1582 年间,财政收支状况不佳,太仓库的亏空非常严重,除了万历初年(张居正主持中央财政)的年份外,其他年份基本上是亏空的(见表 3)。

表 3　1528—1582 年间大明帝国太仓库的财政收支状况

年份	收入(万两)	支出(万两)	净收入(万两)
嘉靖七年(1528 年)	130	241	− 111
嘉靖二十八年(1549 年)	200	347	− 147
嘉靖二十九年(1550 年)	395	412	− 17
嘉靖三十年(1551 年)	200	600	− 400
嘉靖三十一年(1552 年)	500	800	− 300
嘉靖三十二年(1553 年)	200	500	− 300
嘉靖三十三年(1554 年)	200	400	− 200
嘉靖三十四年(1555 年)	200	429	− 229
嘉靖三十五年(1556 年)	200	386	− 186
嘉靖三十六年(1557 年)	200	302	− 102
嘉靖四十二年(1563 年)	220	340	− 120

（续表）

年份	收入(万两)	支出(万两)	净收入(万两)
嘉靖四十三年(1564 年)	247	363	− 116
嘉靖四十四年(1565 年)	220	363	− 143
隆庆元年(1567 年)	201	596	− 395
隆庆二年(1568 年)	200	440	− 240
隆庆三年(1569 年)	220	370	− 150
隆庆四年(1570 年)	230	380	− 150
隆庆五年(1571 年)	310	320	− 10
万历四年(1576 年)	435	350	85
万历五年(1577 年)	451	419	32
万历十年(1582 年)	372	565	− 193

资料来源：根据边俊杰《明代的财政制度变迁》(经济管理出版社，2011 年版)中的数据整理而成。

室町幕府：给将军修府邸

16 世纪的日本，名义上还在室町幕府的控制之下，虽然日本在实际上已经进入了战国时代。当时将军和幕府的财政收入主要包括御领庄(幕府直接控制的田产)，京城及其附近地区的当铺和酒商缴纳的税金，还有非常重要的一块就是如前所述的贸易，比如与当时明朝的贸易。

而在财政支出方面，幕府将军可以在军事和非军事两个方面，得到其守护家臣的支持，而这自然需要财政支出的帮忙。首先，在军事行动方面，一名或多名守护的职责通常是以将军之名动员私家力量。当然，这意味着，如果该行动取得成功，守护可以获得具体奖赏。比如，当时山名家族对赤松家族的攻击取得胜利，赤松家族被赶出它的两个令制国，山名家族获得奖励，被任命为两地的守护。而在非军事远征领域，将军有权要求守护为公共项目提供支持，例如修建将军的府邸。将军为了修建府邸，可以征用上万贯银两。根据每名守护控制的令制国的大小和数量，分摊那笔开支。对于希望升官发财的令制国守护来说，为京都的天皇或将军筹款修建宫殿或修建府邸具有政治价值[20]。

奥斯曼：收入多，支出也多

1522—1582 年间的奥斯曼帝国的主要收入来源是农业税和关税，以及其他税费，比如港务费、过路费、称重费。国家机构和事业的垄断收入也是重要的财政来源，除了常规的食盐等，甚至肥皂、糖和油蜡也是由国家垄断经营的。

值得一提的是 1522—1582 年间奥斯曼帝国的 CPI（消费者价格指数）（见表4）。从图 3 中可以看到，和当时欧洲的其他大城市，比如瓦伦西亚、维也纳、安特卫普、莱比锡等城市相比，伊斯坦布尔在 1500—1599 年的物价是明显比较稳定的。奥斯曼帝国物价稳定的背后是有底气的：苏莱曼一世统治初期的年度财政收入约为 600 万达克特，到他统治的后期，随着帝国领土的扩张，年度财政收入可以达到 800 万达克特，尽管这可能仍然是不完全统计的数据。二十世纪初的美国学者莱拜尔（Lybyer）根据当时美元的含金量进行折算，得出了苏莱曼一世时期奥斯曼帝国的税负不重的结论[21]。

表 4   1520—1589 年间奥斯曼帝国的消费者价格指数

年份	CPI， 1469 年为 1.0	阿克切的含银量 （克）	CPI in Grams of Silver （银克数），1469 年为 1.0
1520—1529	1.87	0.66	1.42
1550—1559	1.64	0.66	1.25
1560—1569	1.86	0.61	1.41
1570—1579	3.35	0.39	1.47
1580—1589	4.45	0.30	1.46

资料来源：Sevket Pamuk. Prices in the Ottoman Empire，1469—1914[J]. *International Journal of Middle East Studies*，2004，36(3)：451—468. Table 1.

在财政支出方面，除了愈发庞大的军费支出和公共建设支出，16 世纪的奥斯曼帝国同时还需要供养比之前更多的常备军，以及一大批开支浩大的官僚集团。而在皇室层面，苏丹往往挥金如土地供养一批爱享受、会花钱的嫔妃，这无疑也加剧了奥斯曼帝国的财政困难。

16 世纪奥斯曼帝国的农业生产遭受了严重的伤害，原因是多样的。比如，战争的袭扰；又比如，采邑封建领主与农民之间的契约关系瓦解，造成农民缺乏生产积极性，因为生产出来的东西到头来都被纳税农庄的包税人剥夺了。奥斯曼帝国

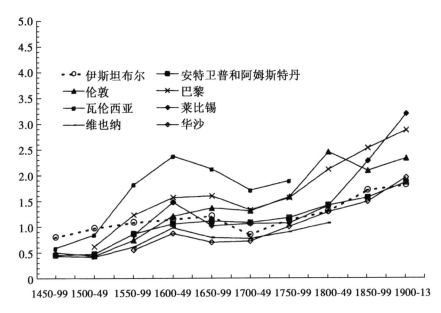

图3　欧洲主要城市消费者价格指数，1450—1913 年
（以 1700—1749 年斯特拉斯堡的价格为 1.0 基准）

资料来源：Sevket Pamuk. Prices in the Ottoman Empire, 1469—1914 [J]. *International Journal of Middle East Studies*，2004，36(3)：451—468. Table 1.

的农村人口日益减少，许多村庄荒无人烟，农村劳动生产率普遍下降。很多农民不胜苛捐杂税的重负而被迫离开土地，转而成为盗匪，而帝国的政府岁入也因而不断减少。

都铎王朝："开源节流"

1522—1582 年间的英国都铎王朝，其财政收入也仍然保留着中世纪的特征：依靠国王特权征收的常规财政收入，以及议会批准征收的特别财政收入。前者虽然名曰"常规"，但其中很多项收入也完全是"苛捐杂税"的范畴。具体来说，主要来自各种直接税收入和名目繁多的杂税（新的小税种被不断开发出来）、专卖收入，出售官职的收入，以及与教会相关的收入。

1547 年，爱德华六世不仅继承了亨利八世的债务和拮据的财政状况，也继承了他的敛财手段。爱德华六世时期，关税收入和封建收入的大宗监护权都在减少，战争开支进一步加大了财政困难。他继续采取亨利八世时期的货币贬值政策，出售修道院和王室所有的一些土地，并诉诸直接税和强迫借款等敛财手段。

所以,爱德华六世的财政政策进一步毁坏了国王财政的基础。之后即位的玛丽一世虽然在 1553—1558 年间采取了重建财政署和提高关税税率等改革措施,但并没有立即给她的财政状况带来好转。

在伊丽莎白一世统治的 45 年里,财政收入的总和是 1 050 万英镑,而财政支出的总和是 1 500 万英镑(其中战争开支是 463.6 万英镑),明显的收不抵支。其中,分年度来看,比如 1559—1570 年,英国年度财政收入按照实际价格是 25.08 万英镑[22]。王室的对外财政支出因战争等因素而急剧膨胀。对内,伊丽莎白一世倒是厉行节俭,通过“节流”管理政府开支,维持国家的正常运行。但尽管如此,“常规”的财政收入,即王室领地收入、关税等已经不足以应付财政开支,于是只能在“开源”上想办法。伊丽莎白一世的做法包括出售教会和王室的土地、强迫贷款、强迫捐助、卖官和卖特权,等等。

瓦卢瓦王朝:“里昂大聚会”

16 世纪法国瓦卢瓦王朝的财政收入与上述英国都铎王朝的财政收入来源非常类似。在弗朗索瓦一世执政的 1530 年代,每年的常规财政收入大约保持在 800 万到 1 000 万里弗尔,不过很多特别税收尤其是在战争时期会大大地增加财政收入。常规的直接税负大约在 800 万到 900 万里弗尔之间,其中,400 万里弗尔是人头税,60 万里弗尔是弗朗索瓦一世增收的驻防部队附加税,地方和地区支出接近 100 万里弗尔,另外有约 100 万到 150 万里弗尔是三级会议制地区的税负。到 1547 年为止,弗朗索瓦一世大约积欠了 680 万里弗尔,这个金额相当于一年的可支配常规收入。

其继任者是性格忧郁而虔诚的亨利二世,他因其与西班牙的一系列战争和对胡格诺派信徒的迫害而闻名。在他统治时期,和西班牙的战争让法国负担 2 000 万里弗尔以上的债务,导致了法国的财政困难与王权衰落;而其对胡格诺派的敌视无论是在财政层面还是在社会舆论层面都至少间接促成了后来长达三十多年的法国宗教战争,并让法国的财政状况雪上加霜。在他统治时期,法国国力衰退,而西班牙趁虚而入谋求欧洲的霸主地位。表 5 是亨利二世执政第三年(1549 年)的财政收支状况。

在亨利二世执政的 1540 年代末,他定期通过里昂交易会借钱,利率随行就市(约为 10% 到 16%)。在里昂的外国银行家们先是想出了辛迪加的贷款方式,后来

表5　1549年法国王室财政收支状况　　　（单位：千里弗尔）

财政收入		财政支出	
收入项	金额	支出项	金额
人头税	4 466	军费	4 483
盐税	852	王室	664
贡金	700	驻外使馆	200
什一税	700	津贴	800
补充部分（卖官收入为主）	100	法院	118
领地收入	100	利息（里昂）	388
羊毛销售收入	200	应还借款	2 422
1548年结转	577	俸银和欠款	1 200
布列塔尼	514	其他	1 157
多菲内	32		
勃艮第	38		
普罗旺斯	27		
合计	8 302	合计	11 432

资料来源：根据詹姆斯·柯林斯《君主专制政体下的财政极限》（上海财经大学出版社，2016年版）中的数据整理而成。

又想出了一种名叫"里昂大聚会"的普通股东制架构。里昂大聚会的贷款用周边总监区的税收收入做担保。但是到了1557年，里昂大聚会停摆，亨利二世总共欠了里昂大聚会1 600万里弗尔的债务，同时还欠其他银行辛迪加大量债务。这成为后来亨利三世为外国银行辛迪加提供担保而进行债务结构调整的动机。就在里昂大聚会停摆的这一年，亨利二世开始发行以巴黎和教士税收收入为担保的长期公债，作为新的皇家债务管理策略的重要组成部分。

等到弗朗索瓦二世任内，法国的国力着实是"卷不动了"。受到其父亲于1559年4月与西班牙所定的和平条约影响，法国的国际影响力逐渐下降；法国财政因为过去与西班牙四十多年的战争，此时的负债已经累计高达4 800万里弗尔。弗朗索瓦二世的执政团队因此实施财政紧缩政策，裁撤众多机构与军队，并且拒绝偿付借款利息，这意味着政府的实质性破产。财政破产与1560年西欧开始物价革命造成的动乱，引发了法国的宗教分裂，不久即爆发了法国长达三十多年的宗教战争。

二、从哪捞钱(一):土地

大明帝国:"隐田"和"一条鞭法"

大明帝国的田赋

16 世纪大明帝国的财政收入主要来自田赋。大明帝国田赋的基础是两税制,每年农历八月征收夏季税,秋收之后的第二个月征收秋粮税。这一制度到 16 世纪的大明帝国也没有发生大的变化。

而关于明代一些地区的农业税税率,之前已有不少学者做过很有价值的归纳。这里将黄仁宇(2001)和边俊杰(2011)归纳的相关数据予以整理,见表6。

表 6 16 世纪大明帝国一些地区的农业税率

	税率		税率
南直隶江浦县	4.6%	扬州府通州	2.3%
南直隶溧阳县	1%—5.4%	山西汾州府	5.5%—12%
松江府	8%	山西宣府	3.7%
苏州府苏松地区	9%	浙江杭州府	3.3%—10.8%
广东南海县	0.88%—1.7%	浙江义乌县	1.3%
湖广安化县	3.9%—5.9%	山东汶上县	5.8%—12.2%
福建漳州府	12%	山东曹州	8.5%—12.6%

资料来源: 根据黄仁宇《十六世纪明代中国之财政与税收》(生活·读书·新知三联书店,2001 年版)以及边俊杰《明代的财政制度变迁》(经济管理出版社,2011 年版)中的数据整理而成。

我们可以看到,在农业税方面,明末的农业税率虽然没有低到洪武帝定下的"三十什一"的程度,但也是颇低的,"整个帝国税赋的平均水平似乎也不超过农业产量的 10%"[23]。

大明帝国征收农业税所采取的做法是将徭役和税赋的征收权交给地方耆老,这与明初里甲制度的逻辑如出一辙。毕竟,本乡本土的当地人自然最清楚谁家可以出徭役,以及赋税的多寡。所谓以杜绝地主和富商剥削的乡村自治为核心的里甲制度,忽略了有国家资本投入的经济天然地倾向于去创造和集中财富。在 16 世纪,这一紧张关系造成了财政分裂。对于已经加入商业网络从而为市场需求进行生产的乡村社会而言，税务自治且自给自足的社群模式与其实际的脱节就更为严重了[24]。

16 世纪的明廷亟欲解决国家财政收入的来源稳定性问题。当时在税粮起耗之际，豪商大户往往恃强，不出加耗，而将一切的转输诸费，专责之于小商小民。明廷沿用 15 世纪起实行的"平米法"，借助耗米的征派，不仅弥补了官田的重额亏欠，同时还起到了均平田亩科则和缩小贫富之间的偏累差距的作用。均征加耗的实施，有力抑制了富商地主拒不纳耗的法外特权，从而增加了田赋的征收效率。明廷亦继续沿用刘孜在当时的松江府推行的"论粮加耗"法，即在增辟财源的基础上采取田赋征收与招民垦荒并举的做法，用垦荒田的收入补抵熟田的耗米，在增加财政收入的同时也避免了民田拥有者即富商地主的反对[25]。

大明帝国的土地与丈量："隐田"

在 1522—1582 年间的大明帝国，"隐田"日益成为一大财政难题。早在明朝初年，朱元璋规定每十年要对大明帝国的所有土地进行一次彻底丈量。然而，他自己的一次彻查就花了 13 年时间（从洪武十四年到洪武二十六年），而众所周知朱元璋本人是个"工作狂"。因此我们可以预见，他的继承者们是否有能力以他所期望的频率来对全国的土地进行丈量。

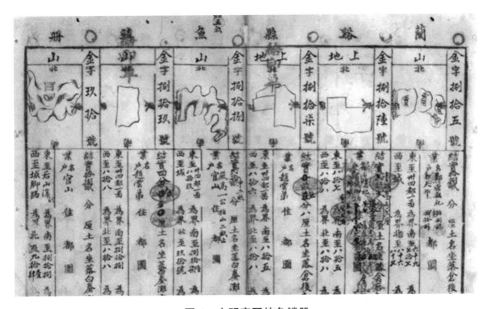

图 4　大明帝国的鱼鳞册

根据明廷的规定,户口和土地都登记在黄册和鱼鳞册上,也就是额定的税收。黄册是登记户口的,每十年更定一次。鱼鳞册是登记田亩的,每县以四境为界,每乡都是如此,田地以丘相挨,就像鱼鳞,所以叫鱼鳞册[26]。(见图 4)

但随着时间推移和官僚懒政,16 世纪的大明帝国出现了下面这些情况:(1)有些土地被买卖后没有被及时登记在册(或者索性就一直没有登记);(2)新开荒的土地没有被登记在册;(3)田主发生变动没有被登记在册。以上三种情况在当时都是很常见的。因而,大明帝国的实际土地规模可以称得上是一笔"糊涂账"。而黄册和鱼鳞册制度实际上已然失效。

而富商和乡绅士官的"隐田",即是"特权"和"寻租"的又一体现。关于"隐田"及其丈量,马伯庸先生的《显微镜下的大明》,以及 2023 年上线的《显微镜下的大明之丝绸案》(张若昀、戚薇、吴刚等主演)对于"隐田"及其丈量有非常精彩的演绎,可以作为参考。(见图 5)

图 5 《显微镜下的大明之丝绸案》海报

1570 年代的田赋改革:"一条鞭法"

大明帝国的财政改革主要包括宣德、正统年间周忱在江南的改革、景泰至正德年间的赋税改革、正德至隆庆年间的"官民一则"的田赋改革、万历年间的"一条鞭法"等。明代的徭役制度的复杂性为学界所公认,具体来说,在"一条鞭法"之前,还曾有过均徭法改革、十段锦法改革、一把连诸法改革等。

其中以张居正推行的一条鞭法改革最广为人知。不过,"一条鞭法"其实并非张居正首创,最早是在嘉靖统治时期确立的赋税及徭役制度,由当时的内阁次辅桂萼在嘉靖九年(1530 年)提出,之后张居正于 1570 年代开始新一轮试点,并于万历九年(1581 年)推广到全国。

张居正在全面推广"一条鞭法"之前,先借"考成法"对官员们进行"KPI 考核":让官员们对全国的土地进行了一次彻底的丈量。然而,丈量出来的数字的可信度显然是有待商榷的,比如一些富商的账面上根本没有土地:他们有办法隐瞒自己的土地所有权，即前文提到的"隐田"。

在张居正之前，大明帝国的子民需要缴纳田赋、杂税，还要承担徭役等，税制非常复杂。而所谓"一条鞭法"，就是将赋税徭役的各个项目合并为一种税的意思，即"以从前均平、均徭、民壮、驿传诸色目太繁，不便缴纳，因令天下州县于丁粮中会计各办额料，通融征解，其诸色目一概归并"，"不别立四差名目"。这样大大简化了税制，同时使地方官员难于作弊，进而增加财政收入。由于各项赋役都折征银子和合并起来编派，征收和解运手续也因此而大大简化。原来由里长逐项催征，人户不胜烦扰。随着赋役完全货币化，税额也有了确定的数字，就可以由纳税户自己上纳[27]。

乍一看，一条鞭法确实有利于农民和经济等级较低的阶层。但是，由于根据新法，原先将民众按财产的多少进行分级从而确定不同税率的办法已被取消，因此所有家庭都按照相同的税率征税。于是，穷人拥有的土地与富人拥有的土地征相同的税；贫瘠的土地与肥沃的土地也征相同税。最终，拥有土地的小商人和农民反而不得不承担更多的税负。而且，从国家财政利益的角度来看，一条鞭法的目的不仅是降低税收的成本，而且可以借机扩大税基。这会让国家的财政收入大幅增加，但从实际实施上看，这也给普通小农和商人们带来了不便，有时还会造成赋税不公平等问题。因此，很多农民和普通商人越来越受到富人阶层的压迫甚至奴役，仅仅是为了遵守"一条鞭法"的规定。这正是"一条鞭法"的弊端。

室町幕府："段钱"和御领庄

在16世纪，"段钱"（土地税）构成了室町幕府的主要收入来源。行政委员会（日语中称为"政所"）一直设有负责管理段钱收入的机构。在令制国中亦设立专门的收税机构。于是，室町幕府的财政状况是这样的：土地分散在私人手中，所起的主要作用是支持构成统治集团的许多家族和机构。用于政府实际运作的资源来自综合税种，比如段钱税。

室町幕府的档案显示，足利家族拥有30处田产（御领庄），分散在12个令制国中。足利家族在16世纪可以确定的田产数量从60处增加到大约200处。不过，足利家族并未形成集中管理的大地块，更谈不上用其收入来让京都的幕府财政获益。更确切地说，当时的一种做法是，将土地分给他人，让其代表幕府管理，而且将其作为一种私人支持的途径。以这种方式，御领庄的大部分被分给了卫队成员。这类赏赐土地往往成为世袭之物。到 1573 年室町幕府结束为止,将军一般都与在令制国的家臣关系密切;这至少保证,将军从该做法中得到一些回报。根据日本学者福田丰彦的研究,许多土地的产权长期维持,最晚的持续到了 1565 年(也就是足利义辉将军去世那年)。

16 世纪另外一种可以让将军获利的土地来自受到庇护的寺院的捐赠。将军送给寺院许多土地,表达自己的虔诚之心。那些土地随后被用来支持幕府。在某些地区,禅宗寺院的财务成员管理那些土地,其方式与常见的御领庄不同。

室町幕府的财政基础并非局限于御领庄。将军有权对特定人群和活动征税,其范围涉及京都城内和整个商界。后来,这部分税收在幕府财政收入中的占比越来越大[28]。

奥斯曼:"米里"和"蒂马尔制"

"米里"

16 世纪的奥斯曼帝国沿袭哈里发时代的历史传统,实行国家土地所有制。奥斯曼帝国的国家土地所有权,起源于奥斯曼帝国作为征服者的统治权。奥斯曼帝国的国有土地称作"米里"(miri),特指乡村的耕地,耕作内容局限于粮食作物。城市的土地和乡村的宅地以及牧场和果园系非国有的私人地产,不属于"米里"的范畴。奥斯曼的苏丹至少在理论上拥有全国的土地,以提供兵役作为条件将土地赐封给穆斯林贵族,进而在奥斯曼帝国直接控制和执行奥斯曼帝国法律的巴尔干和安纳托利亚诸多地区建立"采邑封地制"[29],也称作"蒂马尔制"(Timar)。

"蒂马尔制"及其衰败

"蒂马尔制"是奥斯曼帝国增加国库收入的一大政策,最早可以追溯到十四世纪。当时的苏丹奥尔汗(1324—1359 年在位)已经把一部分国有土地赏赐给有功的军人(主要是骑兵武士"西帕希"),并租给农民耕种。而其立法条文在 14 世纪初开始制定,到苏莱曼一世时最终完成。在奥斯曼传统的财政思想里,增加国库的税收能维持军事实力以用于战争与征服,而衡量国家财富的标准就是国库中的金银储备量。但随着帝国的扩张,大量土地被并入,帝国精英阶层的国家观念发生变化,财政思想也发生转变,开始重视农业发展。

苏莱曼一世也坚信农业和农民才是真正的财富创造者,唯此才是保证帝国实力的经济基础。因此,等到 1520 年代苏莱曼一世开始统治后,他进一步巩固并扩大了蒂马尔制。

蒂马尔制这种"采邑封地制"和欧洲的封建采邑制有诸多相似之处，但并不给予采邑承受人土地所有权，因而更像是我国自宋朝伊始在按约交租的前提下享有长期耕作权及处置耕作权的"永佃制"：奥斯曼帝国的全部土地的终极所有权都属于苏丹。他可以把大片田产交由手下的官员来管理，他们每年向他缴纳赋税。他也可以把一部分田产赐予私人和宗教慈善基金管理机构。但在奥斯曼帝国不断对外进行扩张的时期，帝国的大部分土地赐予了封建领主。于是他们也就成为采邑承受人。这些采邑承受人需要同时履行地方行政职能和帝国军事职能。其中，采邑收入在 2 万阿克切以下的称为"蒂马尔"，2 万到 10 万阿克切的称为"扎美"，10 万阿克切以上的称为"哈斯"[30]。"哈斯"一般都是苏丹的宠臣高官。毫无疑问，在这个体系里，"蒂马尔"占到了绝大多数。因此，这个制度也被称为"蒂马尔制"。

农民缴纳的农产品什一税是采邑承受人的最主要收入来源。中央政府在权限内确定包税人，将其给予提出高价、而且值得信赖的保证人。承包时限为三至九年，最长可达十二年，但如果承包期间出现更高报价的承包人，政府也可能会中断先前承包。由于这一时期物价变动，导致以货币缴纳的征税额也大幅度变化，在实际操作中，包税人往往一年左右就会更换一次。

但"蒂马尔制"同时也在衰落中。从 15 世纪末开始，由于科技的发展和新式火器的出现，骑兵的作用愈发被需要组织和训练掌握新式火器的步兵和炮兵所取代。这意味着帝国不能够再完全依靠采邑制度了：组建新式军队，需要由帝国中央政府来领导实施。这就需要用大量的现金购买和制造新式武器装备军队。

从 1520 年代苏莱曼一世统治时期开始，奥斯曼帝国政府加紧把已经无领主的采邑变为国家土地，其初衷是为供养常备军提供财源。但它们没有被帝国政府很好地加以利用和管理，而是逐渐落入帝国近卫兵团的军官、有权有势的官吏和当地显贵和地主组成的阶级手中。他们当中有些人还私设军队，向帝国中央政府施压，以获得"帕夏"（高级官员）的称号，掌握地方政府大权。同时，非军人阶层家庭出身的人进入军人阶层的也越来越多，帝国建立在军人阶层和平民阶层之间区分之上的平衡基础被彻底打破了。总之，帝国政府和苏丹的权威大大地下降，而奥斯曼中央政府也根本无力管控[31]。

可以看到，16 世纪的奥斯曼帝国转向了罗马的包税制，将征税权下放给资本与精英集团,而同期的大明帝国则从未放弃对税权的掌控,并与农民建立了稳定的同盟,从而躲开了类似奥斯曼帝国被财团(常有外国背景)与国内精英联合绞杀的命运[32]。

都铎和瓦卢瓦：田赋的不同重要性

在田赋方面,1522—1582 年的法国和当时大明帝国的情况比较类似,而与当时的英国很不一样。大明帝国和法国绝大部分的耕地都是由自耕农或者佃户耕种的,耕作的地块较小,通常很少或者根本不用雇工。而英国的很多土地是由大商业农场主经营的,他们租赁或者拥有数十乃至数百英亩(1 英亩 = 4 046.86 平方米)的土地,依靠雇工进行耕作。

大明帝国和瓦卢瓦王朝的税收主要来自于农业,商业和手工业品的税收相对较低。大明帝国的商业税种虽然也不少,但其实对大部分的商业活动是根本不征税的,也无力征税(本章后面部分就会提及)。当时法国的商业和工业税约占这些部门商品和劳务价值的 11%,而当时英国的商业税和消费税可以占据皇家总税收的 80% 以上[33]。

在 1530 年代,土地收入仍然被认为是英国王室普通收入的主要来源。图 6 显

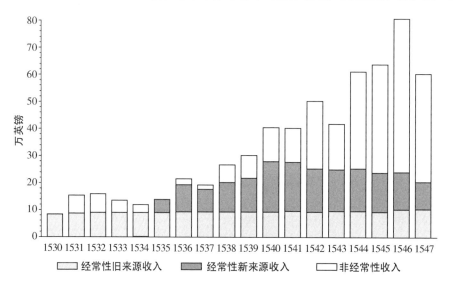

图 6　1530—1547 年英国王室经常性和非经常性收入
资料来源：[英] W. M. 奥姆罗德、玛格丽特·邦尼、理查德·邦尼编,沈国华译：《危机、革命与
自维持型增长：1130—1830 年的欧洲财政史》,上海财经大学出版社,2020 年版。

示了从 1530 年到 1547 年经常性收入（土地收入、僧侣税收入和王权收入）显著增加。虽然非经常性收入来源（俗人税、变卖王田和铸币贬值）在 1540 年代为英国王室财政贡献了大部分收入，但经常性收入来源仍继续以双倍于 1534 年前的水平贡献收入[34]。

三、从哪捞钱(二)：商业

大明帝国：商业税的偷减

大明帝国的商业税

1522—1582 年间大明帝国的商业税大致限于"关市之征"的范畴，也就是商品通过税和商品交易税为主，主要包括但不限于：钞关税、竹木抽分税、塌房税、市肆门摊税、门税、过坝过闸税、商税等。总体而言，其征收额和税率没有田赋高。

钞关税主要是对过关船户征收船料钞。钞关税的收入是商税的最重要组成部分，尤其自 16 世纪中叶起，商税中的钞关税成了仅次于田赋和盐课之外的明廷第三大财政收入来源。征收标准一般以船料为据。钞关税初设时全部征钞，后来渐渐有钱、银的征收，从 1570 年代开始，折银日益普遍。表 7 归纳了 16—17 世纪大明帝国八个主要钞关的税额。

表 7　16—17 世纪大明帝国八个主要钞关的税额　　　　　　（单位：两）

	1599 年	1621 年	1625 年
北新关	40 000	60 000	80 000
浒墅	45 000	67 500	87 500
扬州	13 000	15 600	25 600
淮安	22 000	29 600	45 600
临清	83 800	63 800	63 800
河西务	46V000	32 000	32 000
崇文门	68 929	68 929	88 929

	1599 年	**1621 年**	**1625 年**
九江	25 000	37 500	57 500
合计	343 729	374 929	480 929

资料来源：根据黄仁宇《十六世纪明代中国之财政与税收》（生活·读书·新知三联书店，2001 年版）中的数据整理而成。

竹木抽分税主要指在竹木产地及其贩运要道上设置抽分竹木局数处，对竹、木、柴、薪等商品征收的实物税，作为官方营造修缮等的用料。竹木抽分的税率受到品种、时间、地点等因素的影响而呈现明显的差异。比如，抽分征以实物时，松木税额约为 20%，而如果是纳银，则一般在 5% 到 10% 之间变化。竹木抽分税的征收有很大的弹性，在商品流通较为发达的 16 世纪下半叶，如果能剔除弊端，堵塞漏洞，足额征收并非难事。然而，为多征邀功或为中饱私囊而加重商人负担的现象却很普遍。

市肆门摊税是按照商店的店面计征的税，其实质上对应现代的营业税。市肆门摊税最早从洪熙元年（1425 年）开始征收。宣德以后，随着钞法渐通，市肆门摊税有所减免。这项税收对于城镇乡村的店铺微乎其微，而两京等大城市则相对重要。比如，沈榜的《宛署杂记》记载，对北京铺行的征税，分别由大兴县和宛平县两县管理，万历七年（1579 年）两县实征银一万零六百四十一两。

门税是对通过北京九门运载货物的车辆与驮畜征收，始于弘治初年，规定"客商贩到诸货，若系张家湾发卖者，省令赴局投税，若系京城发卖者，以十分为率，张家湾起条三分，崇文门收税七分，如张家湾不曾起条，崇文门全收"[35]。正德七年（1512 年）以后，各门监税官以苛税敛取民财，使门税收入大增，较弘治年间，钞增加四倍，钱增加三十文，商民深为其困。到了隆庆年间（1567—1572 年），针对各门监税官横征暴敛的情况，明廷将门税明定则例，张贴于门，以便征收。

过坝税始于嘉靖皇帝在位的最后一年（1566 年），主要于淮安坝征收。对经过淮安坝的米麦杂粮，每石征银一厘，称为军饷，用来抵补所在州县夏秋税粮及民壮、军壮饷。过坝税最初是直接对过往粮船及牙人征税。但时隔不久，由于税收负担重，牙人脚商四散，无法征收。于是，便让客商从应付的工钱和牙人的口钱中代扣代缴。而过闸税是对过闸商船课征的税，始于隆庆四年（1570 年）。其税额多少根据商船大小而定。

塌房税始于洪武二十四年(1391年)。塌房是指专供客商储存货物的场所。明初，抵达京城的商贾货物无栈房可以储存，只能"或止于舟，或贮城外民居"。商民感到非常不便，而且很容易被中间商人盘剥，于是洪武皇帝"命工部于三山等门外濒水处，为屋数十楹，名曰塌房"[36]。按照商税三十而一的税率对客商储存于塌房的货物课税。在16世纪，塌房税仍然没有在全国普遍开征，仅在两京征收。

大明帝国还有一个专门的税种叫"商税"，这并非泛指商业税收，而是特指税课司局与地方有司征收之商品交易税或落地税。商税原则上实行实征制，按货值三十税一，由商人自行申报。自16世纪初起，因行商流动性大等原因，在实际征收中多采取定额制。商税是补充地方财政的灵活财源[37]。

商业税偷漏

在这60年间，大明帝国的商业税本身征收数额就非常小。比如我们看一下万历早期，即1570年代的商业税数据：商业税收入包括盐税250万两、茶税10余万两、市舶税4万两、通行税60万两、营业税20万两，总额不过340万两[38]。而根据黄仁宇的数据，这一时期征收商业税最多的年份也不过378万两白银，按照当时万历初年全国约6000万人口计算，平均每人只需缴纳60文左右的铜钱。各地区的商业税征收非常不平衡，发达地区的商业税有时反而更少。比如，当时富足的浙江金华县，1578年所列出的商业税征税定额居然是区区7两，地方志中坦率地承认商业税征收已经停止很长时间了[39]。

更雪上加霜的是，逃税在这一时期开始变得愈发普遍。这可以从当时在中国逗留的葡萄牙传教士曾德昭(Alvaro Semedo)的记载中看出："这里有一个非常有名的税关，商人并没有付出很多，而是得到了更多的恩惠。没有专门用于存放或称重商品的房屋；商品也没有从车船上取出；单纯根据商人的账簿和靠税官用肉眼来判断，而且商人只按中等水平的税率支付。如果乘客不是商人，就算他独自或者和他的仆人一起乘船，随身携带着五六个箱子和其他一些通常从一个国家运送到另一个国家的东西，它们也不会被搜查，也不会被打开，也不用支付任何关税。相比之下，欧洲的税关是很好的反例，在那里一个贫穷的旅行者会被野蛮地抢劫；他随身携带的所有东西都不值那里的税官要求他交税的金额。"[40]从这份记载来看，所谓查商货，有时候不过是一种形式而已。一般情况下，商人可以随心所欲地缴纳(他认为数额合适的)商业税。甚至，如果你如何成功地假装自己不是商人，无论你带来多少货物，你都不会被征税[41]。

在这种形同虚设的检查下,绝大多数的商业交易都可能发生大量的逃税行为。许多逃税行为甚至是政府官员纵容和鼓励的结果。明朝官员们似乎认为只要自己该收的税都收了,其他的税就无视了。黄仁宇提到了明中期一些奇怪的事情:在 1510 年以后的十年,何逊掌管沙市税课使司。一旦达到配额,他就降低对木材商人的抽税。在 1520 年代,邵经邦掌管同一个税课使司,采取了更为惊人的改革方案。在三个月内完成年度配额后,他在当年余下的时间里允许木材商免税通过该关。1560 年,杨时乔在杭州榷税时建立了一个令人敬佩的制度——以商人自己的申报额为基础进行征税。值得注意的是,这三位官员都赢得了传统史学家的高度评价。

基于这些异常的情况,我们或许能够理解为什么会出现以下情况:"在帝国早期,有 400 多个税课司局,但到了 17 世纪早期仅存 112 个。其余的因无利可图而被关闭。1568 年,户部报告某个税课司巡拦每年俸粮工食费不下 400 余两,而其征收折钞银仅为 110 两。"[42]征收的商业税甚至不足以支付税务人员的工资,因而在很多地方实际上只能关闭税关。而这种在明朝中期已经凸显的情况,到了 16 世纪后期持续加重[43]。

商业税减少及其代言人

虽然大明帝国的商人并没有担负起欧洲商人向外开拓的职责,但商业和商人本身在大明帝国是非常有地位的。和历史上绝大多数朝代类似,大明帝国的私人信用市场大多是非正式的,政府仅在比较低的限度上对其进行管控。中国的商业可以在政府不过多介入的情况下,发展起各种非正式的金融制度以调节生产、组织运销。因此,开展商业活动的成本就比使用正式制度要低得多[44]。与之相应,商业税的征收也就变得非常的"薛定谔"。

代表商人阶级利益、要求改革商业税的东林学派在明朝后期变得更加强大。(见图 7)他们对已经非常"薛定谔"的商业税征收还不满意,认为任何形式的商业税收增加都是无法忍受的。例如,高攀龙认为朝廷应该同情商人,反对政府的激进官办采购(即"采办")。他建议政府应该以季节性的市场价格补偿商人,就像商人与平民之间的日常交易一样。他们批评掠夺性的额外征税并主张降低商业税,城市居民往往很支持这一思想,因为他们中很多是商人和从事商业活动的官员[45]。

然而,东林党人的做法仅是呼吁取消商业税,却完全没有想到在战争等特殊

图 7　位于无锡的东林书院正门（笔者摄，2019 年 10 月）

时期适当加税或许亦有其合理性。比较当时的欧洲，托马斯·曼（Thomas Mun，1571—1641 年）曾提及临时加征赋税的问题。他认为这一做法是可行的，但是必须取得议会的一致同意。这一思想其实内含着重商主义向自由主义的转变，包含着财政民主主义的萌芽。然而这些在大明帝国都是完全看不到的。而结果就是，万历之后，东林党更是不遗余力地加倍反对商业税。

与传统的儒家和法家思想相比，东林学派对商税的看法体现了一种有利于自己所属阶层但也更具全局性的态度。McDermott 认为，东林学派并没有像传统思想家那样过多关注农民的福利问题，也没有纠缠于形而上学的问题，他们"更喜欢一种融合了儒家思想和佛教思想的更加兼收并蓄的思想体系。当他们认识到朱熹的正统思想的有效性时，他们至少对王阳明更为内在的和积极的教义给予了相似的偏好"[46]。

因此，或许与黄仁宇先生的观点略有不同，并不是什么小农财政观念、反商业思想、儒家思想使得明代，尤其是明代中后期长期实行低商业税的政策，而恰恰是大明帝国的文官集团太重视商业、太维护商业，甚至本身就是商业集团的利益代言人,所以他们才坚决维持低商业税的政策,竭力阻挠一切试图增加商业税的行为。明代农业税收低、商业税收更低,以及长时间内税收不升反降的真正原因或许就在于此[47]。

室町幕府:一种被称为"座"的行会组织

15 世纪和 16 世纪是日本城市和农村的商业发展的高峰期。在城市,商人在大寺院、驿站、码头等城市中心地区建立了一些固定店铺,从事零售交易。许多专业商人迁入京都等城市定居,从而使一些城市发展成为商业中心。而在农村,从15 世纪下半叶,尤其是 16 世纪初开始,农村集镇建立了一些定期集市,农民、商人和武士等都参与其中,每月举办次数可以多达六次。

15 世纪的日本城市中开始出现维护工商业者利益的行会组织,这略晚于西欧国家。根据当时的等级身份制度,手工业者和商人分别被组织到各个行会中,并按规定向幕府将军和大名缴纳捐税。手工业者建立了称为"座"的行会同业组织,由座头或者长老统管,垄断某一地区某种行业的手工业生产和商品的销售。"座"一般隶属于大名,以负担贡纳和劳役为条件,在领主的保护下,获得本行业的专业权和免税权。他们先是在农村加工和贩卖农产品,后来变为专业商人,迁居京都等一些较大的城市。后来,商人也建立了商业同业公会,专门控制和垄断原料收购和商品交易。不过,到了 16 世纪中后期,商业行会被撤销了。

在 16 世纪的日本,上文提到的政所与"土仓"(当铺)所有者的关系非常密切。开始时,后者主要经营仓储业务,而不是贷款业务,提供的防火仓库被贵族用来储存重要物品。后来,随着此项业务的扩展,当铺不满足于这些职能,开始"卷"财务经理人的职能:为所储存的物品发放贷款。于是,一些土仓的管理者也被任命为将军的财务(当时称为"公方御藏")官员。这样一来就出现了比较神奇的现象:他们既是征税对象,又是征税者。

在官方层面,幕府对商业的发展很重视,设立了若干商业和运输税种。它们来自三方面的支持:商业行会、在公路上修建的税卡、对外贸易。在商业税方面,室町幕府在交通要道设立"关所",征收"关钱",或者在渡口收取"津料",并对京都内外的"土仓"和"酒屋"(酒坊)课征"仓税""酒屋税"。如果碰到经费不足的情况,他们也向富豪借贷。这种对商业的官方层面的重视,直到 1573 年室町幕府结束统治后依然如是。在室町幕府后期开始掌权的织田信长致力于推行自由商业政策,建立全国商品流通网。1577 年,他在当时的安土城(其居城和政权中心)颁布了抑制垄断商品买卖的行会、允许商人自由经营的政策,旨在调控市场。

当时室町幕府财政结构的一个特征是,它的几个机构的财政支持源于直接的土地授权,或称提供具体服务获得收入的权力。例如,行政委员会接管京都的政务之后,随即开始寻求城里的支持资源。在转向这种"内部"收入的过程中,幕府开始利用城市的商业税基。在那之前,它们传统上是朝廷和宗教贵族的独占范围。此类收入的主要来源之一是米酒酿造商和仓库所有者缴纳的税金。多年以来,京都警方对那些机构的收税权得到承认,其基本理念是,在该城维持法律和秩序的人应该得到其保护对象的支持。该做法始于为特殊活动收取的赞助费,例如天皇登基大典,寺院和宫殿重建等等。比如,当时开征一项税金专门用于天皇登基大典,每间仓库纳税 30 贯,每缸米酒征收 200 贯税金。室町幕府控制京都的行政大权以后,将该税变为固定税种[48]。

奥斯曼：关税及"阿克切"的贬值

在商业类税收方面,16 世纪奥斯曼帝国的主要收入来自关税、港务税、过路费、摆渡费、称重费。奥斯曼政府在许多重要的商贸路线上派有重兵,严加防范盗匪们的侵袭,保护商人的生命和财产。奥斯曼帝国之所以想要控制和保护国境以内的所有商贸路线,其目的在于增加关税收入,保证自己所需要的主要商品能够稳定地流通,尤其是对帝国庞大的宫廷机构和军队而言更是如此。顺带一提,15 世纪的奥斯曼帝国先是实行对西欧人的海关免税制度,后来取消这一免税并改为向他们征收相当于贩运货物价值 10% 的关税,而后到了穆罕默德二世当政并攻占拜占庭帝国后,关税税率更是翻了一倍。这一政策延续到了整个 16 世纪。

除了常规税收以外,在 1526 年的莫哈奇战役之前,苏莱曼一世凡率军经过之处常向当地征税,这使得临时税收也成为奥斯曼帝国税收来源。而除了加税,帝国还会采用铸造新钱的方法,同时以一定的折旧率回收旧钱,以此来实现周期性的货币贬值。"阿克切"是当时奥斯曼帝国的主要货币。为了对国家的财政有利,奥斯曼帝国政府长期实行两种价格体系：一种是市场价格,另一种是政府规定的价格,后者一般都低于前者的 25% 左右。在 16 世纪上半叶,奥斯曼帝国的市场和物价都相对稳定。但此后,为了供养更多的常备军,供养一大批开支浩大的官僚集团,以及 16 世纪中叶开始国家的财政困难日益显现。奥斯曼帝国的税收和商贸政策与周期性货币贬值关系密不可分。奥斯曼帝国周期性地使用货币贬值政策的最基本原因是为了提高中央财政的收入。然而,货币贬值的方法更加速了通货膨胀和市场物价的螺旋型上升速度[49]。

奥斯曼帝国的这种做法实际上等于对人们手中的银币征了一次税,因而引发了民间的极大不满。而且,苏丹还会派遣一些被称为"觅银者"的官员去搜查人们的房屋,没收藏起来的钱币。他的这种做法和万历皇帝在被后世史家认为动摇了大明国本的"矿税之乱"中加派税吏的做法简直是如出一辙。

都铎王朝:"计划外"税收

1522—1582 年的英国都铎王朝在增加税收收入方面亦有"高招"。首先是亨利八世,他在 1530 年代以战争或者防御等理由扩大直接税的收入,并增加直接税的税种——美其名为"补助金"。除此之外,亨利八世还把政府的正常开支作为特别开支,以此作为征税理由。首先,把国王维持国内秩序的行政管理作为征税的理由;其次,延伸防御的具体含义,把它等同于国王政府的职责,从而把国王的正常开支也作为征税的理由;最后,把维护王权的尊严和偿还国王的债务作为特别开支,从而作为征税的理由。事实上,从都铎王朝起,税收就不限于防御或其他特别开支,到 16 世纪中期,大部分税款都被用于政府日常开支,实际上,如果没有税收,国家机构无法运转。

除了上述"计划内税收",亨利八世还"发明"了其他一些未经议会批准的"计划外"收入,主要包括向臣民征收的人头税,名目繁多的借款或捐款,以及卖地收入和"贡金"。人头税始于亨利八世的第一次对法战争,先后征收过两次,其征收率是公爵缴 6.66 英镑,侯爵和伯爵都是缴 4 英镑,男爵缴 2 英镑,骑士缴 30 先令。他还以各种方式强制臣民"捐款",拒绝"捐款"者被威胁要受到惩罚。亨利八世"幽默地"将这种强制捐款称为"友情奉献"。至于"借款",虽说理论上是要偿还的,但实际上就是一种税收,偿还遥遥无期。法国国王每年还要缴一笔"贡金"给亨利八世,用来换取英国国王放弃对法国王位的继承。又比如,亨利八世还曾以 13 万英镑的价格出售一大块地给法国,然后将出售收入据为己有[50]。

与同时期的法国陷于宗教战争不同,到了伊丽莎白一世统治时期,宗教纷争和观念被极大淡化,取而代之的是工商业及海外贸易迅猛发展和商业财富的快速积累。我们在历史教科书上经常看到的"实行重商主义政策""保护和发展本国传统和新兴产业""建立各类海外贸易公司,扩大海外市场",伊丽莎白一世可谓这些短语的代表人物。英国虽然没有参与1571年的勒班陀海战,但西班牙和威尼斯的联合舰队的胜利,为英国向地中海地区扩张商业提供了有利条件。在国内,大城市和小城镇的市政建设都在兴起,"城郊"的概念首次出现。可以说,在伊丽莎白一世统治时期,英国来自商业的财富开始逐渐超过土地财富。梅俊杰(2023)认为,与法国重商主义忽来忽去的历史脉络很不相同,16世纪的英国已经在相当一贯地厉行重商主义,直到19世纪初工业实力天下无敌后才系统地实施自由贸易[51]。对于这一观点笔者是非常赞同的。

在税收收入方面,她并没有一味地向议会要求开征新的税收,而是更多地依靠增长的关税收入、直接税收入和战争掠夺收入。伊丽莎白一世时期的议会从一开始就批准女王终身享有征收关税的权力。由于玛丽一世执政末期关税率的提高,以及伊丽莎白时期的枢密院成员把关税征收范围扩大到所有酒类,并继续提高关税率,所以关税是伊丽莎白一世时期的重要财政收入来源。

伊丽莎白一世对直接税的征收也较为成功。她总能够以战争或者潜在战争威胁等理由说服议会和教士大会批准她征收传统的什一税以及俗人和教士补助金。据统计,在她执政的45年里,她征收了什一税共计37次,俗人补助金20次,教士补助金22次,总的征税量达到315万英镑[52]。

不过,伊丽莎白一世时期的偷逃税现象也比较严重,尤其是当时有权势的家族和人物,比如,伊丽莎白一世的财政大臣威廉·塞西尔(William Cecil,1520—1598年)。他确实是一位勤勉而精干的国家管理者和实干家,完全不是耽于空论的文人或无所事事的官僚(见图7)。1561年他极力推行币制改革,以缓和由于价格革命引起的财政危机。后人对他起草的公文、报告加以整理统计,总量共达60卷之多。据说在他临终前两年,即1597年,他过目或经手的文件便达1 290余份,这也从一个侧面证明了他繁重的工作负担、过人的工作能力和井然有序的工作习惯。作为女王的亲信,他积极落

图7　威廉·塞西尔画像

实女王的思想,鼓励发展民族经济,赞助能使英国致富的商业活动。然而,他本人也是个逃税的高手,却一本正经地在议会里抱怨别人逃税漏税。在这些点上,塞西尔跟与他同时期的张居正非常类似。而这些问题也为后来 17 世纪的英国内战和革命埋下了伏笔[53]。

瓦卢瓦王朝:人头税和钟楼税

弗朗索瓦一世执政时期,在 1522—1523 年发生了财政危机,迫使他对传统税制进行改革。在传统的税制中,财政总监负责监管税收的入库,而总税收官和国王的私人财务官分别负责资金的支付。国王需要向财政总监们或者通过财政总监们借款,为此要把税收收入交给他们作为质押。但是,只有总监们知道既定税收收入是多少,国王则完全无法获知。在这样的制度下,违规操作和侵吞公款的可能性就非常大了。

弗朗索瓦一世通过设立财政总管大臣(中央金库总管)的职位进行改革。从此以后,所有收入都必须经由中央金库总管入库,或者禁止由签发支付命令的人直接提供资金,从而剥夺了传统税制下总监们的很多监督权。1542 年,弗朗索瓦一世在巴黎、里昂、图卢兹、第戎等 16 个城市创设了税收总署(recettes generales)负责各地区的税收征收工作,并命令总税收官们前往各税收总署就职。

在税收收入方面,弗朗索瓦一世在 1530 年代征收了 5 万步兵军饷税,具体做法是增收了 60 万里弗尔的人头税,差不多是人头税原定额的 15%。当然,人头税在法国也不是什么新的税种:法国的平民人头税在 1439 年就变成了常设税,并且在 16 世纪之前已经成了一个固定的收入来源[54]。

他通过对每个子民(包括贵族和教士)的所得课税来筹措他的财政资金。他的做法打破了之前税收贡献率的相对不变性,人头税本来应该是对应于各省重骑兵部队给定人数的直接反映。这个 5 万步兵军饷税后来发展成为亨利四世时期设立的"驻防部队附加税"(grand crue),这是为筹集驻防部队军费而征收的一种附加税。弗朗索瓦一世还创设了一种钟楼税,每座钟楼课征 20 里弗尔,这种税收在此后的半个世纪里也偶有课征。弗朗索瓦一世还将盐税提升到原来的三倍。

亨利二世沿袭弗朗索瓦一世的人头税增收策略,并把它从原先的部分地区推广到全国范围。在前任的基础上,他还开征了两种新税:骑警税和重骑兵税(taillon),后者是一种专门为重骑兵部队征收的附加人头税。

查理九世保留了弗朗索瓦一世开征的 5 万步兵军饷税和钟楼税以及亨利二世开征的骑警税和重骑兵税，他还于 1560 年代开征了一种作为附加税的公用事业税，包括邮政税、堤坝和排水沟维修税、道路和桥梁建造税等，收入约为 30 万里弗尔。在之前弗朗索瓦一世的 60 万里弗尔的驻防部队附加税的基础上，查理九世增课了 30 万里弗尔。

1570 年，查理九世下令以巴黎的人头税收入为担保发行了年金为 2.5 万里弗尔的公债，又在 1573 年下令以沙隆的人头税收入为担保发行了年金为 3 万里弗尔的公债。鲁昂总监区直接税收入被用来担保发行了年金价值 21.52 万里弗尔的公债（有一半被认购）。有很大一部分失踪的间接税收入以及一小部分失踪的直接税收入，实际上是被用来为皇家债务还本付息。

值得注意的一点是，官吏和商人几乎垄断了公债认购。在布列塔尼以及其他不少地区，认购公债的"食利金者"都是一些相同的社会群体：官吏、商人，或资产阶级市民。他们有资本需要投资或者倾向于以政府可受益的方式进行投资，即捐官或者认购公债。

到了亨利三世统治时期（1574—1589 年），他把直接税和间接税的承包权都收归中央管理，并大幅度地提高直接税税收水平，但所增加的税收大多被通货膨胀所抵消。他把间接税收归中央而作出的努力应该被视为皇家债务结构调整措施的组成部分，因为这次债务结构调整的首要动机就是为承包这些税收（如 1581 年为一个意大利银行辛迪加创设的"五大包税"）的外国银行辛迪加提供担保。与此同时，亨利三世时期停征了之前的钟楼税和 5 万步兵军饷税[55]。

四、从哪捞钱（三）：专卖品

大明帝国：盐和茶

大明帝国对一些主要商品采取垄断控制生产和分配的形式[56]，比如盐。大明帝国的食盐专售实行开中法，在 16 世纪亦是如此。具体来说，开中法大致可以分为三个步骤：商人转运粮食到边镇并取得盐引，使用盐引在指定盐田收盐，最后在指定区域销售盐。然而，朝廷未能为盐的生产者提供足够的资金支持，同时又发放了过多的盐引。无节制的盐引发放自永乐年间(1402—1424 年)就开始了,导致了上述三个步骤中的第二步的停滞,即商人们不得不按照先后顺序等待,有时甚至长达数年之久,更有甚者要等三代人的时间,超过 30 年的延迟兑现是很常见的。为减轻商人的困苦,朝廷放宽了指定田地收盐的限制。

在此背景下,自 15 世纪后期以降,明廷曾多次尝试通过降低官盐价格来吸引合法盐商。早在成化年间(1465—1487 年),在北部边镇一引盐只值约一百五十文,同期河东的百斤盐更是只值约五十文,这甚至明显低于生产成本,然而,这种做法进一步阻碍了盐引的发放。而到了嘉靖二十九年(1550 年),当时的户部尚书估计实际上政府仅仅征收了两淮产盐总量的 40%,其余 60% 的食盐落入了贩卖私盐的商人手中。这些走私者主要是权贵家族的成员以及为他们服务的商人。

因此,大明帝国所收的盐税非常少。明中后期盐政年收入大约为 200 万两,而对比前朝,大唐帝国时期,仅两淮地区的盐政年收入就达到 600 万两。

大明帝国各级盐业管理部门都承受着巨大的压力,每一次增加的压力都从上到下传递到垄断体系中最脆弱的部分,即贫困而无力的盐生产者。直接从生产者那里购买余盐的盐商也参与了对生产者的压榨。同时,由于盐的官方价格丝毫没有竞争力,合法生产者根本无法与非法盐市竞争。到了 16 世纪下半叶,盐业管理机构已经无法再强迫商人在指定区域销售盐了。卜正明在他的《纵乐的困惑》中断言,"明中叶国家与商品市场的关系只是适度的榨取"[57]。在大多数情况下,这一论断或许毋庸置疑。然而,在明朝盐业垄断的背景下,这种表述可能并没有描绘出完全准确的图景,至少从盐商的资金来源来看是这样。首先,在官方的检查站发放盐之前,商家必须缴纳余盐税。除了可以立即筹集到所需资金的富裕盐商外,大多数中小盐商在上一轮交易完成之前根本无法收回下一轮交易所需的资金。这意味着可以存活的小商户的数量非常有限。

其次,重复征收高额关税和罚款的现象较为普遍。虽然如上所述,盐场的基层盐业官员经常容忍商人私下走私配额外的盐,但在港口和陆路检查站负责监管盐业的官员的审查却非常严苛,尤其对超重的处罚异常严厉。此外,虽然理论上,持有盐引的人运送"官盐"在通过检查站时应该免税,但在实践中不能保证不会对其征收额外的税。负责检查站的官员经常对货物征收额外的关税。尽管对过境盐征收的税款看起来并不高,但总量却是不成比例的,因为几乎所有经过的县都对其重复征税。商人受到的待遇还取决于官员的公平竞争意识。确实,当商人受到虐待时，检查官员有时会站在商人一边进行抗议，但他们这样做更多是出于意识到对帝国臣民的严厉对待与政府仁政的理念相冲突，而不是出于对个人正义的关注[58]。卓有成效的财政改革只有在真正关心小商人利益的官员上台时才会发生。比如庞尚鹏（1524—1580 年）是明代中期著名的经济改革家，他于 1568 年任都察院右佥都御史，总理两淮等多地盐政。他在任内推行了一系列改革盐法的措施，一定程度上改善了国家的财政状况。比如，他降低了余盐税，并且想办法使原本必须到官方检查站纳税的商人更容易缴付余盐税。然而，大多数官员显然对增加个人收入更感兴趣。当时一个中层盐官的个人收入一年可达三万两。事实上，制度本身的不完善似乎滋生了不诚实。在 16 世纪，如果一个人被任命为盐官，他的名声经常会每况愈下。16 世纪后期，当一个基层官员被提拔为长芦盐场的副主管时，他的一位朋友写信给他，深表遗憾。

此外，由于明廷从未向盐务管理部门提供足够的资金投入或服务设施，相关管理部门没有自己的船只，疏浚运河的资金非常稀缺。这导致运河经过的两淮地区部分盐田根本无利可图。商人们发现，从这些盐田运盐的成本实际上超过了收购价。此外，检查站签发的通关文件价格昂贵。这些成本通过提高盐价转嫁给了消费者，也就是购盐的普通民众。不少官员已然注意到，盐业越来越多地由少数有权势、与皇室或官场关系密切的家族隐藏在国营垄断的外衣下进行。权贵家族的成员越来越多地主宰着食盐市场，并在所颁发的盐引中占据了不成比例的份额。

大明帝国的盐，还不光是在国内销售。从大明帝国来的盐分销到了马六甲等地区；有一千五百艘船进行分销，在大明帝国装货把它运到别的地方。根据葡萄牙人皮列士当时在大明帝国的观察，盐贩非常富有，人们见到有钱人往往会问一句："你是盐商吗？"[59]

除了食盐之外，来自茶叶的财政收入也是非常的少。1542 年，根据官方的报告，在四川课税的茶叶数量超过 500 万斤，还不包括政府茶园生产的茶叶。然而在 1578 年，省级官员征收的茶叶收入总共还不超过 2 万两。16 世纪中期，四川巡抚也承认广泛存在私贩茶叶现象。其他省份的茶课更是名存实亡。绝大部份地区仍然沿用宝钞来评估地方税额，在 16 世纪折成白银时，税额减少到了可笑的地步：云南 17 两，浙江约为 6 两。当时的一位学者对此做了如下的评价："内地茶户不知官茶、私茶之说久矣。天下之言生财者，亦罔闻知。"这一看似夸张的说法在当时或许是毫不夸张的[60]。

此外，值得一提的是，茶叶正是从 16 世纪开始被葡萄牙人从澳门商行引入欧洲，多年后由东印度公司接手将茶叶卖向欧洲各国[61]。（见图 9）因此，来自茶叶的外贸收入也从这一时期开始出现。

图 9　成立之初的东印度公司，还根本无法与当时大明帝国的郑芝龙集团竞争

奥斯曼：盐、矿和酒

奥斯曼帝国最主要的专卖收入来源是食盐、肥皂、大理石和油蜡等商品的垄断收益。奥斯曼政府经常会把这些产品和包括银、铜、铅矿在内的其他产品及自然资源的销售权转让给特许经营商，这种收益很大情况下是通过实物支付，再由奥斯曼帝国指派商人贩卖。政府和特许经营商双双从中获益，但这种做法同时带来了一些社会和财政方面的弊端，并导致对生产资源的过分压榨。

酒是另一种受到奥斯曼政府严格控制的商品。伊斯兰教对酒精饮料有严格的禁令和规定，但在奥斯曼帝国内部，仍有一定程度的酒饮文化存在：奥斯曼人喜欢喝葡萄酒以外的酒。为了管理和监督酒的生产和销售，奥斯曼政府设立了专门的酒类专卖局。酒的专卖收入不仅源于对酒酿造和销售的税收，还涉及对酒饮料的管制和监督。政府通过授权特定的个人或组织经营酒业，以确保其符合法规，并征收相应的税费。这一政策不仅为政府提供了财政收入，还有助于控制酒精饮料的消费和滥用，维护社会秩序。

不过，这也给了一些奸商可乘之机。比如，苏莱曼一世于 1566 年去世后，继位的塞利姆二世就是一个有名的酒鬼。据说塞利姆二世的上台离不开犹太富商约瑟夫·纳吉的暗中资助，其后塞利姆二世封他为纳克索斯公爵。纳克索斯是一个盛产葡萄酒的小岛，而约瑟夫·纳吉正是垄断了奥斯曼帝国的酒类专卖。顺便提一句，据说纳吉还是 1571 年勒班陀海战的幕后推手之一，勒班陀海战将在本书第三章中展开。

都铎王朝：糖、盐和扑克牌都专卖

在伊丽莎白一世统治时期，国家财政开始捉襟见肘。为了缓解拮据，她不惜使用和亨利八世、爱德华六世如出一辙的方法，比如采取货币贬值政策、出售王室土地、强行借款的办法。除此以外，她还有一些自己的"特色手段"，比如分享海盗赃物，比如跑到安特卫普交易所的货币市场以高额利息借贷。在 16 世纪的安特卫普交易所，货币经销商常常用现金以一定贴水收购到期的本票和汇票。(见图 10)除此之外，伊丽莎白一世还有两个主要"手段"：一个是滥用专卖权，一个是卖官鬻爵。

图 10　16 世纪安特卫普交易所旧址
(笔者摄，2015 年 4 月)

伊丽莎白一世滥用专卖权，从她自己创造的种类繁多的新专卖权收入中，分得大量利润。专卖权(或称专利权)最开始的时候是都铎王朝的国王们为了鼓励发明创造而授予发明人的特权。根据这项特权，专卖人有权向任何生产和销售该类产品的人抽税。这是近代专利权的起源。但后来则逐渐演变为一种侵犯私有财产的弊政。伊丽莎白一世迫于国库空虚,以至于大臣们经常不能按期如数领取薪俸,便转嫁财政危机,赐给他们各种各样的专卖权,让他们凭此向国民征利。

伊丽莎白一世时期的专卖范围非常广,从糖、盐、扑克牌等日用品直至经营对外贸易、出口禁运品、管理商品市场、承包国家关税,等等。专卖制是一种典型的政策性、权力性垄断。在专卖政策下大量国家收入流入个人钱包,导致国税增加,纳税人负担加重。

从 16 世纪 70 年代起,英国下院开始批评一些专卖人的非法勒索,到了 80 年代初,攻击的矛头直指女王本人。然而,慑于女王的巨大威望,下院在关于专卖权问题的辩论中,大多数发言者只敢对各个具体事例提出批评,没人敢对女王出售专卖权本身提出质疑。而女王也心知肚明,做出了同意改革的慷慨姿态,大规模地削减其垄断权[62]。

阿维什王朝:来自香料的收入

之前的经济史学家大多关注 15 世纪威尼斯和 17 世纪荷兰的香料贸易活动,却忽视了 16 世纪葡萄牙对于香料贸易的巨大影响。我们这里所说的 16 世纪的香料,一般包括胡椒、丁香、生姜、肉桂等。

1519 年,葡萄牙通过印度公司分销香料达 20 000 公担(quintal,1 公担 = 100公斤);1521 年,安特卫普代理商行当年销售的香料几乎降为零。因此,毫不夸张地说,1522—1582 年的葡萄牙垄断了全球的香料贸易,这 60 年间葡萄牙年均进口的香料量见于表8。

表8　16 世纪葡萄牙年均进口的香料(单位:公担)

年份	胡椒	高级香料	共计
1503—1506	18 825	2 543	21 368
1513—1519	29 866	7 627	37 493
1526—1531	18 102	2 498	20 600
1547—1548	30 119	3 831	33 950
1571—1580	20 768	6 174	26 942
1581—1590	19 819	5 887	25 706
1591—1600	11 018	3 302	14 320

16 世纪葡萄牙王室垄断了香料贸易,除了官方贸易之外,还有通过给予私人"特权"的贸易形式。(见图 11)主要有这样两类:其一,葡萄牙船队有大约 1/5 的货运空间是留给官员和船员的"特权箱子",这里装载的香料销售获得的收入都归官员和船员私人所有,是葡萄牙船员的重要额外津贴。其二,国王也授予某些非官非商的重要人物出售一定数量香料的特权,以及默许了一些香料走私贸易。比如,1552 年,印度的一个税收官员西芒·伯特略(Simao Botelho)报告说,马鲁古(Maluku)长官的私人船只已经满载着丁香起航,而王室的船只反而还因为香料缺货而未能起航[63]。

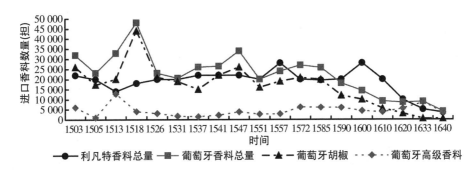

图 11　1503—1640 年葡萄牙香料贸易发展趋势图
资料来源:田汝英撰《葡萄牙与 16 世纪的亚欧香料贸易》,《首都师范大学学报》(社会科学版),2013(1):24—29。

顺带提一句,东印度公司于 1600 年根据伊丽莎白一世的特许状成立,其成立初衷正是在于同葡萄牙与荷兰争夺印尼群岛的香料贸易[64]。这也可以从侧面看出当时的香料贸易利润是相当丰厚的。

五、从哪捞钱(四):卖官和教会

大明帝国:"捐纳财政"

明朝开国伊始,卖官买官行为基本被遏制,一是因为朱元璋对此行为的严厉限制,而另外一个原因是:朱元璋杀了那么多的大臣,哪还有这么多人敢"蹚这浑水"。可到了 16 世纪的大明帝国中后期,卖官买官就又卷土重来了。

以嘉靖年间(1522—1566 年)为例:据史料记载,翟銮曾以"归装千辆,用以遗贵近"当得内阁首辅。而在严嵩当政时期,据称其卖官"官无大小,皆有定价",其中吏部的官位售价最高(毕竟吏部掌管大明帝国的人事大权)。据说吏部的郎中和主事都能开价开到至少 3 000 两,甚至更高。

如果说上述的卖官还是一种"地下交易",那大明帝国的捐纳制度就是明廷官方允许的卖官行为了。1453 年时,为了救济灾荒,明廷规定,有儒生背景的人,如果捐纳 800 石粮食的,就可以成为贡生(即可以入读国子监)。而到了正德和嘉靖年间的 16 世纪,不再有"儒生背景"这条限制,所有的纳贡生(儒生背景)和例监生(非儒生背景)都有潜在资格成为未来的大明官员。毕竟,在"千军万马过独木桥"的大明科举制度下,如果可以"另辟蹊径"走捐纳这条路,不失为当官的"捷径"。而捐纳制度在为一些考生带来实际利益的同时,更是为大明帝国带来了不菲的财政收入。

室町幕府:"感谢费"

16 世纪,幕府将军的另一类重要收入来自官员任命。在贵族圈子中,当时的常规做法是,某人如果得到将军提拔,担任宫廷高职或寺院高职,必须向将军支付一笔"感谢费"。通过这种做法流入幕府钱柜的资金是幕府的主要支持来源,在衰退年代中尤其如此。据估计,仅仅人事任命这一项的收入每年高达 3 600 贯。

当然,这样的财富会在精英圈子中循环,而不是单向流动。将军本人也必须送礼,必须为修建宫殿和寺院提供资金,必须赞助各种各样的仪式活动,例如天皇登基大典、葬礼等活动。在那样的情况下,将军往往利用自己手中掌握的权力,下令全国各地按照幕府要求出资,而不是仅仅从幕府银库中支出。在令制国内,那样的费用一般以本章前述的"段钱税"的形式[65]。

奥斯曼:"乌里玛"财政

在 16 世纪的奥斯曼帝国,有一个被称为"乌里玛"的教权阶层。他们的重要职责就是维护伊斯兰教法规,以及维持帝国的社会秩序。其成员都是严格受过穆斯林神学和法律训练的博学之士。他们除了一般担任帝国的各种宗教官职以外,也往往担任慈善基金机构的主管。这些机构在奥斯曼帝国为数甚多,它们出资资助学校、医院、清真寺、穷人院,甚至出钱修建道路和桥梁,也就是说提供了相当一部分原属于政府的财政职能。这些机构的一大建立宗旨,是确保该机构产生的收益,在原财产所有人去世后能继续归其家族享用,避免帝国政府根据继承法将其财产没收或分散。

　　然而,用慈善基金机构的这种方式拨留的大宗财产,游离于奥斯曼帝国正常的财税制度之外,所以既不受帝国政府的控制,也不属于社会不动产的正常处置范围。这为日后奥斯曼帝国的诸多重大社会问题甚至整个帝国由盛而衰留下了隐患。

　　伊斯兰教机构主要从宗教的地产中获得财政收入。在奥斯曼帝国,大约三分之一的土地被划出用以资助各项宗教活动,这些土地被称为"瓦克夫",是苏丹和一些私人的布施。瓦克夫的收益除了用以维持伊斯兰教机构的日常开支外,也用于建造清真寺、图书馆、学校、医院、公共浴室和其他宗教建筑。在伊斯兰教机构中担任职务的成员,帝国政府规定其可以免征捐税,并且严格规定在任何情况下他们的财产不得交公。由于伊斯兰教机构中的许多成员,享有许多经济利益上的优惠,因而他们在奥斯曼帝国的社会中逐渐又形成了一个特权阶层[66]。

都铎王朝：打教会的主意

　　从16世纪30年代起,英国因为受到西欧"价格革命"影响,再加上亨利八世又采取了货币贬值的政策,导致物价不断上涨,英国出现了财政困难,亨利八世急需补充财政来源。

　　于是亨利八世借宗教改革的"东风"把主意打到了教会身上。当时的教会滥征税收、占用土地,而且管理不善。教士阶层已经形成了一个不劳而获的特权阶层,与当时正在兴起的资本主义精神格格不入。亨利八世与议会合作,宣布英国国王是英格兰世俗和宗教两界的双重首领。他委托克伦威尔组织一个专门委员会,对教会财产及税收情况进行普查。1536年,议会通过一个解散小修道院的法案,同时建立了"王室岁入增收法庭",负责处理没收的修道院土地和其他财产,审理相关的诉讼案件,管理王室已经购买和将购买的土地和其他财物。1539年春天,议会又通过了解散大修道院的法案。1540年,英格兰最后一个修道院(圣约翰骑士团修道会)被解散,修道院制度也到此结束。到1539年年底,一共有560家修道院被查禁,年收入可以达到13.2万英镑的土地落入了"王室岁入增收法庭"。另外,亨利八世还通过抛售教会的金银器和贵重物品获得1.5万英镑。

亨利八世还通过议会的批准把来自教会的收入固定化、制度化。这些收入包括前述的修道院解散后的土地和财产，以及教士年俸、教士什一税、教士补助金、向教会强迫借款等。

但是巨大的军费开支和世俗人士的分赃大大消耗了这些来自教会的财政收入，使得掠夺教会带来的好处很快消失殆尽。而且，修道院的土地并没有长久地保留在国王手里，到 1547 年亨利八世去世时，已经有约一半到三分之二的土地被转让或者出售给世俗人士。而等到 1558 年伊丽莎白一世继位时，女王只持有约四分之一的修道院的地产。解散修道院，把教会的财产转交给国王及其政府，而后又经由国王转入世俗臣民手中，对英国社会经济的变化产生了重大影响，为下一个世纪乡绅的兴起打下了基础[67]。

在卖官方面的收入，英国也不落后。比如，前文提到的伊丽莎白一世的财政大臣威廉·塞西尔，据说他每年收入中高达 2/3 的部分是源于出卖官职所得！除了中饱私囊之外，我们可以想见，相当一部分卖官收入也进入了国库或者王室的腰包。

瓦卢瓦王朝：2.5 万里弗尔，拿下总税收官

出售官职，在法国比在英国实行得更长久一些。这里以 1522—1582 年的法国为例。出售官职的价钱相当于买官者所提供的贷款，这对贷款人同样是一种保护，因为他们对与该官职相关的收入和其他好处（比如荣誉、免税和其他特权）有先取权。根据当时的法国法律，官职被视为有体财产（real property），未来的购买者可以从私家那里借取官职，用其所值作为抵押。管理这项制度的政府机构叫作"官职候补处"（praties casuelles），它负责记录官职头衔以及已经投资购买的私人贷款者的先取权[68]。

弗朗索瓦一世时期，他命令总税收官们到各地区就任，却发现没有那么多的总监区税收总署供他们任职。亨利二世在 1552 年解决了这个问题：给每个税收总署配备了一个总监。亨利二世还把总监和财政官的职位合二为一，并且命令总监赴任。亨利二世还对中央行政机构进行了变革，先是设立了总审计官的职位，后来又设置了财政监察（intendant des finances）的职务。

这些职务包含了亨利二世的财政动机：他想通过卖这些职位来获利。财政监察和总税收官职位的卖价都是 25 000 里弗尔。亨利二世希望借此筹集 50 万里弗尔的财政资金。当时的财政支出非常巨大。比如，仅 1553 年 9 月香槟和皮卡迪两

省的驻军就需要 70 万里弗尔。

而到了亨利三世时期，根据 1580 年的数据，当时设立一个新的总监区大约就能通过卖官创造 25 万里弗尔的收入[69]。

哈布斯堡王朝：贵族称号和司法裁判权都"可卖"

菲利普二世时期的财政收入，除了卡斯蒂利亚的税收以外似乎都已经预支了，因而必须寻找新的税源。因此就产生了五花八门的财政应急办法。胡安娜公主在 1557 年 7 月写给国王的一封信里制定了一张表：西班牙出售末等贵族称号、承认教士的子女为婚生子女、设立市政官职、出售公有土地和司法裁判权，等等。

可以说，在菲利普二世时期，城市新官职的设置，是强使城市缴纳捐税的另外一种方式，因为国家收取官职出售费，而随后这些官员的薪金却是需要由城市来支付的[70]。

六、从哪捞钱（五）：外贸

大明帝国：海商集团和月港督饷馆

欧洲商人与走私贸易

郑和七下西洋之后，大明帝国把长距离探险和随后的长距离贸易的主动权交到了欧洲人手上。明廷的保守派势力得势，强调大明帝国国内事务才是施政的主要重心所在，并强化了海禁政策[71]。然而，这并不表示民间的远洋航行和民间贸易跟明廷一起趋向内缩保守。

16 世纪初，大明帝国和东南亚地区活跃着一些重要的商人团体：中国人、阿拉伯人、印度人和本土的马来商人。商人之间相互合作，相互竞争，但基本上采取了较为和平的方式。然而，随着 16 世纪葡萄牙等欧洲商人的加入，和平的贸易规则被打破。正如桑巴特指出的那样，"在 17 世纪之前，旧式的海上抢劫一直是这些大商行业务中最重要的一个分支"[72]。葡萄牙控制马六甲后[73]，凭借对东方航线的垄断，建立了西至马六甲、东达澳门的各种商业场所和贸易站（不过当时澳门的主权仍然牢牢掌握在大明帝国手中）[74]，成为该地区最强大的西方商业力量。

在很短的时间内,欧洲人几乎消灭了所有当地的大型商船。大明帝国商人等传统商人受到了不同程度的影响。

1522 年嘉靖皇帝即位后,明帝国商人与葡萄牙商人之间的走私贸易成为这一时期区域贸易内的主要贸易形式。在葡萄牙等中外客商的合作下,走私贸易体系发展成为中国客商在国外采用的主要贸易形式。尽管明廷多次责令地方政府加强对走私的控制,但由于财政需要,沿海的地方政府并没有完全遵循中央政府的要求及其逻辑。

"第一轮"海商集团与 1567 年"隆庆开海"

走私贸易的蓬勃发展促进了海商集团的强势发展,海商集团"即使在当时所谓的海禁下也主导了当时明帝国的出口贸易"[75]。比如,在 1540 年代到 1550 年代横行沿海的汪直集团(后于 1559 年被明廷基本剿灭,这将在本书第三章中展开)。

然而,海商集团和"盗商"的消隐,并不意味着走私贸易体系的彻底消失。大商人的"辛迪加"(syndicat)或许是被镇压了,但接连不断的走私活动并没有被切断。相反,在明廷的大力打压后,走私活动的规模反而有了一个增长的趋势。从地方利益的角度来看,地方政府主张开海禁,他们认为这可以增加地方的财政收入,而且还可以顺便消除可能存在的商人叛乱或者潜在的隐患。于是,"大而不倒"的走私商人势力先是迫使地方政府让步,最后压力又层层传导回了中央。此后,不断有朝廷的官员上奏提议解除海禁。等到 1567 年隆庆皇帝即位后,海禁政策在官方层面也被彻底废止了。

"隆庆开海"可能算得上是 1567 年大明帝国最重要的事件了。朝廷对海禁的解除终于使私商获得了在海外自由贸易的权利。此时的隆庆皇帝刚刚即位,他派户部尚书马森前去盘点国库,结果让新皇帝大吃一惊:国库存银只有一百三十万两,这些钱仅够当时的大明帝国开支三个月而已。或许是为了开拓财源,隆庆皇帝同意开关。

所以我们看到,恢复开海也并非皇帝本身希望开放对外贸易,有点像是出于财政压力的被迫之举。因此开海的功劳也不能全都归功于隆庆皇帝。其实早在正德年间(1505—1521 年),朝廷通过改革市舶司,默许了沿海的一些私人海外贸易,迈出了日后在国家政策层面全面解除海禁的第一步。它扩大了政府的税源,从而增加了国家的财政收入,尽管这遭到了当时一些明廷高官的强烈反对。

月港督饷馆

1567 年隆庆开海以后，明廷在月港设置了督饷馆，专门负责向海商征收饷税。这是一个管理私人海外贸易的机构，以征税为其主要职能，由原先负责严禁私人出海贸易的官署演化而来。此时，明初确立的市舶司制度已经趋于瓦解。从市舶司到督饷馆，反映了明王朝海外政策的深刻变化，它是朝贡贸易被私人海外贸易所取代的结果。如果说朝贡贸易更多的是政治行为，那私人海外贸易完全就是经济行为，所以督饷馆所体现的主要也是经济特性。

督饷馆最主要的职能是征税。根据《东西洋考》的记载，当时的税总共有以下四种。第一种是引税。其实质是许可征税。海商出海贸易，先要到督饷馆领取文引。这种税出自船主。起初不分东洋、西洋，每引税银 3 两。后来又增加税额，比原额提高一倍。第二种是水饷。这实际上是一种船税，按船的大小向船商征收。督饷馆官员要对船只进行丈量，将尺寸大小和经商地点详细登记。往返西洋的船只宽一丈六尺以上者，征银五两，每多一尺，加征银五钱。去东洋吕宋等地的船只较小，因而比西洋的船只减十分之三。第三种是陆饷，即商品进口税。商船回港后，按照船上货物多少计值征税。"计值一两者，征饷二分"。陆饷向货主征收。第四种是加征饷。加征饷是专门针对贩运吕宋的船只征收的。当时吕宋是西班牙人的殖民地，当地没有什么可供出口的物产。西班牙人在美洲掠夺了大量白银，除了运往欧洲本土以外，也运了大量白银到吕宋，在那里与中国海商交易，购买中国的丝绸、瓷器等物品。中国海商回航时无货可载，所以督饷馆无法按照货物的价值征收陆饷。因此，凡是属于去吕宋贸易的船只，"每船更追银百五十两，谓之加征"[76]。

"第二轮"海商集团

1567 年开海后，当明廷再次感受到倭寇的威胁时，海禁又会被提上了议事日程。和以前一样，这促使商人再次组建了一些大型的海商团体。在这第二轮中，以郑芝龙为首的海商集团最为出名。和之前的汪氏集团一样，郑氏集团接受了"招降"，并宣誓效忠当地政府。

然而，此时的明廷已经无法控制他们：郑芝龙保留了他的私人武装，且有很大的独立性。他的郑氏集团和当地政府更像是一种合作关系，而非上下级关系。于是，渐渐地，郑氏集团开始拥有更加强大的而且法律承认的武装力量，使该集团进一步升级成为一个"军商"集团，"而不是像以前那样只是一个大海盗集团"[77]。

郑氏家族手下的很多成员富可敌国,比如户官郑泰"守金门,资以百万计,富至千万,少者百万"[78]。郑氏集团之所以富可敌国,一大原因正是因为它把原属于国家财政的海上贸易利润收入囊中,光是靠每船舶两千金的征收费用,就可以"岁入以千万计"。相比之下,明政府开征的市舶税只有四万两左右,而全年的商业税也不过三百多万两。

正如卫礼贤所指出的,"欧美贸易从 16 世纪开始渗透到中国。于是从那时起,这种贸易的活跃分子不再是中国人,而是外国商人"[79]。从某种角度来说,这种说法大体上是正确的。然而,尽管行为看似不道德,但总体而言,中国海商的实力变得如此强大,以至于有国外学者认为,在现代东亚贸易,特别是丝绸贸易中,明代商人和中国海船起了主导作用,而后来的荷兰东印度公司等机构则只是起到了辅助作用:"明朝私人海商与荷兰殖民者的两岸贸易主导地位在不同阶段发生了变化"[80]。松浦章的上述观点也可以在其他学者,比如 Edward Chou 的著作中得到证实:"明代商人与菲律宾的其他地区、婆罗洲和印度尼西亚群岛的其他地区进行了有利可图的贸易。那个时候中国人的实力大大超过了欧洲人"[81]。

1567 年后,大量明帝国商人出海贸易,导致东南亚地区的明帝国商人数量迅速增加。据史料记载,帆船的数量从 1567 年的 50 艘增加到 1589 年的 88 艘,以及 1597 年的 137 艘[82]。当时东南亚也允许一夫多妻制,在当地定居的华商地位往往较高,对当地的马来妇女颇有吸引力。大明帝国商人与当地民族的更深层次融合促进了华商贸易和社交网络的扩展,因此大明帝国商人可能在促进中国与东南亚的区域贸易体系中发挥了更重要的作用,虽然从明廷的角度来看这些不过是 Scott 所说的"自我野蛮化"(self-barbarianization)的商人[83]。

综上,16 世纪对外的商业活动给大明帝国带来的财政利益,虽然不如田赋和商业税,却也颇为可观。这种收益不仅仅体现在实际收入方面,也体现在国力的展现和维护安全上,这种隐形的收益会带来更大的财政好处。对于来自外贸的财政收入仍然不如预期的重要原因之一"很可能是当局担心过高的税率会使海员、船主和商人转向走私贸易并加入海盗之列"[84],而海盗问题(以倭寇为主)也确实一直是明廷所关注和忧心的。大明帝国的最后一个世纪,即 16 世纪下半叶开始,海商从松散的非正式组织转变为更为正式的组织。因此,他们获得了更大的发言权。无论是处于海禁阶段还是开海阶段,当时欧洲国家带来的现实冲击不可避免地将明帝国私商带到了对外贸易的最前沿,无论其是否恰逢其时或是明廷是否愿意。与之相应,明帝国商人也确实在增加国家的财政收入以及在区域贸易中发挥了多层次的作用。

室町幕府："勘合贸易"和"传教士贸易"

16 世纪日本的财政状况不太稳定。为了解决财政拮据的问题,与当时的大明帝国进行"勘合贸易"逐渐成为室町幕府和各个大名的重要财源。在海禁时期,其形式只能是沿海走私贸易。后来著名的 1567 年"隆庆开海"正是回应了这种现实存在的需求(当然大明帝国朝廷和一些地方政府也可以从中获益),而且或许当时新即位的隆庆皇帝早就意识到了这样一个事实:当时的倭寇是根本打不完的,不能纵容走私贸易成为贸易的主旋律。

与大明帝国建立正常的贸易关系,室町幕府的主要动机正是在于丰厚的贸易利润及其对财政的重要贡献。比如,北山别墅那样的建设项目需要巨额经费,据说高达 10 万贯,频频举行的佛教仪式也花费不菲。大明帝国的使节带来的礼物包括铜币、生丝、锦缎等,悉数交给了幕府。从财政方面考虑,它们肯定很有吸引力。值得多提一句的是,除了来自对外贸易的"巨大利润"之外,贸易本身还可以让幕府对输入日本的大明钱币形成垄断性控制,享有类似于中央造币厂的地位[85]。

到了 16 世纪中叶,织田信长和丰臣秀吉先后执掌大权后,他们都利用贸易获得大量利润和武器。1549 年,沙勿略和两名同事登上了日本的九州岛,他们是第一批到达日本本土的欧洲人和传教士。那个时期以沙勿略为代表的传教士很想在日本做生意,主要就是因为传教的经费。当时的传教经费非常有限,"由葡萄牙、西班牙国王支付的年度经费,罗马教皇支付的年度经费,在印度、马六甲、澳门、日本拥有的不动产的收入,以及耶稣会成员主要在澳门和日本之间进行贸易的收入等几部分构成"[86],因而传教士们需要通过其他方式自给自足,比如贸易。从 1571 年起,传教士们正式开始介入与日本的贸易。"葡萄牙商人以澳门为据点,把中国产的生丝运到日本的长崎,与日本银行进行交易,牟取暴利。葡萄牙人掌握了生丝的分配和定价权,获得的暴利往往是投资额的 5—10 倍。"这种贸易,既符合葡萄牙和西班牙的利益,也符合日本的利益,所以能够顺利进行下去[87]。

哈布斯堡王朝：复制外婆的成功战略

查理五世的敛财能力和对财政的把控能力非常惊人:他极有可能把他的西班

牙外婆、杰出的伊莎贝拉女王那一套都学会了。他接手的西班牙帝国之所以拥有辽阔的海外殖民地,正是因为他的外婆当年力排众议,在 1492 年用私房钱资助了一个异想天开的年轻人去探索新世界(这个年轻人,只要是完成了九年制义务教育的人士都一定认识:哥伦布)。

查理五世几乎是完全复刻了他外婆当年的成功战略。1518 年 3 月 22 日,查理五世同被葡萄牙冷落的航海家斐迪南·麦哲伦签订协议,并同意资助麦哲伦环球旅行。次年 9 月 20 日,麦哲伦率领 5 艘船、265 名船员,从西班牙塞维利亚港出发,开始了人类历史上第一次环球航行。与此同时,在查理五世统治期间,美洲的卡斯蒂利亚领土被赫尔南·科尔特斯和弗朗西斯科·皮萨罗等征服者大大扩展。他们征服了阿兹特克和印加帝国(180 个殖民者灭掉了 600 万人的印加帝国,正是查理五世统治时期发生的"奇迹"),并在 1519 年至 1542 年间将其并入帝国,成为新西班牙和秘鲁的总督。墨西哥、危地马拉、洪都拉斯、萨尔瓦多、秘鲁等中南美洲国家都纷纷成为西班牙哈布斯堡王朝的后院,哈布斯堡王朝的统治范围居然横跨了两个半球。这也是为什么上述这些国家直到今天,西班牙语都牢牢占据其官方语言的地位的原因。

以上这些,再加上 1522 年麦哲伦远征队环球航行的成功,它们使查理五世相信了他成为基督教世界领袖的神圣使命,基督教世界仍然感受到来自伊斯兰教的巨大威胁。这些征服也帮助巩固了查理五世的统治,为国库提供了大量的黄金。

1518 年查理五世还做了一件大事。当年 8 月,他颁布了一项宪章,授权将奴隶从非洲直接运送到美洲。在此之前,非洲奴隶通常被运到卡斯蒂利亚或葡萄牙,然后被转运到加勒比海。查理决定建立一个从非洲到美国的直接的、经济上更可行的奴隶贸易,这从根本上改变了跨大西洋奴隶贸易的性质和规模。而早在 1520 年,查理五世就提出了在巴拿马修建美洲地峡运河的第一个想法。1528 年,查理五世转让了委内瑞拉省的一个特许权,以补偿他无力偿还所欠的债务。

西班牙的对外开拓,影响了欧洲其他国家的贸易和财政状况。最典型的例子就是当时的威尼斯共和国。新航路的开辟使西班牙人和葡萄牙人开始威胁威尼斯东西方贸易的霸权地位,威尼斯的贸易收入显著缩水,进而影响了威尼斯共和国的整体财政状况[88]。而且,威尼斯的很多需求仍然需要依靠地中海的贸易。以食用糖为例。即使在 16 世纪的地中海,糖依然是奢侈品。地中海东部克里特岛、塞浦路斯是主要的供应地;西班牙西部、东南部的糖是从马拉加(Malaga)、阿利坎特到热那亚和西西里的船运去的。(见图12)它们和克里特岛和塞浦路斯一起，满足威尼斯的大部分需求[89]。

阿维什王朝：虽然垄断，却没收益

葡萄牙人在16世纪总计获得了27.6万千克黄金，白银更是难以计算[90]。然而，在1522—1557年若昂三世的统治期间，葡萄牙全盛的外表下已经暗藏着衰败的征兆。首先，葡萄牙虽然垄断了东方的香料贸易，但历经了初期的暴利之后，随着货物量的增加，香料价格也在不断下跌，而航线的维护成本却一直维持不变，所以葡萄牙人其实赚不到什么钱。而且这种垄断也没有导致葡萄牙国内生产的进步：与三个世纪前相差无几。

雪上加霜的是，在奥斯曼人停止侵略之后，地中海的贸易又开始兴盛了。这意味着运往欧洲的胡椒现在可以通过陆路了，再加上海运的胡椒时常会在船舱里变质，这自然对既得利益

图12　马拉加是一座非常迷人的西班牙南部古城，目前是西班牙的第二大港口和第六大城市(笔者摄，2019年10月)

者葡萄牙形成了严重的威胁。于是葡萄牙的财政渐渐入不敷出。若昂三世统治的16世纪中叶，葡萄牙所亏欠的内外债加起来竟有五十万克鲁扎多(Cruzado，葡萄牙银币单位)。

到了1557—1578年塞巴斯蒂安一世统治的时代，葡萄牙的财政困难日益增多。16世纪早期，葡萄牙的印度殖民地源源不断地为葡萄牙本土输送香料和各种奢侈品。于是大量人口流入城市的同时却不事生产，所有社会阶层都崇尚享乐，葡萄牙宫廷的仆从数量非常庞大。一方面是国家的收入在降低，另一方面国家的各种开销却在日益上涨。

葡萄牙王室于1570年开始向一些商人出售前往东印度的贸易特权。但是当时的流行观点是帝国应当继续对北非的征伐和殖民地维护。这至少间接地促成了塞巴斯蒂安一世的"三王之战"及葡萄牙王国的覆灭。

七、谁在管钱?

大明帝国:有点原始的财政体系

中央和地方财政体系

大明帝国的财政体系可以分为中央财政管理和地方财政管理。其中,中央财政管理体系分为两部分,即国家财政和皇室财政。在国家财政中,中央财政管理中枢机构为户部,设尚书一人,正二品;左右侍郎各一人。自洪武二十九年(1396年)起,户部设十三清吏司,分管各省赋税,每清吏司下属民、度、金、仓四科。中央户部在各省还有派出机构,如都转运盐使司、盐课提举司、市舶提举司等。大明帝国的地方财政管理体系分为两部分,其一是省、府、州、县等各级部门及所属财政机构,其二是由中央直接领导的专职财政机关。

说到财政管理,一般都会想到户部。然而,在 1522—1582 年间的大明帝国,户部的职权已经非常有限:户部的主要职能是监督按期的税收解缴是否如期和迅速。只有在情况需要时,户部才会建议皇帝在供应程序、税赋折银等修改方面批准作出小的重新调整。户部尚书也不是政策制定者:他没有执行官员,没有审计官,也没有统计主管。他本人在皇帝的监督下履行财政职责。官署给他提供两名侍郎。其中,一名一般负责监管京城周围的帝国粮仓,因而他一般拥有独立的官署,并直接向皇帝报告;另一名侍郎一般要执行实地的任职,因此他通常不在官署内办公。此外,在六部中,兵部和工部也时常与户部在财政管理方面实际上进行着竞争。户部管辖的太仓库也不是中央的银库:它只是京城的几个银库之一。到16 世纪后期,它岁入约 400 万两白银。户部无权控制工部管辖的承银库[91]。

依赖社会的"原始"财政体系:以开中制为例

我们或许可以认为,在 1522—1582 年间,大明帝国的财政管理其实仍然处于一个比较原始的状态。这还表现在,即便是一些重要的国家事项,明廷有时也乏力应对,同时还需要依靠民众。最好的例子就是前文提到的开中制度。据赖建诚(2010)的计算数据,从嘉靖十八年(1539 年)到万历三十年(1602 年),商人解运占十三边镇之一的辽东镇的总岁入银两的比例,大约在 22%—28% 浮动,并指出其他十二边的比例类似[92]。赖建诚(2010)对辽东镇的计算方法是正确的,但是其对其他十二边的比例的估算可能不太确切。

华腾达(2023)使用了《万历会计录》和《武备志》中的数据,选取了蓟州镇等另外五个镇的数据,并依照赖建诚的方法做了计算(见表9),发现其比例并非在22%—28%的区间内浮动,而是各镇的额差异非常大。比如密云的商民运送比例仅为4%—7%,而易州镇则高达83%—85%。不过,虽然计算和估算值有出入,但从各边镇数据中确实可以看出一个明显的趋势:商民运输占各边镇每年粮饷的比例基本上呈现明显的上升态势。

表9　1582年和1602年大明帝国商民运输占各边镇每年粮饷的比例

边镇	万历十年(1582年)			万历三十年(1602年)		
	商民运银	该镇总岁入银两	比例	商民运银	该镇总岁入银两	比例
辽东镇	159 842	711 391	22.47%	159 843	570 259	28.03%
蓟州镇	88 219	780 706	11.30%	101 801	571 942	17.80%
永平镇	40 712	404 935	10.05%	43 938	285 797	15.37%
密云镇	28 216	656 506	4.30%	28 217	422 544	6.68%
昌平镇	20 704	167 256	12.38%	23 133	167 280	13.83%
易州镇	306 297	365 961	83.70%	327 129	386 794	84.57%

资料来源:数据来源主要为《万历会计录》《武备志》等。亦可参见华腾达的《明朝的钱去哪儿了:大明帝国的财政崩溃与商人命运》(上海远东出版社,2023年版)。

财政体系与商人阶层

16世纪欧洲的商人在国家财政乃至国家的发展中都是一股重要力量。那么,大明帝国的商人是否也在大明帝国的财政中发挥了足够的影响呢? 上述开中制的例子是商人在大明帝国财政系统中作用的体现,但总体上,在财政管理方面,大明帝国的商人乏善可陈。

当时的官僚机构和财政管理效率很低。不少官员,尤其是基层官员,钻营于如何最大限度地榨干商人,而不是如何协助商人的活动使其更为便利从而有利于帝国整体的财政。相当一部分皇帝和统治阶层似乎基于商人的财政功能而试图保护商人,但形式上公平的法规制度与现实中的执行往往存在较大差异。

根据华腾达(2023)的研究,我们可以从两个层面来更具体地探究16世纪大明帝国"财政体系"和"商人阶层"两者的关系：

首先，在国家层面，明廷和当时的士人阶层对商人的不信任、官僚的懒惰和不作为、国家对垄断行业的财政制度设计和学者相关思想对决策层的渗透、禁海开海等政策，这些财政思想和相应的政策直接或间接导致商人们通过寻租，即为了获取自身经济利益而对官员施加影响，从而扭曲经济资源配置或者耗费社会经济资源的行为，比如：商人通过各种方法进行偷税漏税；商人在国营垄断贸易中通过类似盐引这样的特殊许可证来寻租；商人在朝贡贸易、走私贸易、依附于海商集团的贸易中获取收益；等等。

其次，在学界和社会层面，士农工商的相关关系以及关于义利奢俭的消费思想等亦对当时的社会思潮以及商人在财政活动中的角色和地位产生重要影响，直接或间接导致商人们获得的财富很少用于再生产和再投资；商人阶层缺乏足够的外部正向激励，无法从根本上增加社会生产力，所以也就难以产生新的财富。明代的商人们往往把财富用于：购置土地和房产；或者用于维持经商的持续性和为经商开展便利，比如投资子女的科举教育、巴结官员；或者用于一些"来钱更快"的方式，比如放高利贷；或者是直接用于高额消费，比如书籍、艺术品、服饰等。

因此，寻租（非生产性寻利活动）和再投资缺位（非生产性投资活动）这两大破坏性因素，直接导致大明帝国的商人难以在国家财政中发挥足够作用，难以承担起同时期欧洲商人所扮演的财政角色。这极大影响了大明帝国的财政状况乃至国力[93]。

奥斯曼："书记官"

16 世纪后期，奥斯曼帝国出现了财政赤字，主要是两方面的原因：第一，军费增长非常明显；第二，通货膨胀引发物价上涨。但总的来看，在 16 世纪，奥斯曼帝国没有出现由于财政崩溃而引起的军事力量垮台的危险局面。这背后无疑有财政官员们的功劳。在 16 世纪，负责制定、实施和调整财政政策的政府财务官僚，被称为"书记官"。

出席御前会议的文书行政负责人（负责掌管苏丹的玺印）和财务长官是奥斯曼最高财政官员职位，其余的书记官虽在宫廷和大宰相下属的局或室中任职，但没有明确的组织和官阶。奥斯曼的书记官在 15 世纪只有区区二十人。在 16 世纪，也不过五六十人。当然，书记官一般都是"头目"，在他们之下还有很多财政事务助理和类似于实习生的临时办事员。

书记官本来只是为奥斯曼宫廷和军人政治家私人服务的人员，因此他们一开始并不在明确的官职体系中。直到 16 世纪中期以后，随着包税制的扩大以及阿巴鲁兹税和人头税在帝国全境直接征收的普遍化，这些中央政府的书记官和地方上的财务官僚开始成为名副其实的重要岗位[94]。

都铎王朝：国王和两院的三方财政博弈

1500 年前的英国议会已经从国王那里拿到了征税的控制权[95]。但对于 1522—1582 年的都铎王朝并非全然如此：这 60 年间的几任君主都勤于理政，善于利用财政手段强化王权。早在亨利七世时期，他在位的 24 年里内政外交措施都与巩固王权和消灭王位觊觎者有关，尤其重视建立强大的财政。他认识到，14—15 世纪王权的衰落并不是君主制度本身的问题，而是缺乏强大的国王，以及君主们在财政问题上对议会的依赖。所以，亨利七世即位后，致力于国王管理议会而不是反过来。他尽可能地增加王室的财政收入。

他的继任者亨利八世在位 38 年（1509—1547 年），致力于基于财政和司法问题的宗教改革，不过其根本目的是为了皇室及其个人的奢靡生活敛财。都铎王朝时期，虽然国王和两院"三位一体"地共同组成议会，但国王始终居于主导地位，拥有最多的权力和特权。国王可以根据政府的财政状况和政治需要，选择有利时机召集、解散议会。因而这一制度设计给亨利八世的奢靡想法提供了可钻漏洞的机会。

议会下院在控制政府财政方面取得了显著成果。早在 1489 年，鉴于下院财政权的增长，上院法官们就一致认为，某项根据国王旨意提出的剥夺财产权议案在上院通过后，还必须经过下院认可才能成为法案。16 世纪以来，下院在控制政府财政方面扩充战果。大约在亨利七世在位期间，基本确立了财政拨款议案只能先由下院提出和决定的惯例，"下院已经抓紧了束住国王钱袋子的绳索"。

议会两院和国王在政府财政问题上的最激烈斗争发生在 16 世纪末。当时伊丽莎白一世的政府因为战争费用开支过高，财政极度窘迫，亏空额高达 40 万英镑，急需议会批准加征重税和追加拨款。议会两院就政府财政拨款问题各抒己见。上院贵族大都表示首肯，而下院的平民议员则表示反对。1593 年，两院召开联席会议。上院公布政府的开支账目，力陈女王陛下的财政困难，同意一次增拨三项补助金，而下院只允准其中两项。两院一开始都互不让步。哲学家、同时也是议员的弗朗西斯·培根认为,只有下院拥有提出和决定拨款数额的权力,如果非要通过上院提案,那么"乡绅们将被迫卖掉他们的杯盏碗碟、农场和铜壶"。这场两院冲突,最终以下院的胜利宣告结束。贵族议员们提出的三项补助金要分三年拨出。

虽然都铎王朝时期王权空前强大,但议会也并不是无足轻重的。现代英国税收理论的核心"不经议会的同意就没有税收"最早可以追溯至中世纪[96]。都铎王朝其实也是如此。每一位即位的都铎王朝的国王都宣誓尊重法律,最高权威仍然属于法律的制定者,也就是议会。无论国王的个人权威有多大,离开了议会,国王个人是不能立法的。另外,君主专制所需的两个重要条件,发达的官僚系统和强大的军队,当时的都铎王朝也都不具备。因此,都铎王朝没有建立起如 17 世纪的法国那样的君主专制统治。

国王向议会申请财政拨款绝对不是轻而易举的,议会的批税权仍然是稳固的。国王指派的大臣需要向议会说明款项的具体用途,往往要费很多的口舌,劝说议员们支持国王。比如,伊丽莎白一世在位时期,拨款的要求往往通过回顾近期的支出来表达。后来为了准备对西班牙的战争,需要提前准备一笔备用款,她的大臣就必须详尽地向议会描述外交情况和英国潜在的危险,以争取议会的同意。没有两院的同意,政府的任何议案都不能成为法律,而议会是不会自动响应国王的征税要求的。国王也常常不能获得所需数额的拨款。

就某一项提议和申请而言,君主与议会讨价还价,或有胜负。有时,国王要屈从于议会的压力。比如,爱德华六世时期(1547—1553 年)的议会于 1548 年通过一项法令,迫使王室同意将供应王室成员的食物征发权停止三年,除非物品所有者同意并能以现金支付。用于军需的王室食物征发权也做了类似的限制。到了伊丽莎白一世在位时期,由于征发者所付的价格和市场时价之间的差距拉大了,议会加剧了对王室食物征发权的抵制。女王不愿意放弃这一获利丰厚的手段。这一次女王获胜:她否决了议会 1563 年和 1587 年提出的限制她滥用食物征发权的法案[97]。

瓦卢瓦王朝:"五大包税"和"名人会议"

新的财政制度

在弗朗索瓦一世和弗朗索瓦二世时期,虽然每年的常规财政收入大约保持在

800万到1000万里弗尔，在战争时期还可以通过特殊税收等措施大大增加财政收入，但其财政支出是更为惊人的。到弗朗索瓦一世去世时，法国已经积欠了金额相当于一年可支配收入的债务。

等到查理九世在1560年登基时，政府已经宣告破产，屡次召开三级会议请求拨款，使得瓦卢瓦王朝的绝对君主制立刻陷于崩溃；而在三级会议上，新旧教派的对立，还连带引发了法国宗教战争（1562—1598年，将在本书第三章中展开）。

中央行政机构改革剥夺了财政总监的一切监管权力，总监制度在查理九世统治初期创立御前财政会议之后正式宣告终结。由此，法国在16世纪下半叶确立了新的直接税制的三个层次：（1）选区；（2）总监区；（3）御前财政会议和最高财政法院。由于地方官吏（民选官和粮秣官）要同时承担司法和行政职责，因此，这三个层级有两个元素。司法方面的上层建筑包括各税收法院和审计院，在较小的范围内则包括各高等法院。

到了亨利三世统治时期，亨利三世于1577年对财政官和总监两个职位进行了永久性的合并，从此以后被称为"财政官"，给每个行政区增配第五财政官，制定了五位财政官开会集体决策的制度和投票表决多数通过的原则。

财政的中央集权化："五大包税"

税制中央集权化和标准化是亨利三世做出的大手笔之一。他在1577—1579年间签署了大量有关税收的法令，比如关于设立财政局的法令。亨利三世还进行了记账货币改革，试图废除图尔里弗尔这样的纯理论货币单位，改用一种真正的铸币埃居。

在中央集权化方面，亨利三世在1581年把进出口关税（过境税）合并为中央政府管辖的"五大包税"，并且把盐税和贡金包税改为中央税。其中，盐税的征收采用针对北方（大盐税地区）的单一盐税承包制，并在南方也加大这一制度的推行力度，南方后来在亨利四世的统治时期合并成了四个大盐税包税区；而在贡金包税方面，设计了一种更加集权化的贡金征收制度，为后来亨利四世治下实行贡金总监承包制铺平了道路。

这两项改革提高了中央集权化管理程度，为国王拿这些税收作为担保向意大利的大银行家贷款提供了保证。亨利三世还在1570年代批准把一些较小的税种（比如布列塔尼的葡萄酒税）承包给了像安德烈·鲁伊斯这样的大金融家，他是法国国王和凯瑟琳·德·美第奇太后的债权人，并且还是好几种葡萄酒税和布列塔尼进出口关税的包税人（包税底价根据三级会议的要价商定）。他这样的外国银行家往往会坚持要求采取包税制的方式直接收税归还他们的贷款。

在此期间，税收理论中出现了一个"博丹悖论"，见于让·博丹（Jean Bodin，1530—1596 年）于 1576 年出版的《共和国六讲》（*Les six livres de la republique*）。博丹认为，一方面征税权是国家的绝对权力；另一方面他又认为国家只有在面临财政危机且别无他法的情况下才能依靠征税来获取收入，财产权应该是更高的权力。这一悖论之所以存在，正是因为在 1522—1582 年间法国的国家主权掌握在君主手中而财产在民众手中[98]，而且法国的财政呈现出进一步中央集中化的趋势。

财政信息的搜集："名人会议"

亨利三世还决定利用一种他能挑选与会者的名人会议来对王国进行改革。1583 年，名人会议在圣日尔曼昂莱举行了第一次会议，而法国各总监区的财政官们也留下大量有关各监区财政状况的详细报告。这些反映了当时法国朝廷全新的财政理念，因为在此之前，官方好像从没有花这么大力气来奠定分析王国财政状况的文献基础。不能确定亨利三世的前任们是否十分清楚地了解他们当政时的王国财政状况，但我们知道亨利三世非常清楚他所面对的财政状况及其原因。现代有效政府的一个先决条件，就是有能力搜集和分析详细信息作为有效政府行动的一个必要前提条件[99]。

阿维什王朝："受封者"

16 世纪葡萄牙的海外殖民地不少，葡萄牙是如何管理这些地方及其财政的？试举一例：在 1522—1557 年间，若昂三世迫切需要扩大葡萄牙在巴西的殖民地。当时的葡萄牙已经国库空虚，政府的企业也是无能为力。于是，若昂三世采用葡萄牙历史上采用过的"受封者制度"，即若昂三世把巴西沿海分成若干块封地，封赠给他信任的葡萄牙贵族，他们就是"受封者"（其实就是地主）。每个受封者负责从葡萄牙输送移民，开发封地内的经济资源，他可以对封地的居民课税；反过来，他对于葡萄牙国王也负有财政上的义务。

在这第一批"受封者"之后，还有一些乡绅和小贵族也被授予财政管理特权，虽然这些人的财力不足以支撑他们去大规模地拓展土地。葡萄牙王室授予他们的特权包括建立城镇，享有市镇官员的权力，享有在地方上收税的权力。除了王室专营的商品，比如巴西木以外，他们还有权向一些糖厂、磨坊等颁发执照，允许他们经营；他们还有权向一些特定的产品，比如糖和鱼征收什一税[100]（相当于10%的税率）。

哈布斯堡王朝：菲利普二世时期的王室破产

西班牙的诸王国虽然保留了传统议会，但它们的议会在1522年以后就不想再继续与查理五世和继任的菲利普二世对着干，卡斯蒂利亚王国的议会对国王将原来的紧急拨款贡赋转为定期的特别津贴也没怎么反对，虽然它在其1567年的《王国法典》中宣称"如果没有召集国会并取得议员的批准，就不得对整个王国征收任何课税、贡纳或者其他税收"[101]。

然而，1522—1582年这60年间西班牙的财政管理不容乐观，而不少经济史学家认为，其财政状况和经济周期有很大的联系。根据布罗代尔的观点，1522—1582年间大致可以分成三个阶段：大约在1530年占主导地位的商业资本主义，将近16世纪中叶的工业资本主义（由商业引导），以及1580年代的金融资本主义。而布罗代尔认为1483年、1529年、1595年、1650年是长波的分割节点。其中，第一个长波历时49年，第二个长波历时30年，第三个长波历时36年。

安特卫普作为贸易中心的极盛时期，与从1520年到1550年间安特卫普吸引很多欧洲国家的王室来这里借债的时期刚好吻合，比如，图13就显示了查理五世和菲利普二世在1515—1556年间在安特卫普金融界的借款。而1566年到1585年之间，安特卫普的衰落可以归咎于当时安特卫普社会的不安定。

以西班牙王室在1557年和1560年的破产为例，它正是发生在第二个和第三个波浪的高峰之间。在破产前的1552—1556年，西班牙与银行家们签订的短期贷款合约几乎占到查理五世治下欠款的全部短期贷款的一半（48.8%），而长期贷款状况或者借款总额在1556年增长到了占总支出68%的水平[102]。

1559年，哈布斯堡王朝的国库陷于极大的困境之中，菲利普二世和法国缔结了和平条约，但是直到该条约缔结为止，还必须维持一支步兵。然后，让这支军队复员还必须支付这支军队的军饷欠款。由于缺钱付不起这些欠款，无法让这支军队复员，于是薪饷欠款的数额不断增加[103]。一个看似无法破解的财政破产循环就产生了。

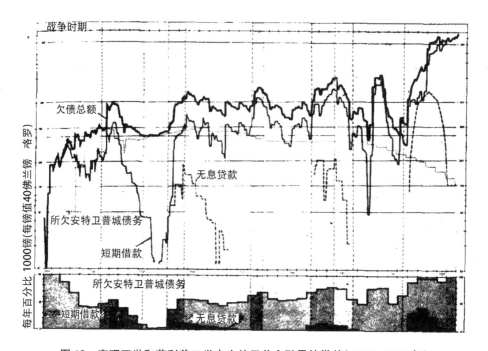

图 13　查理五世和菲利普二世在安特卫普金融界的借款(1515—1556 年)

资料来源：〔法〕费尔南·布罗代尔著，吴模信译《菲利普二世时代的地中海和地中海世界》(下卷)，商务印书馆，1998 年版，第 475 页。

参考文献

［1］张芝联、刘学荣主编：《世界历史地图集》，中国地图出版社，2002 年版，第 67 页。

［2］〔美〕道格拉斯·诺斯、罗伯特·托马斯著，贾拥民译：《西方世界的兴起：900—1700》，中国人民大学出版社，2022 年版，第 175—177 页。

［3］梅俊杰：《重商主义与国家赶超：世界经济史上的经验和教训》，上海人民出版社，2023 年版，第 42 页。

［4］〔英〕M. M. 波斯坦主编，周国荣、张金秀译：《剑桥欧洲经济史(第三卷)：中世纪的经济组织和经济政策》，经济科学出版社，2002 年版，第 238—245 页。

［5］平新乔：《财政原理与比较财政制度》，格致出版社，2018 年版，第 210—211 页。

［6］袁行霈等：《中华文明史》(第四卷)，北京大学出版社，2006 年版，第 340—343 页。

［7］〔英〕崔瑞德、〔美〕牟复礼编，杨品泉等译：《剑桥中国明代史：1368—1644 年》(下卷)，中国社会科学出版社，2006 年版，第 133—134 页。

［8］Habermas, J. (1989). *The Structural Transformation of the Public Sphere*. Translated by Thomas Burger. Cambridge：MIT Press，p. 16.

［9］臧嵘：《中国古代驿站与邮传》，中国国际广播出版社，2009 年版，第 139 页。

[10] 黄仁宇：《资本主义与二十一世纪》，生活·读书·新知三联书店，1997 年版，第 523 页。

[11] 邓拓：《中国专门史文库：中国救荒史》，武汉大学出版社，2012 年版，第 177 页。

[12] [瑞士]许靖华著，甘锡安译：《新知文库 46：气候创造历史》，生活·读书·新知三联书店，2014 年版，第 137 页。

[13] 华腾达：《明朝的钱去哪儿了：大明帝国的财政崩溃与商人命运》，上海远东出版社，2023 年版，第 205 页。

[14] 王毓铨主编：《中国经济通史：明代经济卷》，经济日报出版社，2000 年版，第 135 页。

[15] 李东阳：《明孝宗实录》，台北中研院历史语言研究所，1962 年版，卷二十八。

[16] 蒋大鸣主编：《中国审计史话新编：自先秦至民国》，中国财政经济出版社，2019 年版，第 153 页。

[17] [美]贺凯，谢天译：《明朝监察制度》，中国方正出版社，2021 年版，第 140 页。

[18] 黄仁宇：《十六世纪明代中国之财政与税收（大字版）》，九州出版社，2020 年版，第 554—555 页。

[19] 边俊杰：《明代的财政制度变迁》，经济管理出版社，2011 年版，第 60—68 页。

[20] [美]山村耕造主编，严忠志译：《剑桥日本史（第 3 卷）：中世日本》，浙江大学出版社，2019 年版，第 200—201 页。

[21] Albert Lybyer. *The Government of the Ottoman Empire in the Time of SuIeiman the Magnificent*. Cambridge：Harvard University Press，1913，p.179—182.

[22] 刘守刚：《国家的财政面相》，上海远东出版社，2022 年版，第 56—57 页。

[23] 黄仁宇著，阿风等译：《十六世纪明代中国之财政税收》，生活·读书·新知三联书店，2001 年版，第 117 页。

[24] [加]卜正明著，潘玮琳译：《挣扎的帝国：元与明》，中信出版社，2016 年版，第 114 页。

[25] 张建民、周荣：《中国财政通史（第六卷）：明代财政史》，湖南人民出版社，2013 年版，第 422 页。

[26] 钱穆：《中国历代政治得失》，九州出版社，2012 年版，第 129—131 页。

[27] 刘志伟：《在国家与社会之间：明清广东地区里甲赋役制度与乡村社会》，中国人民大学出版社，2010 年版，第 152—153 页。

[28] [美]山村耕造主编，严忠志译：《剑桥日本史（第 3 卷）：中世日本》，浙江大学出版社，2019 年版，第 199 页。

[29] 哈全安：《土耳其通史》，上海社会科学院出版社，2014 年版，第 59 页。

[30] 许序雅、许辅旻：《文明的十字路口：奥斯曼帝国的兴衰》，商务印书馆，2015 年版，第 100—101 页。

[31] 黄维民：《奥斯曼帝国：土耳其人的辉煌往事》，中国国际广播出版社，2021 年版，第 212—214 页。

[32] 周雷：《赋税改革与国家转型：16 世纪中国与奥斯曼帝国的比较》《东方学刊》，2021 年第 4 期，第 80—92 页。

[33] [美]杰克·戈德斯通主编，关永强译：《为什么是欧洲：世界史视角下的西方崛起（1500—1850）》，浙江大学出版社，2010 年版，第 112—114 页。

[34] [英]W.M.奥姆罗德、玛格丽特·邦尼、理查德·邦尼编，沈国华译：《危机、革命与自维持型增长：1130—1830 年的欧洲财政史》，上海财经大学出版社，2020 年版，第 154 页。

[35] 申时行:《明会典》,中华书局,1989 年版。

[36] 解缙:《明太祖实录》,台北中研院历史语言研究所,1962 年版,卷二一零。

[37] 张建民、周荣:《中国财政通史(第六卷):明代财政史》,湖南人民出版社,2013 年版,第146—160 页。

[38] 林枫:《万历矿监税使原因再探》《中国社会经济史研究》,2002 年第 1 期,第 13—19 页。

[39] 黄仁宇著,阿风等译:《十六世纪明代中国之财政与税收》,生活·读书·新知三联书店,2001 年版,第 306 页。

[40] Semedo, A. (1655). *The History of That Great and Renowned Monarchy of China*. Translated by a person of quality. London: E. Tyler for John Crook, p. 12.

[41] 华腾达著:《明朝的钱去哪儿了:大明帝国的财政崩溃与商人命运》,上海远东出版社,2023 年版,第 104 页。

[42] 黄仁宇著,阿风等译:《十六世纪明代中国之财政税收》,生活·读书·新知三联书店,2001 年版,第 313 页。

[43] 杜车别:《大明王朝是被谁干掉的》,世界知识出版社,2017 年版,第 174—175 页。

[44] [美]王国斌、罗森塔尔著,周琳译:《大分流之外:中国和欧洲经济变迁的政治》,江苏人民出版社,2019 年版,第 82—95 页。

[45] Hua, Tengda (2021). *Merchants*, *Market and Monarchy*: *Economic thought and history in early modern China*. London: Palgrave MacMillan, pp. 127—128.

[46] McDermott, J. (2006). *A Social History of the Chinese Book*. Hong Kong University Press, p. 191.

[47] 杜车别:《大明王朝是被谁干掉的》,世界知识出版社,2017 年版,第 254 页。

[48] [美]山村耕造主编,严忠志译:《剑桥日本史(第 3 卷):中世日本》,浙江大学出版社,2019 年版,第 199 页。

[49] 黄维民:《奥斯曼帝国:土耳其人的辉煌往事》,中国国际广播出版社,2021 年版,第 215—216 页。

[50] 焦建国:《英国公共财政制度变迁分析》,经济科学出版社,2009 年版,第 104—105 页。

[51] 梅俊杰:《重商主义与国家赶超:世界经济史上的经验和教训》,上海人民出版社,2023 年版,第 168 页。

[52] 刘守刚:《国家的财政面相》,上海远东出版社,2022 年版,第 58 页。

[53] 焦建国著:《英国公共财政制度变迁分析》,经济科学出版社,2009 年版,第 102—115 页。

[54] 刘守刚:《西方国家的驯化:基于财政思想史的视角》,复旦大学出版社,2021 年版,第 81 页。

[55] [美]詹姆斯·B.柯林斯著,沈国华译:《君主专制政体下的财政极限:17 世纪上半叶法国的直接税制》,上海财经大学出版社,2016 年版,第 26—39 页。

[56] Twitchett, D. and Mote, F. (1998). *The Cambridge History of China*: *Volume 8*, *The Ming Dynasty*, 1368—1644. Cambridge: Cambridge University Press, p. 678.

[57] Brook, T. (1999). *The Confusions of Pleasure*: *Commerce and culture in Ming China*. Berkeley: University of California Press, p. 108.

[58] Huang, R. (1974). *Taxation and Governmental Finance in Sixteenth-century Ming China*. Cambridge: Cambridge University Press, p. 201.

[59] ［葡］多默·皮列士著，何高济译：《东方志：从红海到中国》，中国人民大学出版社，2012 年版，第 118 页。

[60] 黄仁宇著，阿风等译：《十六世纪明代中国之财政与税收》，生活·读书·新知三联书店，2001 年版，第 338 页。

[61] ［法］雅克·阿塔利著，吕一民等译：《食物简史：从餐桌上认识全世界》，天津科学技术出版社，2021 年版，第 62 页。

[62] 焦建国：《英国公共财政制度变迁分析》，经济科学出版社，2009 年版，第 112—113 页。

[63] 田汝英：《葡萄牙与 16 世纪的亚欧香料贸易》，《首都师范大学学报》（社会科学版），2013 年第 1 期，第 24—29 页。

[64] 蔡乐钊主编：《帝国、蛮族与封建法》，北京大学出版社，2016 年版，第 101 页。

[65] ［美］山村耕造主编，严忠志译：《剑桥日本史（第 3 卷）：中世日本》，浙江大学出版社，2019 年版，第 196—201 页。

[66] 黄维民著：《奥斯曼帝国：土耳其人的辉煌往事》，中国国际广播出版社，2021 年版，第 153—156 页。

[67] 马金华著：《外国财政史》，中国财政经济出版社，2011 年版，第 41—42 页。

[68] ［美］菲利普·T. 霍夫曼、凯瑟琳·诺伯格编，储建国译：《财政危机、自由和代议制政府（1450—1789）》，格致出版社，2008 年版，第 251—252 页。

[69] ［美］詹姆斯·B. 柯林斯著，沈国华译：《君主专制政体下的财政极限：17 世纪上半叶法国的直接税制》，上海财经大学出版社，2016 年版，第 29—31 页。

[70] ［法］费尔南·布罗代尔著，吴模信译：《菲利普二世时代的地中海和地中海世界》（下卷），商务印书馆，1998 年版，第 478—480 页。

[71] ［美］彭慕兰、史蒂文·托皮克著，黄中宪、吴莉苇译：《贸易打造的世界：1400 年至今的社会、文化与世界经济》，上海人民出版社，2018 年版，第 103—104 页。

[72] Sombart, W. (1967). *The Quintessence of Capitalism: A study of the history and psychology of the modern business man*, translated and edited by Epstein M. New York: Howard Fertig, p. 73.

[73] Clunas, C. (1991). *Superfluous Things: Material culture and social status in early modern China*. Cambridge: Polity Press, p. 58.

[74] Chou, C. and Edward, H. K. (1974). *An Economic History of China*. Center for East Asian Studies, Western Washington University, p. 133.

[75] Deng, K. G. (1999). *The Premodern Chinese Economy: Structural Equilibrium and Capitalist Sterility*. London: Routledge, p. 9.

[76] 晁中辰：《明代海禁与海外贸易》，人民出版社，2005 年版，第 222—223 页。

[77] 刘强：《海商帝国：郑氏集团的官商关系及其起源（1625—1683）》，浙江大学出版社，2015 年版，第 8—9 页。

[78] 林仁川：《明末清初私人海上贸易》，华东师范大学出版社，1987 年版，第 54 页。

[79] Wilhelm, R. (1930). *Chinesische Wirtschaftspsychologie*. Leipzig: Deutsche Wissenschaftliche Buchhandlung, p. 71.

[80] ［日］松浦章著，李小林译：《清代海外贸易史研究》，天津人民出版社，2016 年版，第 410 页。

[81] Chou, C. and Edward, H. K. (1974). *An Economic History of China*. Center for East Asian Studies, Western Washington University, p. 133—134.

［82］鄂尔泰：《硃批谕旨》，第 46 册，上海点石斋，1887 年版，第 26—27 页。

［83］Scott，J. C.（2009）．*The Art of not Being Governed：An anarchist history of upland Southeast Asia*．New Haven：Yale University Press，p. 3.

［84］黄仁宇：《十六世纪明代中国之财政与税收（大字版）》，九州出版社，2020 年版，第 428 页。

［85］［美］山村耕造主编，严忠志译：《剑桥日本史》（第 3 卷）：中世日本，浙江大学出版社，2019 年版，第 371—373 页。

［86］林婉娇：《基督教与日本的锁国》，《渤海大学学报》（哲学社会科学版），2006 年第 4 期，第 107—109 页。

［87］张霞：《不可不知的日本史》，华中科技大学出版社，2013 年版，第 119—120 页。

［88］尚洁：《中世纪晚期近代早期威尼斯贵族政治研究》，武汉大学出版社，2013 年版，第 116 页。

［89］［英］E. E. 里奇、C. H. 威尔逊主编，张锦冬译：《剑桥欧洲经济史（第四卷）：16 世纪、17 世纪不断扩张的欧洲经济》，经济科学出版社，2003 年版，第 143 页。

［90］史卫：《人类财政文明的起源与演进》，中国财政经济出版社，2013 年版，第 298 页。

［91］［英］崔瑞德、［美］牟复礼编，杨品泉等译：《剑桥中国明代史：1368—1644 年》（下卷），中国社会科学出版社，2006 年版，第 103—104 页。

［92］赖建诚：《边镇粮饷：明代中后期的边防经费与国家财政危机（1531—1602）》，浙江大学出版社，2010 年版，第 133—134 页。

［93］华腾达：《明朝的钱去哪儿了：大明帝国的财政崩溃与商人命运》，上海远东出版社，2023 年版，第 215—219 页。

［94］［日］林佳世子著，钟放译：《奥斯曼帝国：五百年的和平》，北京日报出版社，2020 年版，第 146—149 页。

［95］［美］道格拉斯·诺斯、罗伯特·托马斯著，贾拥民译：《西方世界的兴起：900—1700》，中国人民大学出版社，2022 年版，第 177 页。

［96］施诚：《中世纪英国财政史研究》，商务印书馆，2010 年版，第 120 页。

［97］焦建国：《英国公共财政制度变迁分析》，经济科学出版社，2009 年版，第 110—112 页。

［98］刘守刚：《中国财政史十六讲：基于财政政治学的历史重撰》，复旦大学出版社，2017 年版，第 82 页。

［99］［美］詹姆斯·B. 柯林斯著，沈国华译：《君主专制政体下的财政极限：17 世纪上半叶法国的直接税制》，上海财经大学出版社，2016 年版，第 23—24 页。

［100］顾卫民：《葡萄牙海洋帝国史（1415—1825）》，上海社会科学院出版社，2018 年版。

［101］刘守刚：《西方国家的驯化：基于财政思想史的视角》，复旦大学出版社，2021 年版，第 80—81 页。

［102］［英］理查德·邦尼主编，沈国华译：《经济系统与国家财政：现代欧洲财政国家的起源（13—18 世纪）》，上海财经大学出版社，2018 年版，第 262 页。

［103］［法］费尔南·布罗代尔著，吴模信译：《菲利普二世时代的地中海和地中海世界》（下卷），商务印书馆，1998 年版，第 494—500 页。

第三章

亚欧角力:
"战争与和平"

聂作平的《历史的耻部》里有一段话很适合用来描述这60年间的风起云涌:四海承平的治世只是历史里几个小小的段落和细节,乱世却一个接一个,在已经被众多的血腥和阴谋弄得疲惫不堪的史家那里,他们只能面对这些乱世与人祸,无能为力地呜呼几声,然后再洒几滴同情的浊泪。

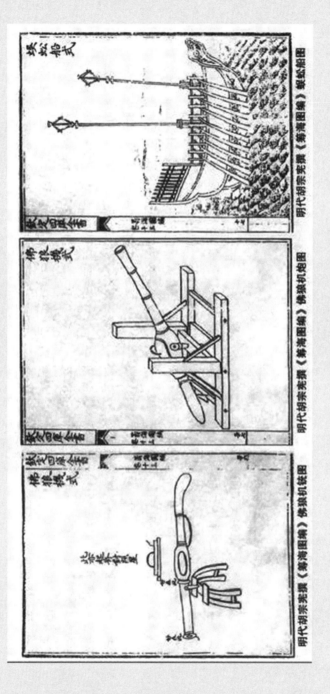

　　1522 年,对于全球战争史而言,是很有纪念意义的一年:1522 年明葡之间的屯门海战,极有可能是中西方历史上的第一次正儿八经的正面军事交锋。

　　这一年的前 8 个月,大明帝国和葡萄牙在沿海区域纠缠不休,在屯门打打停停。战争以葡萄牙人撤走而告终。不过,葡萄牙人虽然战败,但他们还是在当时的澳门站住了脚。一个很重要的原因是:嘉靖皇帝热衷于道教,对龙涎香十分着迷。历史上龙涎香主要是用于做香水的定香剂,而这种稀有的香料恰巧就掌握在葡萄牙人手中。大明的官员们为了能够得到龙涎香,对于葡萄牙人在澳门的"驻扎"也就睁一只眼闭一只眼了。

　　当时的明廷对葡萄牙人的武器是很感兴趣的,还特地仿制了(见本章章首图)。当然,从这一年开始的一甲子年,整个世界也都不大太平。

　　在之后的 60 年间,大明帝国与蒙古、日本之间都不太平和,虽然贸易也同时在发生;欧洲和奥斯曼帝国与大明帝国亦有不同程度的接触。在亚欧边界的奥斯曼帝国,在苏莱曼大帝统治的四十年间,奥斯曼继续南征北战,试图进一步扩张其势力范围。而在 16 世纪的欧洲,政治和宗教纠缠在一起,政治的分歧往往以宗教形式斗个你死我活;宗教分歧又在政治领域表现出来。结果是到处不得太平,还要加上无休止的争执。各国之间为此相互争战,大家都认为,如果有一个国家坐大称霸,自己的独立(在当时民族独立显得日益重要)就将丧失[1]。不仅是在欧洲大陆本土,地中海周边区域也仍然在这一时期呈现出了多年纷争不断的混乱局面。

　　本章关注 1522—1582 年间全球的一些重要"战争"。其中,"战"的部分主要论述较大规模的军事战争,而在"争"的部分主要论述狭义上的军事战争以外的其他"争"的形式,比如宗教纷争、新大陆探险竞争、贸易纷争、科技竞争等。无论是这些中的哪个,所有国家都是以追求财政富裕为最终目的:要么与其他国家争权夺利,要么从一些组织(包括教会)或者私人手里夺财权,要么就是从其他国家的航海版图中抢占蛋糕。

一、亚洲之"战"

大明 vs 葡萄牙:明葡屯门海战(1521—1522 年)

1521 年正德皇帝驾崩后,继任的嘉靖皇帝恢复了敌视葡萄牙人的政策,将他们连带着商船驱逐到了广东沿海。加上大明帝国商人与东南亚地方商人的贸易逐渐减少,大明帝国商人与葡萄牙商人之间的走私贸易成为这一时期区域贸易内的主要贸易形式。在葡萄牙等中外客商的合作下,走私贸易体系发展成为大明帝国客商在国外采用的主要贸易形式。

与此同时,大明帝国与葡萄牙人之间爆发了冲突。1521 年 4 月,大约 5 艘葡萄牙帆船到达屯门并开始贸易。嘉靖新帝即位,所有的外国人被命令立刻离开大明帝国。葡萄牙人拒绝离开,因为他们尚未收集到全部货物。明廷调集强劲的战船攻击葡萄牙人及带有葡萄牙人的来自暹罗、帕塔尼的帆船,有一艘船沉没,许多葡萄牙人和其他外国人被杀死或俘虏。然后从当年 6 月一直到 1522 年的整个上半年,葡萄牙帆船纷至沓来地进攻,然后被大明帝国的守军击退,如此断断续续地僵持了一年。这一事件的结尾是葡方使者科廷霍率领 3 艘船于 1522 年 8 月到达屯门,他奉当时的国王若昂三世之命与大明帝国缔结和平。然而他们在大明帝国的水面上只待了 14 天就撤走了[2]。大明帝国与葡萄牙人之间的冲突就此告一段落。

大明 vs 蒙古:嘉靖与俺答(1522—1566 年)

嘉靖年间,大明帝国军事上的内忧外患相当严重。所谓内忧,就是兵变。嘉靖年间闹了 5 次兵变,其中有四次是在边地。明朝军队内部也是军心涣散。具有军籍的人分为两种:军官和兵士,两种都有军田,两种都是世袭。军官世袭,变成了贵族;兵士世袭,变成了农奴。作为世袭贵族的军官,生活有保障,一代一代地懒惰下去,很像清朝的八旗子弟。而作为世袭农奴的兵士,终身听人驱使,一代一代地混日子。大明军队的战斗力可想而知[3]。

而嘉靖年间的外患,最显著的就是蒙古人屡屡进犯中原。明军把蒙古人赶回草原之后,有时确实会采取追击的战术,但是,蒙古高原实在是太大,明朝的军队无法解决后勤补给的问题。而且,大明帝国还碰到了一个强劲的对手:俺答(见图1)。

图 1　俺答汗画像

俺答(1507—1582 年)是达延汗之孙、巴尔斯博罗特之子。他早年与其兄衮必里克南征北战,到嘉靖在 1522 年即位时,年纪轻轻的俺答已经积累了雄厚的军事实力。在嘉靖前期,俺答对大明帝国的骚扰并不严重,当时他与其兄衮必里克的主要精力放在对付蒙古内部敌对势力——漠北兀良哈和青海瓦剌上。

在 1542 年衮必里克死后,他依靠自己的能力和威望成为右翼三万户实际上的领袖,开始向南屡屡入塞进犯大明帝国。俺答一直谋求与明朝"通贡"与互市,但在嘉靖年间从未获准许。

俺答虽然能在蒙古诸部纵横驰骋,但他也需要通过与明朝的贸易来增强自己实力。然而自弘治末年以来,明蒙交恶,互市断绝。1532 年、1541 年、1542 年、1546 年,俺答先后派使者至延绥、大同等地要求"通贡",但均被大明回绝。所谓"通贡",就是与明朝建立贸易关系。不仅是"通贡"要求被回绝,俺答派出的好几个使者都被明廷或者巡边大将处死。1547 年以后,俺答仍然数十次派人要求"通贡",而且"词颇恭顺",然而嘉靖皇帝和明廷仍然继续拒绝。

1551 年,明廷同意开放马市,命史道主持马市。俺答为表示诚意并使马市继续下去,将从明朝叛逃的白莲教徒三十余人械送明方处置。俺答希望允许更多蒙古牧民以牛羊交换粟、米、麦等粮食。主持马市的史道认为可以同意,并报请明廷批准,被明廷拒绝,史道也被召还[4]。于是,当年 12 月,俺答又开始劫掠大同,明廷下令罢大同马市。从 1553 年到 1566 年嘉靖去世为止,大明帝国仅边关大将总兵、副总兵战死者就有 10 余人,军卒死伤更无从计数。军费每年增加,仅京师及长城各塞就需四五百万两,财政空虚,岁入不能充岁出之半。据说嘉靖皇帝甚至为之"终夜绕床,不能安寝",他直到驾崩也没能解决这个问题[5]。

大明 vs 日本:清剿倭寇(1552—1566 年)

倭寇与海商集团

在 1522—1582 年间,东南沿海最大的"海商集团"头子可能要数汪直了。汪直一般也被认为是倭寇首领,一大原因是他的海商集团里不光有中国人,还有不少日本流寇,而且他们时常侵扰当时的大明边境,虽然据汪直自己所说,"我本非为乱,因俞总兵图我,拘我家属,遂绝归路"。

以往的一些研究倾向于认为,类似汪直这样的 16 世纪大明帝国的海商集团的形成是受明廷压力所迫。这显然并非全貌。比来自明廷的压力更重要的一个因素是,这些商人集团的出现也离不开不同商人之间的"战争":不仅是明帝国商人之间的竞争,还包括外国商人与大明帝国商人之间的竞争。欧洲商人带来的"掠夺型贸易"模式,对本土商人来说无疑是有影响的。但是,除了有不少记录显示外国商人给明帝国商人带来了损失之外,明代商人欺负甚至欺骗外国商人的记录也并不罕见。于是,大明帝国的商人或主动或被迫地进一步凝聚组织的形式扩大他们的势力范围。

海商集团的出现显露了两个变化:一是原来的多方横向分工的走私网络开始走向纵向分工,海商集团的地位也随之上升;二是海商集团从和平贸易方式转变为武装贸易方式,这意味着他们有能力挑战朝贡贸易体制下区域贸易体制的现有秩序,构建更加符合规范的贸易体制。而大海商集团往往还会与当地政府互相利用。比如,当时的海商集团掌门人汪直(也被认为是倭寇首领),与浙江当地政府建立了合作关系,并被获准进行贸易。地方官员们利用汪直的力量维护海上安全,而对于汪直来说,他也可以借助地方政府的力量来对抗其海上的竞争对手[6],可谓是相互利用。

戚继光和俞大猷清剿倭寇

这看起来是一个"双赢"的局面。然而,这个贸易体系有一个最大的问题:倭寇问题是无法为当时的明廷所容忍的。因此,海商集团与地方政府的合作关系相当脆弱，受制于明廷的态度和回应。

嘉靖三十一年（1552 年），嘉靖皇帝罢免了汪直在地方政府中的靠山，重新指派对海商采取强硬态度的官员俞大猷来执掌浙江，以期消灭海商集团[7]。1555 年 7 月，戚继光也被调往东南，任浙江都司金事，管理当地屯政。戚继光深得胡宗宪的赏识，1556 年戚继光升任参将，负责防守倭寇出没频繁的钱塘江以东地区，即宁波、绍兴、台州一带。1556 年 10 月，倭寇再次进犯。戚继光、俞大猷和当时的台州知府谭纶协同作战，连败倭寇。1558 年 4 月，戚继光奉命率军由舟山渡海防守台州，多次取得小规模的胜利。1559 年，汪直被擒获，后被斩首。1561 年 4 月爆发"台州之战"，大约 1 万—2 万倭寇大举进犯浙江沿海，企图直攻台州。戚继光在台州部署了必要的兵力，大败倭寇。

浙江的倭患终告解除，福建的倭寇活动却愈发猖獗。1562 年，倭寇进犯福建，先后攻陷多地。戚家军入闽不到两个月，转战千里，荡平多个大倭巢，名声大噪。各地许多的将官纷纷仿效戚继光，练兵抗倭。1563 年 3 月，谭纶会集戚继光、俞大猷和刘显，共同研究作战计划，决定由戚家军担任中路主攻，俞大猷、刘显军为左右两翼。11 月，戚继光接替俞大猷任福建总兵官，镇守福建全省以及浙江的金华、温州二府。此时，新来倭寇二万余人侵入福建，围攻仙游城。戚继光率军前往解围，以各个击破的战术，一举消灭倭寇。1564 年春，戚家军又在王仓坪斩首倭寇百余人。1565 年春，戚继光出兵与俞大猷相会，共同讨伐以吴平为首的倭寇，于 1566 年 4 月剿灭残贼，吴平也投海自杀。至此，东南沿海严重的倭患终于平息了[8]。

二、亚 洲 之 "争"

大明的贸易之"争"：蒙古、日本、葡萄牙和西班牙

葡萄牙"争"大明的市场

若撇开明葡屯门海战，大明帝国与葡萄牙人之间也是有贸易关系的，虽然大部分情况下并非官方背景，或者官方的介入非常勉强。1522 年到 1570 年代是葡萄牙人的鼎盛时期之一。当时这个被日本画家描绘为"身穿硕大的气球般鼓胀的长裤，头戴五彩缤纷的帽子，非常白皙和美丽的民族"启动了无穷尽的全球交往：

他们把火器和面包带到日本，把星盘和四季豆引入大明帝国，把非洲奴隶运往美洲，把茶叶运到英格兰，把胡椒运到新大陆，把中国丝绸和印度药品运到全欧洲，还顺便把一头大象送给教皇[9]。

图 2　"佛朗机"火炮

正是在这一时期，葡萄牙等欧洲商人加入与中国的贸易中。葡萄牙人在当时的大明帝国文献里被称为"佛朗机"，源于几个世纪以来阿拉伯人对欧洲人的称法[10]：其原因或许正是因为葡萄牙商船上配置了一种被称为"Falcon"的小型火炮（见图 2）。

欧洲商人的到来对大明帝国商业和商人阶层的发展既有积极也有消极的影响。正如 Tang（2018）所指出的那样，"当然，如果没有世界市场的外部刺激，资本主义仍然可以从中国这个传统社会中萌芽。然而，这个过程无疑会被大大推迟"[11]。首先，它们促进了大明帝国商人与中国和东南亚贸易圈的联系。葡萄牙对马六甲的封锁，致使大明帝国官方的海上力量迅速撤出印度洋地区，其商业力量缩减到大明帝国及周边地区。但这反过来又帮助大明帝国的私商专注于整个南海地区的活动。其次，随着传统朝贡贸易体系的衰落，欧洲商人的到来使大明帝国的本土商人有机会参与甚至尝试建立新的贸易规则，而且在当时的大明帝国，"高银价为所有参与东西方贸易的企业家创造了巨大的获利机会"[12]。

葡萄牙占领马六甲后，葡萄牙在"开辟通往大明帝国的新海路"后试图开始与中国进行直接贸易[13]。但由于葡萄牙不是大明帝国朝贡体系的一员，并且由于其对朝贡体系和规则的抵制，葡萄牙起初并不受到大明帝国朝廷的欢迎。葡萄牙商人由此开始以走私贸易的形式与大明帝国私商，特别是广东沿海的商人保持联系。

皮列士是曼努埃尔一世向大明帝国派遣的使团的首领。从其《东方志》的原文看出,起初,皮列士将大明国人的善良视为了懦弱:"其百姓非常软弱,容易被征服。常在那里的重要人物声称,印度政府用 10 艘攻占马六甲的船,能够沿海岸攻占。"这非常明显是一种无稽之谈,极有可能源于皮列士尚未到达大明帝国前的道听途说。皮列士后来长期在大明帝国或其周边区域活动,并于 1540 年在大明帝国去世。他对大明帝国的总体评价是"一个重要、良好并且十分富有的国家"[14]。

日本"争"大明的勘合贸易(1477—1550 年)

大明帝国沿海的倭寇问题长期存在,而所谓倭寇,主要指的就是来自日本的海盗(虽然实际上其中也混杂了一些大明子民)。

尽管如此,16 世纪的大明和日本的关系仍然以互通贸易为主。早在明太祖在位期间,当时的日本统治者足利义满曾经试图与大明帝国建立联系,结果却遭到回绝。而到了永乐帝明成祖在位期间,明朝与日本的关系变得活跃起来。与朱元璋的做法不同,朱棣对外部世界持正面态度。然而,明廷仍不允许藩属国与中国进行直接贸易:只有国王才能享受这样的殊荣。于是,足利义满以"日本国王"的身份,向明朝进贡。足利义满的动机应该不只是获得贸易利润这一项。另一大动机可以从政治角度进行分析。佐藤进一认为,其一,足利义满当初对明朝自称"日本国王,臣源道义",从而将九州的各色领主置于自己的控制之下;其二,利用那些领主,让中央政坛获得稳定性;其三,迫使参与对明贸易的各个宗派承认他自己拥有的国王地位。

从足利义满统治至 1547 年,共有十九个朝贡使团前往大明帝国[15]。在"应仁之乱"于 1477 年结束后,与大明帝国的勘合船逐渐由以坂井为基地的细川氏和以博多为基地的大内氏所垄断,细川氏与将军关系密切,参与勘合的分配,并以堺市商人为后盾;大内氏控制中日交通要地赤间关、博多,以博多商人为后盾。细川氏占据优势,尽管大内氏希望参加。在 1511 年和 1523 年两次朝贡过程中,双方之间的冲突加剧,后一次达到顶峰,在当时的宁波导致骚乱。

在 1523 年的宁波争贡之役后,大内氏垄断勘合贸易船,并在 1538 年和 1547 年两次持勘合赴明。1547 年返还两勘合,1550 年归国,但第二年大内氏走向灭亡之路,勘合贸易随之终止[16]。

大明与蒙古之"争":"俺答封贡"(1571年)

隆庆皇帝继位后,高拱、张居正入阁辅政。他们调整边防策略,变消极防御为积极防御,重用戚继光、谭纶、王崇古等人,使俺答逐渐败多胜少。俺答对明朝的优势不复存在,在明蒙之"争"中愈发被动,开始谋求与大明帝国和解。

隆庆四年(1570年)发生了俺答汗的孙子把汉那吉投明事件,成为两边议和的重要契机,史称"隆庆和谈"。隆庆五年(1571年)2月,王崇古将俺答的"封贡"要求上奏朝廷,并提出了切实可行的八条建议:议封官号、定贡额、议贡期贡道、立互市、议抚赏、议归降、审经权、戒狡饰(意思是防范边兵贪冒)。高拱和张居正力排众议,全力支持王崇古的建议。隆庆皇帝同意了高拱、张居正和王崇古等人的意见。3月,隆庆皇帝下诏封俺答为"顺义王"。5月,俺答在大同得胜堡塞外参加受封仪式,又派使臣带着贡品向明朝上《北狄顺义王俺答谢表》。至此,隆庆皇帝与蒙古人达成了和议,结束了明蒙之间长达200多年的军事对峙。当时的蒙古首领俺答汗宣布归顺大明帝国,被册封为"顺义王",隆庆皇帝同意恢复朝贡,开放边事,史称"俺答封贡"。

在明蒙友好往来的新局面下,万历三年(1575年)建成了漠南的第一座城市库库河屯(即今天的呼和浩特),明廷赐名归化城。

大明的航海技术之"争"

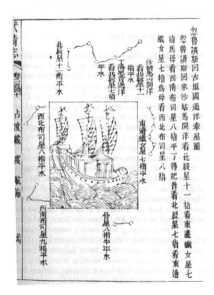

图3 大明"过洋牵星术"的记载

在16世纪之前,郑和航海图中的星图、风向标等航海信息,已经展现了大明帝国航海技术的高超水平。当时还发明了一种办法叫作"过洋牵星术",即通过测量天上星星的位置,来确定自己所在船只的方位,进而实现导航的功能。图3是当时对这一技术的详细文字记载,图4是"牵星板"复原件。

而到了1522—1582年这60年间,虽然这一时期的大部分时间仍然处于海禁之下,但大明帝国的航海技术得以继续发展。主要体现在两个方面:航海指南和港口建设。

16世纪的明代航海家使用了各种航海器具,如水平仪、天球仪等,辅助航行和导航。同时,他们还参考了大量前人的航海指南和航海经验总结,如《航海志》《郑和航海图》等,为16世纪的航海活动提供了重要参考资料。比如,明嘉靖三十五年(1556年),郑舜功准备从广州出发前往日本,临行前,曾广泛地在社会上征集海道针经,"人有以所录之书应者,谓之曰《针谱》。后得二书,一曰《渡海方程》,一曰《海道针经》,此两者同出而异名也"。前者《渡海方程》由福建漳州府诏安县人吴朴在嘉靖十六年(1537年)所著;后者《海道针经》是一本导航手册,需要配套一个名叫"二十四方位水罗盘"的工具一起使用,用来在大海导航。

图4 "牵星板"复原件(中国航海博物馆官网)

图5 成书于1580年左右的《顺风相送》

吴朴所撰的《渡海方程》,在明代后期影响很大,被一些著述反复引用。比如,明代的战略家郑若曾在嘉靖四十一年(1562年)编撰《筹海图编》时,在其"参过图籍"中列有"海道针经"两种:《渡海方程》《海道针经》,和郑舜功提到的一样[17]。

而在1580年左右,大明帝国还出现了一本航海科普类的手抄孤本《顺风相送》(图5)。这本书的唯一存世本目前收藏在牛津大学的图书馆,据说最初可能是由荷兰籍传教士从大明帝国带回欧洲,将其作为东方文献中的"奇书"。这本书记载了当时大明的航海线路及沿途山川地形,也包括了关于印度洋牵星导航的记载。

在航海港口建设方面,自1567年隆庆开海后,明廷为了促进海上贸易和航海活动,争夺海上的贸易权,修建了许多新的航海港口和驿站,如泉州、广州等地的海关和码头设施,为航海活动提供了更佳的基础设施和保障条件。

大明与西班牙：白银之"争"

欧洲大航海时代的另外一个意想不到的结果是建立起了西班牙的美洲殖民地与东亚地区之间的贸易联系。西班牙帝国的巨富主要依赖其在新大陆各殖民地所出产的白银。与其他欧洲人一样，西班牙人也对东方的丝绸、香料、瓷器、宝石等贵重商品垂涎欲滴。他们从美洲派出帆船队，横穿太平洋到达马尼拉，然后到达当时的大明帝国。在大明帝国，他们在交易中花掉的白银达到了其在美洲所获白银总量的 1/5！当时西班牙同大明帝国的贸易，一方面让西班牙赚得盆满钵盈，支持了西班牙帝国在欧洲的战争，另一方面也向中国输入了难以计数的白银[18]。据此前学者的估计，明朝时由日本流入大明帝国的白银为 1 亿 7 000 万两，而西属美洲流入大明帝国的白银为 1 亿 2 500 万两[19]。

然而从 1580 年代起，西班牙需要花大量精力和财力专注于对抗英国人，南美开采的白银开始大量流向西班牙本土用于对抗英国人的军费支出。后来 1588 年西班牙"无敌舰队"的全军覆没，更是对这条"白银生命线"构成了严重威胁。而雪上加霜的是，南美银矿的开采量在当时也出现了下降，这进一步引发了白银的供给危机。当时西班牙控制下的新大陆运往菲律宾的银子越来越少，而流入大明帝国的白银就更少了。我们不难发现，自"一条鞭法"改革导致对白银产生依赖开始，大明帝国的财政命脉就相当于掌握在外国手里（因为大明帝国并没有什么银矿可以开采）。而这一财政危机显然助推了后来的军事崩溃（比如 1619 年的萨尔浒之战等），可以说对于大明帝国的最终覆灭产生了重要的推动作用。

东亚贸易圈之"争"：琉球、葡萄牙和西班牙

琉球与东亚贸易圈

在 1522—1582 年的东亚贸易圈中，琉球群岛也起到了连接作用。当时的琉球群岛给大明帝国的贡品是香料和胡椒这样的南方物产，另外还有扇子和刀剑等。但到后来，他们的贡品只剩下琉球群岛出产的马匹和硫黄。而琉球则从大明帝国获得陶器、生铁、纺织品和钱币等。当时的琉球还派出学生到大明帝国学习。因此，当时大明帝国对这些岛屿是有较大影响的。

除了向大明帝国派出朝贡使团之外，从 14 世纪后半期开始，琉球群岛与东南亚开始了贸易关系。从那开始一直到 16 世纪结束，他们的足迹到达了许多地方，例如暹罗、爪哇岛、马六甲、苏门答腊、印度尼西亚的帕塔尼、越南等。

在这 60 年间,由于大明帝国的商人受到海禁政策的制约,所以琉球群岛在开展广泛的贸易活动中充当了更积极的角色。但海禁政策在实际执行中是经常"失效"的。在东南沿海从事不受官方认可的贸易的外贸商人数量大增,嘉靖年间(1522—1566 年)倭寇大量侵袭的时期随之出现。再加上 16 世纪中叶欧洲商船开始抵达,琉球群岛以扩大贸易为基础的繁荣时期告一段落[20]。

葡萄牙、西班牙与东亚贸易圈

16 世纪葡萄牙人在东亚贸易圈的扩张,很大程度上得益于当时大明帝国的海禁政策:大明商人与日本的绝大多数官方贸易活动都被禁止(仅剩很少量的勘合贸易)。这使得以葡萄牙人为代表的欧洲商人几乎垄断了往来日本的海上贸易。他们的商船满载着产自大明帝国的丝绸、黄金、麝香和瓷器等商品运往长崎,换回白银和铜。据估计,葡萄牙人承运的丝绸数量占到了从大明帝国海运出口丝绸总量的 1/3 到 1/2[21]。

随着 1549 年沙勿略和两名同事登上日本的九州岛,日本开始与葡萄牙等欧洲人有了接触。而随着西班牙的势力超越葡萄牙,1580 年,当时的"另类"大名、信奉基督教的大村纯忠将长崎港租借给西班牙。长崎从此成为日本对外的重要门户,哪怕后来在德川幕府闭关锁国时期,长崎港也仍然有外国船只进出。日本对欧洲人带来的火枪和其他充满科学感的新鲜事物充满了兴趣。

看当时的世界贸易格局,自从葡萄牙、西班牙开辟新航路后,他们开始与全世界几乎所有民族有贸易或者建立外交关系,并且在此期间葡萄牙、西班牙征服了不少领土,势力范围最远扩张到了日本南边的菲律宾。这 60 年间的东亚贸易圈也成为葡萄牙人和西班牙人的势力范围之一。

三、亚欧交界之"战"

奥斯曼 vs 波斯：四十年战争及彻尔德尔之战(1514—1578 年)

在 16 世纪初期,奥斯曼帝国已然成为当时世界上最强大的帝国之一,其疆域横跨欧亚非三大洲,统治着东欧、巴尔干半岛、小亚细亚和中东等地区。而当时统治波斯的萨法维王朝(Safavid,1501—1736 年)则是伊朗地区的重要王朝,崇尚什叶派伊斯兰教,与奥斯曼帝国的逊尼派伊斯兰教存在宗教和政治上的对立。尤其是到了 17 世纪初,阿拔斯一世自 1603 年起三次对奥斯曼帝国作战,获得了对整个外高加索的统治权,可谓是和苏莱曼一世齐名的枭雄。(见图 6)

在 1522—1582 年间,奥斯曼与波斯之间的战争主要集中在东安那托利亚地区的边境地带。这些战争往往是因为边境地区的争端、领土争夺或者宗教矛盾而爆发的。奥斯曼的苏丹们,特别是苏莱曼大帝,试图通过对波斯的进攻来扩大自己的疆域,并且试图削弱波斯在中东地区的影响力。

奥波四十年战争(1514—1555 年)

16 世纪是奥斯曼帝国与波斯帝国萨法维王朝之间战争的重要时期。两国之间的这场四十年战争不仅是两个帝国之间的军事对抗,也是伊斯兰世界两大强国之间的宗教、文化和政治争霸的缩影。在这场战争中,两国互相竞争,争夺

图 6 伊朗最著名的景点之一就是位于伊斯法罕的伊玛目清真寺。该清真寺始建于 1611 年,由萨法维王朝的沙阿阿拔斯一世下令修建。(笔者摄,2018 年 7 月)

领土、影响力和地区霸权,对中东地区的格局产生了深远的影响。战争早在 1514 年已经开启,当时的奥斯曼苏丹塞利姆一世发动了东征。到了 1516—1517 年,奥斯曼已经占领了叙利亚、黎巴嫩、巴勒斯坦、埃及、希贾兹和阿尔及利亚部分领土。

等到了 1533 年,苏莱曼一世率大军占领大不里士,攻陷阿拉伯阿拔斯王朝的旧都巴格达;1534 年,攻占阿塞拜疆的巴库和美索不达米亚;1536 年,占领了格鲁吉亚西南的部分领土,并派兵夺取亚丁和也门等地。

时隔十年后,苏莱曼一世于 1548 年春天又发动了对萨法维帝国的战争,战争持续到了第二年。萨法维帝国迁都于卡兹文。四年后,即 1553 年,波斯的沙阿塔赫马斯普一世对奥斯曼帝国发起了攻击,当时苏莱曼一世正忙于匈牙利事务。此

举或许是受到了当时神圣罗马帝国皇帝查理五世的怂恿,因为早在 1530 年代,奥地利的哈布斯堡王朝就与波斯帝国结成了"哈布斯堡-波斯同盟",共同在军事上对抗奥斯曼帝国。战争持续到两年后,1555 年 5 月,两国在阿马西亚城缔结和约,波斯保有南高加索的全部领土,奥斯曼帝国则占领美索不达米亚,把阿拉伯、伊拉克纳入自己的版图中。两国平分了格鲁吉亚和亚美尼亚,确认卡尔斯城区为中立区;奥斯曼帝国对到麦加、麦地那朝圣的波斯人负有保护的责任[22]。

彻尔德尔之战(1578 年)

1555 年后,奥斯曼和波斯仍时有小摩擦。而到了 1578 年,奥斯曼帝国趁着萨法维王朝发生内部争斗之际,再次进攻波斯,当时的奥斯曼苏丹已经是 1574 年接替其"酒鬼"老爸即位的穆拉德三世。奥斯曼帝国的军事力量开始向东方地区集中。关于此次远征的具体规模记录已经遗失。但奥斯曼军队在那几年的总数保持在 19 万人左右,除去必要的留守力量、后勤部门和海军规模,其实际作战士兵人数不会超过 8 万。这次,奥斯曼帝国还得到了克里木可汗强大军队的支持。

1578 年,奥斯曼单方面撕毁 1555 年的和约,开进外高加索境内,并占领南格鲁吉亚的部分土地。8 月 10 日,两军在位于现今土耳其东北部小城卡尔斯附近的彻尔德尔平原遭遇。波斯军队在彻尔德尔被击溃,奥斯曼军队侵入东格鲁吉亚和东亚美尼亚,之后进入北阿塞拜疆,并占领希尔万。1579 年起,奥斯曼军队同克里木可汗军队联合作战,夺取整个阿塞拜疆和伊朗西部地区[23]。

战役的最后时刻,波斯人因觉得胜利无望而选择退回营地。但还是派出轻骑兵去更远处袭击奥斯曼人的补给线,希望拖住奥斯曼人的兵力。至于大部分主力则开始井然有序的撤退。识破诡计的拉拉帕夏,下令奥斯曼军队立刻展开总攻。这一决定也让波斯军队开始陷入混乱。大量聚集的人马和车辆,将撤退路上的一座桥梁压垮。奥斯曼追兵则乘势展开屠杀,将对手的军队摧毁。他们以极低的伤亡,杀死了波斯-格鲁吉亚联军 7 000 人,并将俘虏的 3 000 人全部斩首。

奥斯曼 vs 匈牙利: 莫哈奇战役(1526 年)

当年带领奥斯曼帝国围攻君士坦丁堡的是当时的苏丹穆罕默德二世(1451—1481 年在位)。正如爱德华·吉本在《罗马帝国衰亡史》中提道:"君士坦丁堡在失陷以后,重要性才被察觉及夸大,教皇尼古拉五世的统治即使是和平与繁荣的盛世,东部帝国的灭亡却带来无法推卸的难堪,拉丁人的悲伤和恐惧重新唤起十字军东征的昔日狂热情绪。"[24] 自打 1453 年君士坦丁堡陷落后,巴尔干半岛就落入奥斯曼之手(在攻下君士坦丁堡之前奥斯曼就已经占领了大部分)。而此后的 15到 18 世纪,奥斯曼一直在试图进军中欧,大致相当于今天的捷克、匈牙利、波兰、奥地利等地。与此同时,在查理五世时期,哈布斯堡帝国一度也将势力伸入匈牙利王国、波西米亚王国(今天的捷克)等地,所以奥地利和匈牙利显然是奥斯曼帝国扩张路上的拦路虎,它们跟奥斯曼之间的矛盾也是非常之明确。

首先是奥斯曼与匈牙利之间的莫哈奇战役(匈牙利语:mohácsi vész,土耳其语:Mohaç Savaşı),发生于 1526 年 8 月 29 日,是奥斯曼第一次入侵匈牙利的战役。战役双方为拉约什二世(亦有译为路易二世)率领的匈牙利王国军队及由苏莱曼一世率领的奥斯曼军队(见图 7)。

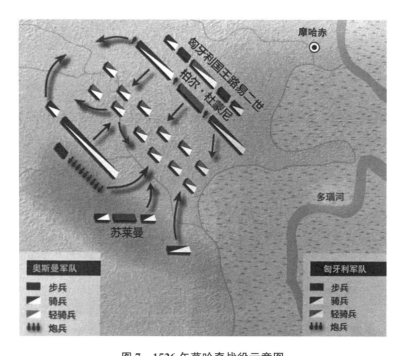

图 7　1526 年莫哈奇战役示意图
资料来源:美国国家地理学会编著,潘垣铮译:《土耳其、俄罗斯帝国与明代中国》,现代出版社,2022 年版,第 40 页。

1526 年 8 月中旬,当奥斯曼帝国的军队快要兵临城下的时候,年迈体弱的匈牙利国王兼波西米亚国王的拉约什二世才勉强组成了一支 2.5 万人左右的杂乱军队,在多瑙河右岸的莫哈奇小镇迎战奥斯曼帝国的军队。对敌情了解甚微又自命不凡的拉约什二世不等援军到来,就贸然指挥军队向奥斯曼人发起猛烈的进攻。结果在奥斯曼人的优势兵力的打击下土崩瓦解,精锐丧失殆尽[25]。年迈的拉约什二世在逃窜时落水而死。据信有一万多名匈牙利士兵在战事中阵亡。

不过,这次胜利并未令奥斯曼帝国得到想要的自身安全。而对匈牙利而言,在莫哈奇的失败是匈牙利日趋没落的历史转折点,并成为匈牙利民族的一个创伤。直至 500 年后的今日,匈牙利人一旦遇上困境,他们都会说"在莫哈奇所失去的远比现时的多"(匈牙利语:Több is veszett Mohácsnál),颇有点"滑铁卢"对于拿破仑的意味。

奥斯曼 vs 奥地利:第一次维也纳之围(1529 年)

第一次维也纳之围

作为匈牙利的邻居,奥地利跟奥斯曼也经历了多次战争,最出名的是两次"维也纳之围"。1529 年苏莱曼一世第一次围攻维也纳,史称"1529 年维也纳之围",也称作"第一次维也纳之围",是为了和后来 1683 年的"第二次维也纳之围"作区分。

斐迪南一世的外交官们竭尽全力,然而仍无法阻止奥斯曼帝国想要发动的战争。1529 年 5 月,大批军队从君士坦丁堡出发,向西北方向进发。7 月中旬,他们到达贝尔格莱德,9 月 11 日布达(Buda)被征服。

维也纳的防御由斐迪南一世的最高指挥官尼克拉斯·萨尔姆(Niklas Salm)伯爵接管,除了雇佣兵外,他还拥有一支民兵分遣队。就在围攻开始之前,帝国军队已经开进维也纳,现在约有 10 000 人在保卫维也纳。负责全体人员供给的市长沃尔夫冈·特鲁(Wolfgang Treu)和市法官保罗·彭弗斯(Paul Pernfueß)也留了下来。由于郊区无法守住,而且对围城者有利,尼克拉斯·萨尔姆伯爵下令将其烧毁。中世纪城墙只能进行极其临时的修复工作,好处是有足够的食物和弹药来抵御长时间的围攻。

1529 年 9 月 21 日,与奥斯曼的先头部队发生了第一次战斗;在接下来的几天里,苏莱曼的军队关闭了城市周围的通道,并最终于 9 月 27 日切断了其与周边地区的联系。奥斯曼军队人数约为 15 万人,苏莱曼本人和他的军事指挥官易卜拉欣帕夏(Ibrahim Pascha)领导了这次行动,行动集中在克恩顿门(Kärntnertor)附近的地区,试图通过破坏该地区来为进攻做好准备。被围困的人尽其所能地用反地雷自卫,但奥斯曼人仍然设法在墙上炸开大片缺口。近两周后,即 10 月 9 日,奥斯曼人发动了第一次进攻,但被击退,接下来几天的第二次和第三次进攻也被击退。奥斯曼人几乎完全缺乏让城墙无法坚持很长时间的重型火炮,这对奥斯曼围攻者来说是一个劣势。经过长时间的征战,部队已经疲惫不堪,好的纪律也无法再保持。

10 月 14 日,苏莱曼下令全力发起新的进攻,他虽然拼尽了最后的力气,但在一场绝望的肉搏战中,守军再次守住了阵地——这已经决定了结局,因为就在 10 月 14 日晚,苏莱曼开始撤退;其原因至今仍不清楚;他可能担心即将到来的冬季会导致供给崩溃。直接追击撤退的敌人是不可能的。鉴于已经到年末,10 月 20 日抵达维也纳的莱茵河畔的腓特烈(Friedrich zu Rhein)行宫伯爵(Pfalzgraf)指挥的支援军只得暂且按兵不动。由于苏丹的军事力量尚未被削弱,奥斯曼再次发动进攻的威胁依然存在。

"第一次维也纳之围"的影响是灾难性的:周围的郊区和村庄只剩下烧焦的废墟,维也纳公民引以为傲的葡萄园被摧毁;可怕的奥斯曼袭击者杀害了许多人或将他们掳为奴隶。在与奥斯曼人的第一次较量中获得的重要经验随后得到了落实。例如,要塞城墙正前方的郊区房屋都没有重建,以防为可能的袭击者提供清晰的火力范围。

"第一次维也纳之围"也影响了奥地利的宗教状况:1529 年奥斯曼对这座城市的第一次围攻,虽然削弱了这座城市,但这反而有利于新教的传播,因为修道院和宗教团体常常因几乎无法聚集力量抵抗路德教的教义而不得不承受惨重的损失。斐迪南绝不愿意不采取任何行动就接受这一发展,因此他向外界求助:1551 年 5 月,13 名耶稣会牧师抵达。1552 年,耶稣会派来反攻的佩特鲁斯·卡尼修斯(Petrus Canisius)来到了维也纳,他实际上真的击败了当时所向披靡的路德教传教士。然而,到了 16 世纪中叶,天主教徒在维也纳人口中已经占少数。如果按照 16 世纪下半叶的估计,高达 80% 的市民是新教徒[26]。

1529 年之后的"奥奥纷争"

"第一次维也纳之围"还有其他后续事件:1532 年 4 月,苏莱曼一世再次率军围攻维也纳,但在基督教国家的联合抵抗之下未获成功。1533 年 7 月,他迫使哈布斯堡王朝斐迪南大公在伊斯坦布尔签订和约。根据和约规定,匈牙利西部和西北部仍然归奥地利管辖;匈牙利东部由苏莱曼一世占领;奥地利每年向奥斯曼纳贡 3 万杜卡特金币。1535 年,苏莱曼一世与当时的法王弗朗西斯一世结盟,给予法国商人贸易特权,共同反对哈布斯堡王朝。奥斯曼军队趁着奥地利大部兵力被牵制在意大利北部和法国东部边境之际,对匈牙利西部发起攻势,于 1541 年和 1543 年先后占领布达和埃斯特格。1544 年,奥地利与法国媾和,奥地利得以抽出与法国作战的兵力阻止奥斯曼的前进。1547 年,奥斯曼和奥地利签订《亚得里亚那堡和约》,匈牙利大致分裂为三块:哈布斯堡王朝控制的匈牙利地区,西吉斯蒙德(Sigismund)统治下的位于匈牙利东北部的特兰西瓦尼亚,剩下的大片的匈牙利中部地区全部割让给了奥斯曼帝国。奥地利哈布斯堡王朝承认奥斯曼对匈牙利大部地区的统治[27]。(见图 8)

若干年后的 1554 年,斐迪南又将奥地利领地一分为三:即奥地利、提罗尔和施蒂里亚,分别交给三个儿子,开启了奥地利内部的分裂。1568 年,奥斯曼帝国与哈布斯堡王朝的神圣罗马帝国皇帝、同时也是奥地利大公的马克西米连二世订立条约,后者同意每年向奥斯曼帝国"赠送"3 万杜卡特金币,并承认奥斯曼对摩尔达维亚以及瓦拉几亚的主权。

到了 16 世纪末,1593 年奥地利与奥斯曼战事再起,哈布斯堡王朝的军队在匈牙利境内的西塞克击败奥斯曼帝国的军队。此后,双方战事延续长达 13 年之久,哈布斯堡王朝的军队一度突破奥斯曼帝国的多瑙河防线,波斯尼亚、瓦拉几亚、特

图 8　位于匈牙利布达佩斯的英雄广场(笔者摄,2019 年 10 月)

兰西瓦尼亚和摩尔达维亚相继反叛。奥斯曼苏丹艾哈迈德一世（Ahmed I）即位后，匈牙利的博奇考伊·伊什特万（Stephen Bocskay，1557—1606 年）协助其把哈布斯堡的军队赶出特兰西瓦尼亚。博奇考伊·伊什特万功绩卓著，以至于他能成为如今位于布达佩斯的英雄广场的十四位立像者之一（14 位匈牙利历代最著名的统治者）。1604 年，他去寻求奥斯曼帝国的支援，并协助奥斯曼帝国把哈布斯堡的军队赶出特兰西瓦尼亚。1605 年匈牙利国会选举他为特兰西瓦尼亚公爵，艾哈迈德一世赠予其一顶波斯珠冠。此后双方均无力再战。1606 年，奥地利哈布斯堡王朝与奥斯曼帝国缔结对奥斯曼帝国不利的《席特瓦托罗克和约》。

四、亚欧交界之"争"

奥斯曼的商贸地位之"争"：奥波战争的影响

在 1522—1582 年间，奥斯曼帝国的军队总体呈现一个持续扩展的态势[28]。下表是 1521—1598 年间奥斯曼帝国军队的带薪炮兵、军械师和车夫数量统计。我们可以在表中看到，1582 年后，一直到 1598 年，即穆拉德三世去世后不久，这短短的 16 年间，炮兵和军械师的数量几乎翻了一番。

表1　1521—1598 年间奥斯曼帝国军队的带薪炮兵、军械师和车夫数量统计

年份	炮兵 (Artillerymen)	军械师 (Armorers)	车夫 (Carriage drivers)	总数
1521	560	504	544	1 608
1522	688	484	543	1 715
1523	600	517	542	1 659
1524	594	568	543	1 705
1525	632	528	516	1 676
1527—1528	695	524	943	2 162
1530	687	528	1 168	2 383
1567—1568	1 204	789	678	2 671

(续表)

年份	炮兵 (Artillerymen)	军械师 (Armorers)	车夫 (Carriage drivers)	总数
1574	1 099	625	400	2 124
1582—1583	1 438	1 382	916	3 736
1598	2 827	3 000	700	6 527

资料来源:Gabon Agoston. Firearms and Military Adaptation:The Ottomans and the European Military Revolution,1450—1800[J]. *Journal of World History*,2014,25(1):85—124. Table 3.

 1522—1582 年间奥斯曼和波斯之间的战争,虽然在某些时期造成了疆域变动和人员伤亡,但整体上并没有彻底改变中东地区的政治格局。奥斯曼帝国继续保持其对东安那托利亚地区的控制,而波斯萨法维王朝则保持其在伊朗地区的影响力。

 然而,奥斯曼帝国的商贸地位是大受影响的。一直到 16 世纪,奥斯曼帝国一直是欧洲贸易的中间商,靠转售来自东方的丝绸和香料而获利。而从 16 世纪开始,这种商贸利润就逐渐地减少了。其主要原因正是奥斯曼帝国与波斯帝国的萨法维王朝之间延续多年的战争,严重妨碍了商贸的安全。

 在奥斯曼和波斯萨法维的不断纷争之下,当时英国、法国等西方国家都把希望寄托于远绕非洲的海路运输线。新航路的开辟引起了世界范围内商路的转移,大西洋成为东西方之间的主要贸易通道。自大西洋经好望角至印度洋的新兴海上贸易,开始挑战奥斯曼帝国控制的传统陆路贸易[29]。一位 17 世纪的奥斯曼学者曾经这样写道:"现在欧洲人已经学会认识整个世界;他们的船只派往世界各地,并夺取了重要港口。在过去,中国和印度的货物照例都是首先来到苏伊士,然后经穆斯林的手分发到世界各地。但是,如今这些货物都已经改由葡萄牙、荷兰和英国等国船只载运前往法兰基斯坦,再由那里分运到世界各地。凡是他们自己不需要的东西,便运来伊斯坦布尔和其他伊斯兰的地方,并以五倍的高价出售,从而大发其财。伊斯兰各地因此越来越感到金银的缺乏。奥斯曼帝国必须设法取得也门沿海各地,以及通过那些地方的贸易,否则,在不久的将来,欧洲人便将控制伊斯兰各地。"[30]

奥斯曼欲"争取"大明：1524—1581 年

从 1524 年开始，大明帝国按照"Rum"的音译称奥斯曼帝国为"鲁迷国"，而在此之前的翻译是"肉迷""鲁密"。大明帝国与"鲁迷国"相距甚远，所以没有互相发动战争的可能和动力。相反，"鲁迷国"与大明帝国有强烈的交流欲望：波斯太过于强大，奥斯曼迫切地希望有一个来自东方的势力能够帮助阻遏波斯的强权。不过，大明帝国对于"鲁迷国"似乎没有什么交流的欲望。

"鲁迷国"与大明帝国的朝贡关系

整个明朝，有《明实录》可据的"鲁迷国"使臣来华进贡高达 16 次（《明实录》有一处写作"肉速"，当为笔误，考《国榷》可知），单就次数而言，堪比与明朝往来的西域大国。其中，在 1524—1581 年间发生的，就占到了 10 次（见表 2）。

表 2　《明实录》所载"鲁迷"来大明帝国进贡一览表

进贡时间	进贡使臣或同行进贡国	贡品
永乐二十一年（1423 年）	肉迷回回哈只阿黑蛮	方物
洪熙元年（1425 年）	肉迷回回哈只阿黑蛮	马、方物
宣德二年（1427 年）	肉迷回回火者乞	方物
宣德八年（1433 年）	肉迷回回哈只阿黑蛮	方物
正统十年（1445 年）	肉迷回回哈只阿黑蛮	方物
嘉靖三年（1524 年）	鲁迷	狮子、珊瑚、玉石、西牛、西马
嘉靖五年（1526 年）	鲁迷使者白哈兀丁等	狮子、玉石、西牛
嘉靖六年（1527 年）	鲁迷使者火者好把丁阿力等	狮子、西牛
嘉靖二十二年（1543 年）	吐鲁番、撒马儿罕、天方、鲁迷、哈密	马、珊瑚、琥珀、花瓷器、羚羊角
嘉靖二十七年（1548 年）	吐鲁番、撒马儿罕、天方、鲁迷、哈密	马、方物、花瓷器
嘉靖三十三年（1554 年）	吐鲁番、撒马儿罕、天方、鲁迷	马、方物、花瓷器
嘉靖三十八年（1559 年）	吐鲁番、撒马儿罕、天方、鲁迷、哈密	马、方物、驼
嘉靖四十三年（1564 年）	鲁迷	狮子

（续表）

进贡时间	进贡使臣或同行进贡国	贡品
万历四年（1576 年）	安南、琉球、吐鲁番、撒马儿罕、天方、鲁迷、哈密	马、方物
万历九年（1581 年）	安南、琉球、吐鲁番、撒马儿罕、天方、鲁迷、哈密	马、方物
万历四十六年（1618 年）	吐鲁番、撒马儿罕、天方、鲁迷、哈密	马、方物

资料来源：马一撰《明代鲁迷使臣入华进贡初探》，《北方民族大学学报》（哲学社会科学版），2018 年第 2 期，第 40—47 页。

在嘉靖八年（1529 年）有“天方国、撒马儿罕等处速来蛮王”遣使朝贡的官方记载。从发音上可以推测，这位“速来蛮王”极有可能就是奥斯曼帝国的苏莱曼大帝。当时的苏莱曼大帝也才登基没几年，他急需向东方派遣大量的使节和技术人员以结交对抗波斯帝国萨法维王朝的盟友。

其中最可能是奥斯曼帝国正式使臣的一次“朝贡”发生在 1553 年，但那次使团也没能见到嘉靖皇帝本人，因而并没有完成外交行为，而且他们在回国途中还遇到了蒙古人的袭击[31]。这是很能理解的，毕竟从嘉靖皇帝对待俺答汗的态度上，就能推测出他对待“鲁迷国”的这位“速来蛮王”的态度。

“鲁迷国”贡使是否真的来自“鲁迷国”

来到大明帝国的这些自称来自“鲁迷国”的贡使是否真的遣自奥斯曼帝国政府，甚至是否来自小亚细亚地区都堪称无解之谜。只要有利可图，中亚和西亚的诸多小国都可以打着“鲁迷国”的旗号前往中国，更不用说其中某些使团可能其实并非遣自某一特定国家的国王，而只是大批追逐利益的商人凑出来的“使团”而已。

这种论断也并非空穴来风。比如，在大明帝国生活了 20 年之久的葡萄牙耶稣会士曾德昭就曾提到过：“回教徒诸王派遣使节随商队以五位国王（鲁迷、阿拉伯、哈密、撒马尔罕、吐鲁番）的名义向明廷进贡，然而前四位国王根本不知道有这些使节。而第五位国王尽管知道，却没有进贡，也根本没有遣出使节，仅仅是形式上任命了使臣，贡礼都由商人自己准备。”[32]

五、欧 洲 之 "战"

1453 年君士坦丁堡被奥斯曼帝国攻破,这毫无疑问是全球史的一件大事,其重要意义怎么强调都不为过。君士坦丁堡是基督教在欧洲最东端的堡垒阵地,地形极为特殊,易攻难守。伊斯兰世界无数次向西扩张,但都被君士坦丁堡挡住。只要这个堡垒还在,地中海的贸易就可以得到保证。欧洲人所热爱的欧洲不能生产的东方香料,一直是由中东商人贩卖给欧洲商人,通过地中海贸易传播到欧洲各地。但是随着君士坦丁堡被伊斯兰文明攻破,整个地中海贸易的局势发生改变。地中海东部被伊斯兰势力所控制,欧洲人很难再直接通过地中海来开展贸易。而西欧一些擅长航海的国家,航海技术变得越来越高超,于是萌发了探求海外新大陆的想法[33]。

首先我们来看西欧的两个大国:英国和法国。英法在历史上常常是死对头,其实直到今天仍经常是如此。众所周知,历史上著名的英法百年战争(1337—1453 年)持续了一个多世纪。而在 16 世纪的英国与法国之间也发生了多次战争,或许可以看作是英法百年战争的延续。这些战争在很大程度上是由领土争端、权力竞争和意识形态冲突引起的。

法英战争:1522—1549 年

英王和法王的 "攀比之战"

在本书前文提到的 "金帛盛会",当时的亨利八世和弗朗西斯一世之间,虽然没有动用剑和矛,但其上演形式比实际的军事战争更加致命:排场。

一连几个星期,弗朗西斯和亨利争着摆阔。这次盛会的运输规模可谓空前,沃尔西把全英格兰的统治阶层,大约 5 000 名伯爵、主教和郡骑士都送了去,包括他自己。他以一种令人难以置信的谦卑,穿着深红色天鹅绒骑在一头驴上。或许是唯恐别人觉得他不爱出风头,他身后还跟着 200 个人,跟他同样的装束。可惜,最后还是弗朗西斯一世赢得了装饰和设计大奖。他用蓝色天鹅绒布条和黄金织布,弄了个 60 英尺高的亭子,上面缀缝着鸢尾花,然后 3 000 匹马和 5 000 个人,源源不断地从亭子里涌出来。而英国这边,一座木头和帆布做的假城堡,用来表现打了半个世纪的玫瑰战争,并用大量的都铎玫瑰装饰着。音乐,尤其是亨利八世本人创作的音乐,演奏了起来;葡萄酒从或红或白的喷泉里流淌出来;宴席间吃掉的食物不计其数;两位国王花费几小时的时间,穿出成套的行头想要压倒对方[34]。这场"金帛盛会"花掉的钱,或许都够军队打几次仗的开销了。

英法间的军事对抗

就在"金帛盛会"的两年之后,亨利八世和弗朗西斯一世还是开战了。1522年,刚即位不久的神圣罗马皇帝查理五世,以联姻之约联合亨利八世向法国开战。1523年,亨利八世的陆军(由萨福克公爵率领)多路出击,挺进到了离巴黎不足50英里(1英里=1.609 344千米)的地方;而在海上,英国海军同时与法国和苏格兰海军较量。然而当时的英国财政无法支撑这种规模的战事,短短几个月后国库就空了。萨福克公爵的陆军不得不回撤到英国。

不过,好时机不久后又出现了:亨利八世的盟友、神圣罗马帝国皇帝查理五世在1525年2月的帕维亚战役中击败并俘虏了弗朗索瓦一世。不过战争并没有如亨利八世所希望的那样继续下去。1526年,查理五世单独同法国缔结和约,结束战争状态,拒绝了亨利八世继续战争的要求。

在亨利八世统治的最后几年里,他对苏格兰及其长期盟友法国的战争计划使他年轻时的征服梦想全部复活。1541年,他与查理五世修复关系,为跟法国开战铺平了道路。1542年10月,诺福克公爵率军入侵苏格兰。在11月的索尔韦莫斯战役中,3 000名英军击败了10 000多名苏格兰军。尽管如此,亨利八世对内干预苏格兰、对外与法国开战的双线作战,还是感到了重重压力。1543年他迫使苏格兰签订了《格林尼治条约》。接下来,亨利八世与查理五世正式结盟,计划在第二年春天联合入侵法国。然而查理五世又一次单方面和法国缔结和约,就像1526年的那次一样。和约缔结后查理五世撤军,让英军侧翼暴露无遗。这场耗资巨大的战争一直持续到1546年6月[35]。

军事战争结束并不代表战争的结束:贸易的硝烟燃起。1549年前后,约翰·海尔斯(John Hales)撰写了《英吉利王国公共福利对话集》,首开"重商主义"的先河,提出了争取贸易收支顺差、限制原料出口以鼓励国内生产、禁止或者以关税手段限制奢侈品等。在政策上,当时刚即位不久的伊丽莎白一世开始倡导经济民族主义,建立垄断公司以控制对外贸易,开辟欧洲以外的远地市场等[36]。

英西战争：1570—1588 年

图 9　玛丽·斯图亚特（苏格兰的玛丽一世）画像

1558 年，伊丽莎白一世以新教徒身份登基后，鼓励海外贸易，并庇护劫掠西班牙船只的英国海盗，比如，伊丽莎白一世纵容被她自豪地称为"我的海狗"的弗朗西斯·德雷克爵士（Sir Francis Drake）等探险家和航海家（同时其实也是海盗）劫掠西班牙船只和殖民地。于是英国和西班牙迅速交恶。另一大导火索是 1568 年玛丽·斯图亚特（Mary Stuart，1542—1587 年，又称苏格兰的玛丽一世）流亡英格兰被伊丽莎白一世囚禁，在囚禁期间与西班牙取得联系，希望西班牙入侵英格兰，帮助她夺取英格兰王位（见图 9）。1570 年，罗马教廷宣布开除伊丽莎白一世的教籍，而当时的罗马教廷处于菲利普二世的保护之下。英西关系彻底破裂。

伊丽莎白一世即位之初就采取了使法国和西班牙互相牵制的政策。她对法国基本上采取和解态度（尽管英国也介入了法国的一些内部政务，比如法国宗教战争），而与西班牙之间则爆发了不小的冲突。1585 年伊丽莎白一世直接派兵援助尼德兰反抗西班牙的统治。而最为激烈的一次冲突当属 1588 年与西班牙的海战。

1588 年，菲利普二世决定入侵英国。1588 年 7 月，拥有 130 艘舰只和三万余名士兵的西班牙"无敌舰队"在梅迪纳·西多尼亚公爵（Duque de Medina-Sidonia）的率领下向英格兰出发，7 月 21 日舰队驶进英吉利海峡。

然而，不承想，英国的长程火炮居然比西班牙多出三倍。西班牙舰队装备的大多是短射程、威力大的加农炮，英格兰舰队使用的却是射程较长、威力较低的长重炮，因此英格兰舰队在攻击时总是能保持安全的距离。而在士兵配备和战术方面，西班牙采用的战术是纵向发射，西班牙舰队上除了武装士兵，居然还有近乎没有实战战斗力的神父团队，于是只能采用登船作战这样比较"原始"的方法；而英国有优秀的炮手，采用舷侧发射战术，并以其较长射程，避开西班牙方面的登船作战。事实上,英军被西军击中的军舰只有区区两艘,而且没有任何一艘英格兰军舰被击沉。

在这场著名的英吉利海峡遭遇战中,这支西班牙舰队被机动灵活的英国海军击散。再加上剧烈的暴风雨天气"加成","无敌舰队"基本上全军覆没。这一战之后,西班牙国力大伤。尽管"瘦死的骆驼比马大",其强大的实力并未马上倒塌,英国也没有立刻与之平起平坐,但这一战是西班牙由盛而衰的转折点,基本上是大多数人公认的事实。

意大利战争:1521—1559 年

历史上的"意大利战争",以 1494 年 8 月查理八世亲率法国大军越过阿尔卑斯山脉并出现在伦巴第为始,以 1559 年 4 月在法国签订卡托-康布雷西和约为结束。而本节的"意大利战争"以 1520 年代的佛罗伦萨内战为始。战事地包括多数意大利城邦、西欧各主要国家以及奥斯曼帝国。其中的一些早期战事和美第奇家族(Medici)密切相关。(见图 10)

任何一位对世界史有所了解的朋友,对美第奇和罗斯柴尔德这样的名字必然不会陌生。如果说 18 到 19 世纪是罗斯柴尔德家族的辉煌时期,那么 15 到 16 世纪就是美第奇家族的高光时刻。美第奇家族是意大利佛罗伦萨最为显赫的家族

图 10　佛罗伦萨维奇奥宫,昔日美第奇家族的府邸(笔者摄,2016 年 10 月)

之一。今天如果去佛罗伦萨旅游,在此度假的人们很容易在这座城市里找寻到美第奇家族的痕迹。他们不仅在政治上有着重要的地位,还对文艺复兴时期的艺术和文化产生了深远影响。美第奇家族也卷入了 16 世纪上半叶的一些战争中。

佛罗伦萨内战(1521—1527 年)

这场内战是佛罗伦萨共和国和美第奇家族之间的斗争。早在 1511 年,当时的教皇(受到当时的另一个显赫家族波吉亚家族的支持)为了与法国人作战,同西班牙签订了同盟条约,西班牙于是派军队横越地中海,在意大利登陆,把法国人打得大败。佛罗伦萨与法国一向是盟友,这使它陷入了危机。这年 9 月,西班牙人向佛罗伦萨扑来,佛罗伦萨几乎是不战而降:美第奇家族卷土重来。

然而好景不长,1521 年爆发了佛罗伦萨内战。在这场战争中,美第奇家族的一部分支持了教皇和神圣罗马帝国的联盟,而另一部分支持了法国和威尼斯的联盟。

与此同时,1526 年,当时的教皇克莱芒七世(原名是朱利奥·德·美第奇)与弗朗索瓦一世缔结科涅克同盟,联手发动反查理五世的科涅克同盟战争。结果西班牙出兵击败对手,查理五世不但控制了米兰(1535 年让儿子菲利普二世兼任米兰公爵),甚至在 1527 年派两万大军包围罗马。西班牙军队在暴乱中焚掠罗马并掠走了克莱芒七世,一万多意大利人被杀,近半数是被拷打而死的富室、贵族,其他多是因瘟疫而死,这给意大利的文艺复兴运动带来巨大打击。

1527 年,听闻美第奇家族在教宗国的失败后,佛罗伦斯起兵推翻美第奇,再度恢复"真正的共和民主制度"。美第奇家族被驱逐出境,佛罗伦萨重建共和国。

重返佛罗伦萨和科西莫一世(1529—1537 年)

1527 年后查理五世控制了克莱芒七世。克莱芒七世由他的伯父洛伦佐·德·美第奇抚养长大,因而也是妥妥的"美第奇家族的人"。两方在 1529 年签下条约,结束科涅克同盟战争并达成和解,让查理五世在 1530 年被正式加冕为神圣罗马皇帝兼意大利国王,在查理五世之后也不再有任何一个皇帝能够身兼意大利国王;交换条件是,查理五世出兵克莱芒七世的家乡佛罗伦萨共和国,帮助克莱芒七世背后的美第奇家族恢复统治,于是美第奇家族在查理五世的出兵下重回佛罗伦萨,消灭了许多共和派领袖,而克莱孟七世的私生子亚历山德罗·德·美第奇在 1530 年成为佛罗伦萨的独裁世袭公爵,并一直统治到 1537 年他被暗杀为止。

科西莫一世·德·美第奇（Cosimo Ⅰ de' Medici, 1519—1574 年）于 1537 年继承了亚历山德罗的公爵之位，直至 1574 年都担任佛罗伦萨公爵，并在 1569 年担任第一代托斯卡纳大公。他是 16 世纪欧洲最能干的统治者之一。由于亚历山德罗遇刺时只有一个四岁的私生子，17 岁的科西莫被推举继承了爵位。科西莫出自美第奇家族的旁支，在佛罗伦萨毫无声望可言，但是因为他的年龄，许多佛罗伦萨有影响的大人物看中了他，希望能扶植他做傀儡。

图 11　科西莫一世画像

但是科西莫马上就证明了自己意志坚强、精明并且野心勃勃：他拒绝把权力交给一个代理委员会。他不仅在 1537 年 7 月底成功挫败了佛罗伦萨人萨尔维亚蒂和斯特罗的叛军，还在 1559 年兼并了锡耶纳，大大拓展了疆土。他又在 1561 年创立了圣史蒂芬骑士团，抬升了君主的荣耀及威望。1569 年他从教皇那里得到了托斯卡纳大公的头衔（见图 11）。

第三次奥威战争（1537—1540 年）

在今天意大利国土的另一端，1537—1540 年的威尼斯共和国陷入了第三次奥威战争中。当时威尼斯的辖属地，除了提若岛之外的基克拉泽斯群岛、整个斯波拉泽斯群岛（位于爱琴海）和在摩里亚的最后几个据点，全部被奥斯曼帝国占领。尤其是在 1538 年，奥斯曼舰队同西班牙、威尼斯、教皇国、葡萄牙的联合舰队在普雷弗扎附近海面发生海上决战，奥斯曼舰队战胜了两倍于己的联合舰队，威尼斯被迫割地，并赔款 30 万金币。这次海战使得奥斯曼帝国一度取得了地中海的制海权。

这是奥斯曼帝国与欧洲中世纪后期典型的商业城邦威尼斯共和国之间的实力明显不对称的战争。连年战火导致了整个爱琴海地区、巴尔干半岛西海岸和塞浦路斯等地遭到频繁蹂躏，严重影响了当地经济的发展。战争耗竭了威尼斯的国库，成为其日渐衰弱的重要原因。奥斯曼帝国在战争中学到了威尼斯的军事技术（尤其是海军技术），摧毁了威尼斯在东地中海的霸权地位。奥威战争表明，中世纪的小国寡民的城邦政体已经不能适应近代大规模战争的要求,只有中央集权的领土国家才能充分有效地组织军事资源、抵御外敌攻击。这一战争还影响了欧洲传统的香料贸易路线,激发了欧洲人寻找通往东方的新航线[37]。

然而,奥斯曼与威尼斯之间也并非一直是战争状态。其实在多数时间,威尼斯的贸易特权能得到奥斯曼人的乐意承认。奥斯曼统治者和威尼斯商人间的利益团体经常维持贸易的流动。商人必须支付高昂的贡金给奥斯曼政府,以换取贸易许可证。奥斯曼政府因此成为商业利润的共享者。另外,当时奥斯曼帝国的皇室和政客也是威尼斯和法兰克人在奥斯曼市场上某些货物的重要顾客。比如,奥斯曼人需要军用的金属,而这些金属多来自西欧,便宜又便利,并且通过海运运送。西方的奢侈品,从精美的服饰到镜子、珠宝等,也受到奥斯曼上层阶级的欢迎[38]。

地中海大战重启(1550 年)

1540 年之后,意大利半岛几乎不再有大型战役,之后的意大利战争都只是"挂名"意大利,实际战场几乎都在意大利本土之外的西欧、中欧和地中海地区。

直到 1550 年前,地中海已经多年平静无事。第一个主要原因是:财政困难迫使各国之间签订停战协议。第二个主要原因是:当时的几个影响很大的偶发事件,包括 1546 年马丁路德和巴巴罗萨的去世、1547 年英国的亨利八世和法国的弗朗索瓦一世先后去世。新人和他们的顾问登位掌权,意味着政策和思想都发生变化。由此出现了一个有利于和平的停战时期,这段时间大家都不怎么"卷"了。

好景不长,很快在 1550 年爆发了阿弗里卡事件。在西西里地区的海上行劫者中,德拉库特最危险。他于 1550 年占领了位于突尼斯的萨赫勒的阿弗里卡,并用奥斯曼的士兵镇守此地。在战略上,这个小城市由于有它的水域和颓垣断壁的掩护,是在通往西西里的航途中的一个有用的停泊场所,因而在战略上,它可能是个比阿尔及尔更重要的地方。于是,西西里的大门另侧的当局当然不会袖手旁观。在查理五世写信给奥斯曼苏丹无果的情况下,他派出年迈的多里亚亲王于 5 月 7 日率领帆桨战船抵达那不勒斯。西班牙人、意大利人和马耳他骑士组成联军。6 月 28 日,包围战开始。这次围城之战役历时近 3 个月。直到 9 月 10 日,联军才攻下阿弗里卡。这项围城任务并不简单。在战斗间隙期间,联军不得不要求增援骑兵 500 人。美第奇家族的佛罗伦萨公爵(即科西莫一世)的军需物资供应官送往比萨的作战消耗物资总表表明,远征部队作战时毫不吝惜炮弹和火药。

1550年,查理五世在奥格斯堡正在为其他事务焦头烂额,烦恼万分。在他看来,上述事件只不过是一次微不足道的交战而已。神圣罗马帝国皇帝有其他要操心关注的事情,比如皇帝家族的事务和德意志的政治和宗教局势。10月31日他写了一封长信给苏丹,再次抱怨德拉库特的所作所为,声称德拉库特的行动违反了停战协定的条款,并解释了为什么他不得不进行干预。然而,这其实差不多是一封道歉信。因为神圣罗马帝国皇帝从来没有比1550年这一次更急于不惜任何代价坚持对奥斯曼执行和平政策。如果不如此,他就无法腾出手来在欧洲和德意志地区为所欲为。按照当时的惯例,惩罚一个海上行劫者,并不一定意味着冒犯苏丹。不过他着实失算了,因为第二年奥斯曼帝国在那里发起了强大的反击,而所用的借口正是阿弗里卡事件。

1551年,人们都焦急地寻思苏丹的舰队会采取什么行动。它将开往马耳他、阿弗里卡、的黎波里还是继续向西行驶以便同法国的帆桨战船会师?法国会采取什么行动?这就是查理五世在奥格斯堡为之焦虑不安的事情。

奥斯曼的舰队于1551年7月18日抵达马耳他,其登陆地点就在如今马耳他的重要景点蓝洞附近(见图12)。8月初,远征部队开始在的黎波里西部和东部登陆,并最终占领该地。奥斯曼的突然袭击,也发出了正在欧洲酝酿准备的全面战争的信号。法国的挑衅和冒险行动变本加厉、大大增加。与此同时,神圣罗马帝

图12　马耳他的蓝洞(Blue Grotto)和老城区(笔者摄,2019年10月)

国军队也采取预防措施,从 8 月份起夺去了法国在荷兰的全部船只。位于马赛的帆桨战船接到命令前去同奥斯曼的舰队会师。

各国的战争财政难题(1547—1555 年)

种种危险沉重地压在了欲施展谋略手腕的查理五世的头上。在这个他必须应付从四面八方纷至沓来的问题的困难时刻,财政困难是最严重的问题。他也担心西西里岛的命运,于 8 月份下令把西班牙军队和意大利军队从符腾堡调往该岛。查理五世离开德意志时,让他的兄弟前去占领他自己将从那里撤出他自己的军队的要塞,但他的兄弟要自己为占领这些要塞支付费用并且在查理五世认为适于采取这一行动时这样做[39]。

缺乏金钱的问题在战争的这个阶段非常严重。在神圣罗马帝国这边,查理五世同富格家族、谢兹家族以及其他奥格斯堡、安特卫普和热那亚等地的贷款者之间不断发生纠葛。

在法国这边,法国国王可以在里昂的交易所获得一大笔贷款:1553 年适逢"盛大聚会"公债发行年。但是,借债必须偿还,而且为了偿还债款,必须加征捐税。因此,在法国产生了一种奇怪的、由来相当久远的不安情绪。

早在 1547 年,法国军队统领就不得不镇压在圭耶内镇征收人头税引起的骚动。1552 年 4 月,一些传到西班牙的公文急报指出,法国既不缺乏小麦也不缺乏面包,但是,那里有一股对捐税极为不满的情绪,甚至圣安托万或者圣拉萨尔的修道院和医院都不能免缴捐税。在 1552 年这一年,重新开始的战争使平民百姓、商人和十分惧怕贵族敲诈勒索的农民破产。上述公文急报继续说:"每个贵族绅士难道不是到处拿自己需要的东西吗?这些人都像没有主子的摩尔人一样。"1554年 4 月,一则从法国发往托斯卡纳的公文急报也指出:人们对战争厌倦;军队状况不佳;国王缺乏钱款,无法征募瑞士人入伍;捐税再度加重;私人所有的银器被熔化;贵族证书公开出售;教士要求捐助。此外,在所有的基督教国家,法国、西班牙、意大利或者德意志,都存在同等程度的厌战情绪。到了 8 月,教皇试图利用这种厌战情绪谋求和平[40]。

而在奥斯曼这边,此时的奥斯曼帝国在地中海可谓风头正盛。在北非沿海,苏莱曼一世任用著名海盗"黄胡子"赫伊尔丁建设海军,在地中海海盗集团的支持下,苏莱曼一世大举进攻北非。1554 年,奥斯曼军队从西班牙人手里夺取了突尼斯的玛赫迪港,进而占领了非洲北部的黎波里和阿尔及利亚,兵锋逼近直布罗陀海峡。

到 1556 年,奥斯曼已经征服了整个北非沿海地区,在很短的时间里占领了非洲的大片土地。然而,奥斯曼帝国因为自身的兵力投入波斯战场,财政情况也不妙。

因此我们可以说,资财和钱款对于当时战争的走向至关重要。在 1554—1559 年间,大国之间的战争打得松松垮垮,反倒是小国得以表现得比平时更有效能。比如,在这两年内,热那亚把法国人驱逐出了科西嘉岛的大部分地区[41]。

卡托-康布雷西和约(1559 年)

历史上的"卡托-康布雷西和约"其实一共签了两次。第一次卡托-康布雷西和约于 1559 年 3 月 12 日和 4 月 2 日在法国国王亨利二世与英国女王伊丽莎白一世之间订立。条约声明,法国同意用 50 万埃居来保住在 1558 年 1 月夺回的加莱。第二次和约于 1559 年 4 月 3 日在法国康布雷西,在法王亨利二世和西班牙国王菲利普二世之间签订。此和约的订立标志法国和西班牙为控制意大利而进行的长达 65 年的战争(1494—1559 年)宣告结束。法国放弃对意大利领土的要求,使西班牙哈布斯堡王朝成为在意大利的主导势力。法国归还萨伏依和皮埃蒙特给西班牙的盟友伊曼纽尔·菲利贝托,并把科西嘉还给热那亚。

卡托-康布雷西和约标志着法国失去了大国统治地位,同时确立了西班牙哈布斯堡王朝在欧洲的霸权地位。这些战争主要是围绕着对意大利的控制权展开的。这些虽然是意大利、法国、西班牙、奥斯曼之间的冲突,其中一些也可以看作"代理人战争",比如美第奇家族在这场战争中时而与法国结盟(亨利二世的王后是凯瑟琳·德·美第奇),试图削弱西班牙对意大利的影响力,但时而也会与西班牙和教皇合作,以谋求自身在意大利半岛的利益和地位。然而,这些战争也加剧了意大利半岛的动荡和不稳定。

"卷"走奥斯曼的勒班陀海战：1571 年

1571 年的勒班陀(Lepanto)海战,是 16 世纪末期欧洲历史上一场极为重要的海战,是基督教"神圣同盟"(由西班牙、威尼斯、热那亚和教廷组成)与奥斯曼帝国之间的一次决定性对决,影响深远,为欧洲的政治格局和地中海地区的海上霸权席卷起了翻天覆地的变革。

奥斯曼帝国则在此之前已经在地中海地区建立了相当大的影响力,通过其强大的海军控制着地中海的航道,这给基督教国家带来了很大的威胁。基督教联盟意识到必须采取行动,才能阻止奥斯曼帝国的继续扩张。

1571 年 10 月 7 日清晨,双方舰队在勒班陀海峡相遇。基督教联盟的舰队总共约有 200 艘船只。而奥斯曼帝国的舰队也不容小觑,由奥斯曼帝国自身的战舰以及来自北非和东地中海的盟友组成,总共约有 270 艘船只。双方舰队在勒班陀海峡展开激烈的战斗。基督教联盟的舰队采取了紧密的阵型,以火炮和火枪为主要武器,瞄准奥斯曼舰队进行了有组织的攻击。奥斯曼舰队则以火箭、弓箭和冲击为主要战术,试图冲破基督教联盟的防线(见图 13)。

**图 13　安德里亚·维森蒂诺(Andrea Vicentino)的《勒班陀海战》
(威尼斯科雷尔美术馆藏)**

海战过程异常激烈,双方都付出了巨大的代价。海战的结果是奥斯曼帝国三万水军只剩下五千人,基督教联军则当场战死八千多人,伤重不治四千人,打出了 16 世纪地中海最为血腥的海战。勒班陀海峡被血染成红色,海上漂浮着无数的尸体和船只残骸。然而,在经过数个小时的激战后,基督教联盟最终取得了胜利。

这场战役的胜利对基督教联盟来说意义重大。它不仅使奥斯曼帝国的海上霸权受到了严重削弱,而且也使基督教联盟的地位得到了巩固,有力地阻止了奥斯曼帝国对地中海地区的进一步扩张。此外,这场战役也标志着欧洲基督教国家在海上力量的确立,为欧洲的探险和殖民活动奠定了基础。

"卷"走葡萄牙的"三王之战":1578 年

在 16 世纪上半叶到中叶,葡萄牙在远洋航行领域取得了举世瞩目的成就。到了塞巴斯蒂安一世时期(1557—1578 年),国王重新把国家发展的根基定位于陆地的征服扩张:国王一心想要收回失去的摩洛哥沿海据点,重振葡萄牙在北非的殖民大业,建立一个庞大的北非帝国。"三王之战"就是爆发于这样的背景之下。

1578 年,塞巴斯蒂安一世率领 2.5 万人的大军,与被废的摩洛哥前国王穆塔瓦基勒组成军事联盟,在阿尔希拉登陆。葡萄牙军队被"诱敌深入"引到了克比尔堡附近,此时其战斗力已经被消耗了很多。8 月 4 日,塞巴斯蒂安、穆塔瓦基勒和马利克(摩洛哥国王)的三支大军会战于克比尔堡,因此史称"三王之战"。葡萄牙军队虽然武器装备精良,但此时的军队战斗力已经远逊于对手。葡军仓皇撤退,几乎全军覆没。塞巴斯蒂安一世、穆塔瓦基勒和马利克也全部在这场战争中暴毙。穆塔瓦基勒的一个叔叔坐收渔翁之利,成为新一任的摩洛哥国王。

"三王之战"堪称葡萄牙由盛而衰的转折点:在这一战中,葡军的精锐部队被消灭殆尽,葡萄牙还付出了巨大的经济代价赎回被俘虏的众多贵族。而最严重的是,塞巴斯蒂安一世尚无子嗣,于是给西班牙的菲利普二世钻了空子。1580 年,菲利普二世派出军队入侵葡萄牙,占领了里斯本,并夺去了葡萄牙王位。葡萄牙自此成为西班牙帝国的一部分[42]。

六、欧 洲 之 "争"

欧洲各国的宗教之"争":1517—1598 年

马丁·路德:1517 年的宗教激荡

在 1522—1582 年间,宗教和神学仍然是教育领域的核心组成部分。而马丁·路德(Martin Luther,1483—1546 年)在 1517 年的出现,引发了过去一千多年里欧洲最为激烈的宗教动荡(见图 14)。

其实之前很少被提及的一点是:奥斯曼帝国在推动路德的宗教改革中实际上也发挥了重要影响。在 1510—1517 年间,奥斯曼帝国完成了大规模的扩张,这就给当时的欧洲人提出了

图 14　马丁·路德画像

一个十分紧迫的问题：为什么奥斯曼帝国的实力能够如此剧烈地提升，而欧洲各国似乎对此无能为力？欧洲人开始反思自己的存亡问题，这就为欧洲人向一成不变、根深蒂固的社会、宗教和政治秩序发起挑战提供了肥沃的土壤[43]。

路德是个天主教教士，也是维腾贝格(Wittenberg)神学院博士。1517 年 10 月 31 日万圣节前夜，马丁·路德给主教阿尔伯特写信，寄去一篇神学论纲，标题为"关于赎罪券力量与效用的抗辩"。路德的论纲列举了 95 个神学论题，因此史家亦称之为《九十五条论纲》(95 Thesen)。还有一个广泛流传的说法是，马丁·路德不是给主教寄信，而是将《九十五条论纲》钉在了维腾贝格的教堂的大门上，以示抗议的决心和欢迎辩论的自信心。

这九十五个要点认为兜售赎罪券完全是教皇敛财的计谋。路德对教皇提出强烈的质疑：如果教皇真有能力从炼狱赎回灵魂，那为什么人们还要为他们故去亲人的弥撒付费？既然教皇如此富有，为什么他不用自己的钱修建新教堂？事实上，这些质疑也反映了路德的贸易观。他认为一个国家应该安安心心地满足于国内贸易，反对进口某些非必需和炫耀性物品，甚至倡言也应该限制香料的进口[44]。

一石激起千层浪，正是这份《九十五条论纲》，开启了欧洲近代历史乃至人类文明史上的一次重大革新：宗教改革，而路德本人的知名度也越来越高。等到 1520 年路德被教皇宣布为异端分子时，他已经是一位广受尊敬的人物了，而且人们也开始按照他的教诲调整自己的信仰。1524 年，黑森州的菲力成为第一位把路德派教义定为州立宗教的政治领袖。到了 1530 年，宗教改革已经越过德语地区的边界扩散到英伦诸岛、低地国家、斯堪的纳维亚半岛和东欧。这场改革的直接结果是一批新教教会从天主教分裂出来，从而奠定了基督教三大教派，即天主教、新教和东正教这一基本格局。教会曾为了促进欧洲和平做了很多工作，而现在它自己却被撕裂了：国家之间以天主教或新教划分互相为敌。

1522—1582 年间的欧洲宗教冲突

可以说，1522—1582 年间发生在欧洲的宗教冲突非常之多，其高频率可能是过去一千年中之罕见。比如，1524—1525 年的德国农民战争由路德和托马斯·闵采尔激起，可视为这 60 年间宗教冲突的先兆(见图 15)。然后是 1524—1550 年奥地利的宗教"内战"、1536 年英国朝圣恩典对天主教徒的血洗、1566 年起对低地国家新教徒的镇压，以及 1562 年起长达 30 多年的法国宗教战争，其中包括了最著名的 1572 年巴黎圣巴塞罗谬日大屠杀。以上这些也不过是这 60 年间林林总总的宗

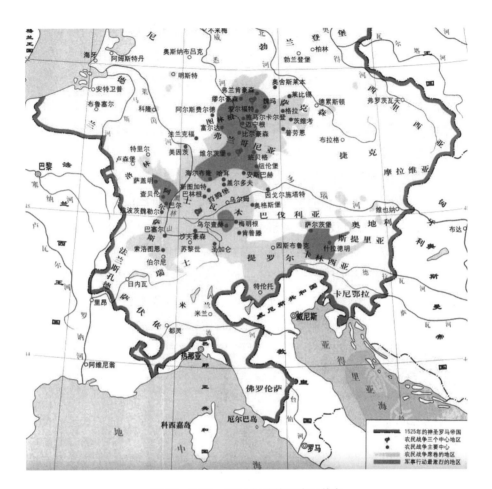

图 15　1524—1525 年的德国农民战争

资料来源：张芝联、刘学荣主编：《世界历史地图集》，中国地图出版社，2002 年版，第 75 页。

教冲突中的冰山一角。

宗教猜忌在 16 世纪加剧了民族国家之间暴力的紧张关系。对外国间谍活动的恐惧四处蔓延，政府于是开始监视自己的臣民。那些宗教少数派被课以重税，自由也受到限制。在英格兰，一直以来很少因政见不同而使用酷刑，但在 16 世纪，政府开始对天主教徒动用酷刑，逼迫他们吐出秘密。在西班牙，宗教审判所被用来清除新教。随着时间的推移，天主教和新教之间的积怨越来越深。不过，也有稍微缓和的时候，比如 1555 年签订的《奥格斯堡条约》结束了德意志路德教派州与神圣罗马帝国皇帝、西班牙的查理五世之间的敌对。

英国的亨利八世在位期间，推行宗教改革，使英国教会脱离罗马教廷，自己成为英格兰最高宗教领袖。1522 年,由于亨利八世撰文攻击马丁·路德,护卫罗马天主教廷,教皇利奥十世赐封亨利"信仰的守护者"正式头衔。英国脱离罗马教廷后,保罗三世撤回了封赐,但国会法案宣布这一头衔仍然有效。

他的继任者之一,以美貌著称的玛丽·斯图亚特(上文已经提到,即苏格兰的玛丽一世)亦在宗教领域有很大影响。1567 年她的王位遭废黜,次年起被伊丽莎白一世囚禁达十八年之久。虽然玛丽·斯图亚特在软禁过程中过着与她女王身份相符的生活,但她的存在本身对于英格兰伊丽莎白一世的政权而言就是危机,她被英格兰境内外一批狂热的罗马天主教徒视为比伊丽莎白一世更有资格统治英格兰的人,也被反对新教、希望英格兰恢复罗马天主教的反叛者视为灵魂人物。因而她以企图谋杀伊丽莎白一世的罪名被处死,时年 45 岁。

玛丽·斯图亚特去世后被封为圣徒。玛丽最初被埋葬在彼得镇大教堂,1612 年,詹姆斯一世将其遗体迁葬到威斯敏斯特教堂,她的墓穴和她表姑伊丽莎白一世的只有 9 米之遥。德国 18 世纪著名诗人、哲学家、历史学家和剧作家,德国启蒙文学的代表人物之一,被公认为德国文学史上地位仅次于歌德的伟大作家席勒创作了剧作《玛丽·斯图亚特》(1801 年)。后来奥地利著名作家斯蒂芬·茨威格也特意创作了传记《玛丽·斯图亚特》(1935 年)。

奥地利的宗教"内斗":1524—1550 年

马丁·路德于 1517 年发表了著名的《九十五条论纲》,为抵制天主教神职人员内部令人难以容忍的暴行发出了信号,他的教义也在维也纳迅速得到接受:基于早期基督教理想的再洗礼派思想得到了奥地利多地,尤其是维也纳以及下奥地利州民众的高度认可。

斐迪南一世在天主教的西班牙长大,鉴于这些想法的爆炸性,他没有犹豫太久,因为如果这些想法得到持续实施,他的统治或将受到质疑:1524 年,第一堆柴开始燃烧,受害者是维也纳公民卡斯帕·陶伯(Caspar Tauber)。斐迪南用之前 1521 年发布的《沃尔姆斯法令》的条款证明了这一残酷程序的合法性,该法令将路德的教义称为"异端"。四年后,他对前罗马天主教神学家和重要的再洗礼派传教士巴尔塔萨尔·胡迈尔也毫不留情。胡迈尔被关押在克罗伊岑施泰因城堡(Burg Kreuzenstein),遭受残酷折磨,却也未能成功地让他放弃信仰。1528 年 3 月 10 日,他在埃尔德贝格(Erdberg)的甘斯韦德(Gänseweide)被烧死,三天后,他的妻子在多瑙河运河溺水身亡。据说胡迈尔临死前说的最后一句话是"真相不灭!"

("Die Wahrheit ist untödlich!")

斐迪南很快认识到了路德教书籍和小册子所带来的危险。因此,从 1528—1529 年起,维也纳所有书籍的制作都要受到维也纳大学审查委员会的监控;1543年,斐迪南全面禁止印刷新教书籍;如果印刷商被判违反这项规定,他将受到溺毙的威胁。尽管有这些严格的限制,路德的教义在贵族和贫困阶层中仍然稳步普及。

1528 年,即巴尔塔萨尔·胡迈尔(Balthasar Hubmaier)去世的那一年,也即苏莱曼大帝进攻维也纳的前一年,奥地利土地上宗教改革的新精神与旧世界秩序之间的冲突达到了第一个戏剧性的高潮。在斐迪南的命令下,这一年成为刽子手持续地施加酷刑和谋杀的一年,开始了对那些基督教狂热分子和神秘主义者的绞杀和追捕。

斐迪南一世决定使用一切可用的手段来完成与异端的斗争,而被称为"流浪者"的"再洗礼派"被宣布为公开的猎物。到了 1528 年冬季,这场斗争达到了紧要关头:在 2 月 4 日一项职务任命中,斐迪南给予新的异端教派两个月的宽限期,让他们重新回到教会的怀抱,同时他也做好了准备坚决打击"异端"。1526 年 3 月 22日,斐迪南召开了一次大规模的战争会议。帝国的所有重要人物都出席了。会议的唯一主题是:反对路德教的教义,但最重要的是阻止和根除再洗礼派。

对再洗礼派的追捕持续了数十年。1536 年 3 月 31 日,再洗礼派希罗尼穆斯·卡尔斯(Hieronymus Käls)、汉斯·奥伯雷克(Hans Oberecker)和迈克尔·塞芬西德(Michael Seifensieder)在维也纳被烧死在火刑柱上。十年后,即 1546 年的秋天,"教友"奥斯瓦尔德·格莱特(Oswald Glait)在多瑙河溺水身亡。1546 年 11月 22 日,四名再洗礼派被斩首。追捕"教友"的最后一位受害者是来自克恩顿州奥滕堡(Ortenburg)的鞋匠汉斯·古茨汉姆(Hans Gurtzham),他于 1550 年 6 月27 日在多瑙河溺水身亡。

汉斯-于尔根·戈尔茨(Hans-Jürgen Goertz)认为,对再洗礼派信仰的认可成为 16 世纪奥地利社会的一个根本挑战:"再洗礼派的殉难在这个社会的肉体上刺入了一根刺,这将确保宗教自由和宽容不是一种破坏社会的要求,而是使社会更为人性化的要求。"[45]

法国的八次"胡格诺之争":1562—1598 年

法国宗教战争(Guerres de religion,1562—1598 年)前后连续进行了八次,绵延长达 36 年,可谓宗教纷争领域的"卷王"。这场战争与宗教改革密切有关,是新教徒(胡格诺派)与天主教徒之间的冲突,因此法国宗教战争也称为"胡格诺之争"。尽管冲突大都在法国内部爆发,但英国也以各种方式参与其中,支持胡格诺派。例如,英国女王伊丽莎白一世提供了军事和财政支持,同时也对法国的天主教势力构成了一定程度的威胁。胡格诺战争对当时的法国造成了严重的破坏。据估计当时有 300 万民众死于战乱或其带来的饥荒和瘟疫。这里以第二次和第四次法国宗教战争为例。

根据当时布列塔尼三级会议记录显示,从 1561 年起,国王先后课征了 400 多万里弗尔的特别税收。其中,16 万里弗尔是埃坦普(Etampes)公爵的部队在 1562 年课征的,30 万里弗尔是马蒂格(Martigues)公爵在第二次法国宗教战争(1567—1568 年)期间开赴巴黎的部队征收的。当时,新教的军队劫持太后和查理九世未遂,但仍然包围了巴黎。巴黎北郊的圣德尼一战,双方不分胜负。德意志新教选侯派兵驰援胡格诺派,天主教徒和宫廷不得不屈服,双方于 1568 年签订了《隆朱莫条约》。之后,类似地,在亨利三世统治时期,每年光是为军队课征的直接税收就超过了 100 万里弗尔,而其中相当大的一部分用于了和宗教战争相关的开支[46]。

更有名的事件是"圣巴托洛谬大屠杀"(见图 16)。1572 年 8 月 23 日夜间,胡格诺派的重要人物正聚集巴黎,庆祝其领袖波旁家族的亨利的婚礼。亨利·吉斯

图 16 描绘"圣巴托洛谬大屠杀"的油画(Francois Dubois 绘制)

以巴黎各教堂钟声为号,率军队发动突然袭击,杀死胡格诺教徒 2 000 多人。由于 24 日正值当地的圣巴托洛谬节,因此这一血腥的夜晚史称"圣巴托洛谬大屠杀",并引发了第四次法国宗教战争。

法国再次出现分崩离析的局面。胡格诺派首先在南部和西部组成联邦共和国,对抗中央政权。这轮战争的结果是,1573 年 6 月查理九世签署《拉罗竭尔和约》,准许新教徒在拉罗竭尔、尼姆和蒙托邦举行教仪,给予这些城市信仰自由。财政的作用在其中也得到体现:据 1573 年的记录显示,瓦纳城(通过向当地商人借钱)为补给 4 艘开往拉罗歇尔的战舰筹集到了 7 764 里弗尔。其中,1 800 里弗尔用于购买面包和饼干,583 里弗尔从南特购买了 30 吨红葡萄酒,1 603 里弗尔支付士兵 1 个月的军饷[47]。

圣巴托洛谬大屠杀在法国人的历史记忆中始终占据着重要一席。根据茹阿纳的观点,"一种反教权、世俗的、伏尔泰式的法国成为圣巴托洛谬大屠杀的继承者"[48]。

欧洲各国的商贸地位之"争":地中海、波罗的海和远洋贸易

在 16 世纪前 20 年的欧洲,地中海和波罗的海的贸易都是由某一"同盟"的商人占主导地位:前者是意大利联邦,后者是汉萨同盟。汉萨同盟(Deutsche Hanse)对波罗的海贸易的控制甚至比意大利城市在地中海地区的贸易控制还要紧密。汉萨同盟是 13 世纪起在德意志北部城市之间形成的商业联盟。Hanse 在德语中意为"会馆"。汉萨同盟在 14 世纪达到鼎盛,核心城市是吕贝克,汉堡、科隆等大城市也均在其中。

地中海地区的一个特点是有数目众多的贸易中心向四面八方扩散贸易业务,而波罗的海地区却展现出完全不同的画面。汉萨贸易沿着一条中心在吕贝克的轴线和三条支线延伸:一条西至布鲁日,一条东到里加和遥远的诺夫哥罗德,另一条重要的分支通往挪威的卑尔根。这种情况对商业组织有着重大影响,它使汉萨商人的经商方法比意大利人更粗糙。

总的来说,北欧的条件比南欧和西欧的原始。都市生活也并没有得到很好的发展:即使是最大的城镇,比如科隆,居民最多时不超过 4 万人,而几个意大利城市,比如热那亚、佛罗伦萨和威尼斯,人口都轻松超过 5 万人。在地中海地区,意大利的海上势力不容忽视,常被用来满足他们的经济需求或捍卫现存的贸易

特权[49]。

而等到 1522—1582 年间,地中海和波罗的海的贸易情况出现了一些变化。

地中海贸易

图 17　那不勒斯老城区
(笔者摄,2016 年 10 月)

首先,欧洲的粮食出口主要基地是阿普利亚和西西里,它们在政治上都被西班牙所控制。阿普利亚是那不勒斯王国的一部分,而且它的大部分粮食供应了那不勒斯市。但在 60 年间粮食供应很不稳定。比如在 1560—1570 年间,那不勒斯一共遭受了 3 次大饥荒。西西里是地中海西部主要的产粮区,在 1532—1578 年间年平均出口粮食量在大约 10 000 吨,大部分粮食向西班牙和西班牙的同盟国热那亚出口。西西里自己也在 1575—1577 年发生了饥荒。

对地中海沿岸的人口而言,盐和腌制品(比如鱼干)都是重要的食品。在 1522—1582 这 60 年间,意大利和西班牙的城市都进口从大西洋水域捕捞和腌制的鱼类,而葡萄牙人都从他们自己的水域和纽芬兰浅滩捕捞金枪鱼和鳕鱼。(见图 17)

另一种由海路大量运来的重要食品是油、酒和乳酪。乳酪是通过复杂、混乱的路线进来的,有许多不同的品种——源于奥韦格内(Auvergne)、帕尔马(Parma)、米兰等地,整船整船地运往法国、意大利和西班牙等地。

波罗的海贸易

在 1522—1582 年期间,尽管荷兰还没独立(仍然处于西班牙哈布斯堡王朝的统治之下),荷兰商人已经开始与汉萨同盟竞争,主要领域是大批的食品贸易,尤其是粮食、盐、咸鱼、毛料衣服、皮革、铁和木材。当时英国和法国的收成时好时坏,因此往往会这一年进口粮食,下一年出口粮食。而真正的经常进口国是西班牙和葡萄牙。它们从法国和波罗的海地区进口粮食,而且严重依赖德国和荷兰的船运。

卑尔根(图 18)是一个很重要的港口,汉萨同盟的船只常来常往,进口粮食和

图 18　挪威卑尔根,汉萨同盟重要港口之一(笔者摄,2019 年 10 月)

出口"淡鳕鱼干"及森林产品。而最大的粮食进口者是尼德兰的工业地区,这里庞大的酿造业出口啤酒到英国和斯堪的纳维亚。尼德兰中南部的小麦和大麦供应大都是从法国北部运来的。

迟至 1537 年,北欧的斯堪尼亚还生产了 50 000 拉斯特(last)的桶装鲱鱼。然而,在 16 世纪,荷兰的渔民发现了新的捕鱼水域和新的捕鱼方法,导致波罗的海的渔业和汉萨同盟在渔业贸易中的份额都彻底地衰落了。与汉萨同盟不同,荷兰人不仅捕鱼和包装,而且贩卖捕获物。他们发明了一种结实的渔船,并充分利用它们。而且大约在 16 世纪中叶,他们还发展出一种叫作"ventjagers"的运送鱼到市场的快船和系统:这种快船从港口出航迎接归来的渔船,在甲板上接过他们的捕获物,然后返回港口,渔船则继续捕鱼,这样能使得渔船在整个季节里都连续在海上作业,而不是在他们的货舱满时返回到港口。

远洋贸易

在 16 世纪前 20 年,葡萄牙人通过使用海上力量获得筑垒的基地和在与东方贸易中的地位。不过,说葡萄牙人"统治"了东方贸易线路则过于夸大。葡萄牙人虽然控制了从欧洲到印度的海上交通线,但在亚洲水域,他们只是许多商人团体中的一个。而且,海上交通线也充满薄弱点,包括航线内在的困难、船只本身的缺陷,以及人员配备和指挥系统的薄弱。在 16 世纪上半叶,在海难中损失的葡萄牙船只接近 1/8，而在 1550—1600 年间，这一数据提高到了 1/5。

在 16 世纪，发生在西班牙与通用西班牙语的拉丁美洲国家之间的横穿大西洋的贸易比由葡萄牙到印度的贸易要使用更多的船只和运送更多的物品。在 16 世纪中叶，他们偶然发现世界上最富的银矿，这使得他们能为还在进口的许多物品付款，并通过提供购买东方产品所需的银币而繁荣与东方的贸易。

有趣的是，被允许参与这项贸易的有且仅有一个港口：塞维利亚。参与贸易的必须是来自这座城市的商人，并且必须是自 1543 年被组织进城市贸易法庭（consulado）或者商业行会中的商人。1540 年代，银的大发现在横穿大西洋的贸易中引发了巨大的变革。西印度群岛的欧洲人口急剧上升，它的购买力更为快速地增强了（见图 19）。塞维利亚所在的安达卢西亚盛产酒和油，这部分的需求一如既往，但是外部货物，包括越来越多的更有价值的工业品，比如衣服、家庭用具、玻璃、纸张、书籍，都不是安达卢西亚的产品，甚至也不一定是西班牙的产品。回程载运的货物除了皮革和（当时仍是奢侈品的）糖以外，包括大量而且其数量还在不断增加的条银[50]。而这些银子当中的相当一部分，将在短短几十年内，流入远在近万千米以外的大明帝国，用于购买来自东方的"奢侈品"和"神秘商品"。

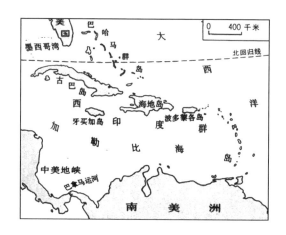

图 19　西印度群岛图

"盗商上位之争"：1574 年

从 1574 年起，小舰队战、远征军战和大规模的围城战实际上都已经结束。1593 年以后，这些战争在一定程度上死灰复燃，但仅仅在地中海之外的匈牙利边界上进行。官方的大规模战争被排除,虽然出现了一些其他形式的"纷争"。

1574 年以后,地中海的大规模战争暂时中止,而这肯定是发生一系列政治和社会动乱以及劫掠的原因之一。无论如何,大国之间的战争的停止,把海上行劫这种此等战争置于地中海的历史首列。从 1550 年到 1574 年,这种战争已经占据不可等闲视之的地位。它发展、蔓延、填补了正规战争的减缓所留下的空隙。在从 1574 年到 1580 年这段时期以后,海上行劫活动加剧,范围扩大,并且从那个时期起形成已经不像过去那样引人注目的地中海的历史主流。战争的新首都不再是君士坦丁堡,而是阿尔及尔;不再是马德里或者墨西哥,而是马耳他的瓦莱塔或者意大利的比萨。今天的暴发户取代了昨天的权势人物。国际冲突蜕变为群众斗殴。一部混乱不堪的历史代替了之前伟大壮观的历史。

布罗代尔对这一段 1574 年后的"海盗史"做了详细分析。他认为,在 17 世纪以前不存在海上劫掠(piraterie)和海盗(pirate),而是使用海上行劫(course)和海上行劫者(corsaire)。这两者最大的一个区别就是,海上行劫(course)是合法的战争。正式的宣战声明、武装私人船舶许可证、委托等,这些都使这种活动变得合法。海上行劫活动往往与国家、信仰等并无多大关联,而只是一种谋生手段。这一时期,如果阿尔及尔的海上行劫者在进行海上行劫后空手而归,那阿尔及尔就会发生饥荒。地中海西部的海上行劫者的帆桨战船和西班牙运输掠得的金银的大帆船的所作所为也如出一辙。

海盗之间也非常"内卷",会为了生存权而大打出手。因此,他们抓捕能抓捕到的一切,无论是来自威尼斯的帆桨战船还是马赛的运输船,借口都是没收船上的犹太人或者奥斯曼人的货物。虽然船舶检察权掌握在基督教徒海上行劫者手中,但奥斯曼帝国的帆桨战船同样使用这种权力来没收船上运载的西西里或者那不勒斯的货物[51]。

这些不免让人联想到同时期大明帝国的两拨人:在边境对付倭寇的士兵,以及运河上的税官。前者以国家力量对沿边境的海盗进行清理,而后者对来往贸易和货物征税(虽然正如我们所知的,大明帝国的商业税征收堪称宽松)。我们很容易就能看出,虽然背负着"横征暴敛"的名声,但相比于当时欧洲的野蛮,大明帝国真的已经是非常之文明。更何况,当时的大明帝国根本就没有挑起什么战争。

欧洲的"技术竞争"：造船技术和火器的发展

造船、航海技术和航运公司的出现

1522—1582 年是欧洲历史上航海技术迅速发展的时期。在这个时期，欧洲的造船技术和航海技术经历了一系列的创新和进步，为欧洲探险家们的航海活动提供了坚实的支撑和保障。这主要体现在造船技术和航海技术方面。

比如，在造船技术方面，船型和船体结构得到了改进：船舶的船型逐渐向更适合长途航行的大型船舶发展；船体结构采用了更牢固的骨架结构和更坚固的船板。另外，船帆和船舱布置等也都进一步改良。1574 年，法国的亨利三世参观威尼斯，看到一个小时内就利用储备物资安装并下水一艘全副武装的舰船。效率之高，可见一斑[52]。

当时在大明帝国，从事海外贸易活动的，虽然允许自己建造船舶，但仍需向市舶司报告海上贸易船舶的数量和吨位、贸易商品的类型和数量，以及他们计划访问的国家。此外，行政部门必须确保他们没有携带违禁品出口。进口货物也须接受检验和征税。这样，私人海外贸易就不会失控，而明廷也可以从中坐享其成获得财政收入。

这点和 16 世纪的一些欧洲城市形成很大的反差。以当时的意大利为例，威尼斯和热那亚都发展强大的造船工业和与其有联系的行业。在热那亚，造船工业与航海和海上贸易一样，属于私人企业，而在威尼斯，国家对它实行严格控制。于是，热那亚的"东方化"虽然不如威尼斯，但在地中海西部地区比它的对手具有更多优势[53]。

然后是航海技术，包括星象观测和导航技术、航海经验和技能、更具体的航海图表和航海手册的出现。造船技术和航海技术的改进，还引发了 16 世纪欧洲近代航运公司的出现。在这一时期，船舶的吨位加大了，装货量增多了，设备也改进了，能够远航并能经受较大的风浪。与之相应，船舶上雇用了一些水手。他们可能也"入伙"于航运公司，并在年终分到一些红利，但主要是靠工资为生。另外，早期航运业中的"入伙"制度实行的是无限责任制，而近代航运公司的股份制实行的则是有限责任制。这被认为是 16 世纪西欧公司制的一大创新[54]。而且我们或许可以认为，这种创新与当时"大分流"背景下欧洲的对外开拓和航海探险不无关系。

火器的发展

在 1522—1582 年这 60 年的战争中,火绳枪手获得了更大的优势。而这主要归功于这期间的几次火器领域的技术革新。为特定口径枪支制造的标准化子弹的引入,大规模降低了铸造成本。转轮点火装置的发明和使用尽管昂贵,却保证了手枪和长筒枪的有效射击,而不用再使用不易燃的长火绳。

1560 年开始的"军事革命"对大规模地以火器装备步兵来说非常必要,加之16 世纪欧洲一些国家引入的税收制度和议会代表制度,进而推进了近代民族国家的发展。可以说,16 世纪火器的发展大大地改变了当时欧洲以贵族阶层主导的"骑士世界"。

税收当然也在其中起到了重要作用。在 16 世纪,整个欧洲,各国为了各自的军事目的组建了庞大的军队,国王和亲王不得不向人民课以重税以支付武器、训练和军队的费用。有了财政的支持,新的火器使得欧洲国家可以控制世界海域,并且在 16 世纪的后期,进一步开拓新的疆域。就海上帝国而言,无论他们在何处修建一个贸易点或者"工厂",他们必须用要塞、大炮和小型武器进行防卫。

正是以这种"军备竞赛"的方式,在 1522 年尚未控制世界任何水域的一些欧洲国家,到 1582 年已经逐步成了海上世界的霸主,或者至少具备了挑战霸主的实力[55]。从此以后,欧洲国家虽然内部在分化,总体上却一直控制着全球的长途贸易。凭借海上火器,他们将继续控制海洋,直到 20 世纪。

参考文献

［1］［荷兰］彼得·李伯庚著,赵复三译:《欧洲文化史:全球史视角下的文明通典》,江苏人民出版社,2012 年版,第 354 页。

［2］［英］崔瑞德、［美］牟复礼编,杨品泉等译:《剑桥中国明代史:1368—1644 年》(下卷),中国社会科学出版社,2006 年版,第 313—314 页。

［3］黎东方:《细说明朝》,上海人民出版社,2006 年版,第 245—250 页。

［4］杨绍猷:《俺答汗评传》,中国社会科学出版社,1992 年版,第 54 页。

［5］陈子龙主编:《皇明经世文编》,卷四百三十五。

［6］张廷玉:《明史》,台北中研院历史语言研究所,1974 年版,卷三二五。

［7］Subrahmanyam, S.（2012）. *The Portuguese Empire in Asia* 1500—1700: *A Political and Economic History*（2nd edition）. New York: Wiley-Blackwell, p. 20.

[8] 王毓铨主编:《中国通史》(第 9 卷),上海人民出版社,2013 年版,第 1365—1380 页。

[9] [英]罗杰·克劳利著,陆大鹏译:《征服者:葡萄牙帝国的崛起》,社会科学文献出版社,2016 年版,第 403—404 页。

[10] [加]卜正明著,潘玮琳译:《挣扎的帝国:元与明》,中信出版社,2016 年版,第 214 页。

[11] Tang, L. (2018). *Merchants and Society in Modern China*:*Rise of merchant groups*. London:Routledge, p. 139.

[12] Ma, D. (2016). *Textiles in the Pacific*, 1500—1900. London:Routledge, p. 34.

[13] Menudo, J. M. (2020). *The Economic Thought of Sir James Steuart*:*First Economist of the Scottish Enlightenment*. London:Routledge, p. 69.

[14] [葡]多默·皮列士著,何高济译:《东方志:从红海到中国》,中国人民大学出版社,2012 年版,第 116 页。

[15] [美]山村耕造主编,严忠志译:《剑桥日本史》(第 3 卷):中世日本》,浙江大学出版社,2019 年版,第 373 页。

[16] [日]村井章介:《十五世纪至 16 世纪东亚国际秩序与中日关系》,古代中近世东亚世界的日中关系史会议,2007 年,第 36 页。

[17] 刘义杰:《中国古代海上丝绸之路》,海天出版社,2020 年版,第 154—155 页。

[18] [美]白桂思著,付马译:《丝绸之路上的帝国:青铜时代至今的中央欧亚史》,中信出版集团,2020 年版,第 220—221 页。

[19] 杜车别:《大明王朝是被谁干掉的》,世界知识出版社,2017 年版,第 221—222 页。

[20] [美]山村耕造主编,严忠志译:《剑桥日本史》(第 3 卷),浙江大学出版社,2019 年版,第 379—381 页。

[21] [美]白桂思著,付马译:《丝绸之路上的帝国:青铜时代至今的中央欧亚史》,中信出版集团,2020 年版,第 222 页。

[22] [日]林佳世子著,钟放译:《奥斯曼帝国:五百年的和平》,北京日报出版社,2020 年版,第 165 页。

[23] 王三义:《帝国之衰:奥斯曼帝国史六论》,社会科学文献出版社,2018 年版,第 104 页。

[24] [英]爱德华·吉本著,席代岳译:《罗马帝国衰亡史》(第六卷),吉林出版集团有限责任公司,2011 年版,第 380 页。

[25] 黄维民:《奥斯曼帝国:土耳其人的辉煌往事》,中国国际广播出版社,2021 年版,第 130 页。

[26] Sachslehner, J. (2021). *Wien*:*Biografie einer vielfältigen Stadt*. Graz:Molden Verlag.

[27] 许序雅、许辅旻:《文明的十字路口:奥斯曼帝国的兴衰》,商务印书馆,2015 年版,第 57 页。

[28] Gabon Agoston. Firearms and Military Adaptation:The Ottomans and the European Military Revolution, 1450—1800[J]. *Journal of World History*, 2014, 25(1):85—124.

[29] 哈全安:《土耳其通史》,上海社会科学院出版社,2014 年版,第 121 页。

[30] [美]伯纳德·刘易斯著,范中廉译:《现代土耳其的兴起》,商务印书馆,1982 年版,第 102 页。

[31] 马一：《明代鲁迷使臣入华进贡初探》，《北方民族大学学报》（哲学社会科学版），2018 年第
2 期，第 40—47 页。

[32] [葡]曾德昭著，何高济译：《大中国志》，上海古籍出版社，1998 年版，第 21 页。

[33] 梁捷：《梁捷西方经济思想史讲稿》，复旦大学出版社，2019 年版，第 59—60 页。

[34] [英]西蒙·沙玛著，彭灵译：《英国史Ⅰ：3000BC-AD1603》，中信出版集团，2018 年版，第
247 页。

[35] [英]肯尼思·O.摩根著，方光荣译：《牛津英国史：从公元前 55 年至 21 世纪》，人民日报出
版社，2021 年版，第 236—237 页。

[36] 梅俊杰：《自由贸易的神话：英美富强之道考辨》，上海三联书店，2008 年版，第 99 页。

[37] 哈全安：《土耳其通史》，上海社会科学院出版社，2014 年版，第 121—122 页。

[38] [美]威廉·麦克尼尔著，许可欣译：《威尼斯：欧洲的枢纽 1081—1797》，上海人民出版社，
2021 年版，第 126 页。

[39] [法]费尔南·布罗代尔著，吴模信译：《菲利普二世时代的地中海和地中海世界》（下卷），商
务印书馆，1998 年版，第 419—445 页。

[40] Kinder, Gordon. Protestantism in Sixteenth-Century Spain[J]. *Mediterranean Studies*，1992，
3(1)：61—70.

[41] [法]费尔南·布罗代尔著，吴模信译：《菲利普二世时代的地中海和地中海世界》（下卷），商
务印书馆，1998 年版，第 459—461 页。

[42] 肖石忠：《看得见的世界史：葡萄牙》，石油工业出版社，2019 年版，第 86—89 页。

[43] [美]阿兰·米哈伊尔著，栾力夫译：《奥斯曼之影：塞利姆的土耳其帝国与现代世界的形
成》，中信出版集团，2021 年版，第 469 页。

[44] [美]道格拉斯·欧文著，梅俊杰译：《国富策：自由贸易还是保护主义?》，华东师范大学出版
社，2013 年版，第 25—26 页。

[45] Sachslehner, J. (2021). Wien：Biografie einer vielfältigen Stadt. Graz：Molden Verlag.

[46] Pollmann Judith. Countering the Reformation in France and the Netherlands：Clerical
Leadership and Catholic Violence 1560—1585[J]. *Past & Present*，2006，190(2)：83—120.

[47] [美]詹姆斯·B.柯林斯著，沈国华译：《君主专制政体下的财政极限：17 世纪上半叶法国的
直接税制》，上海财经大学出版社，2016 年版，第 32—33 页。

[48] [法]阿莱特·茹阿纳著，梁爽译：《圣巴托洛缪大屠杀：一桩国家罪行的谜团》，北京大学出
版社，2015 年版，第 320 页。

[49] [英]M. M. 波斯坦主编，周国荣、张金秀译：《剑桥欧洲经济史（第三卷）：中世纪的经济组织
和经济政策》，经济科学出版社，2002 年版，第 34—36 页。

[50] [英]E. E. 里奇、C. H. 威尔逊主编，张锦冬译：《剑桥欧洲经济史（第四卷）：16 世纪、17 世纪
不断扩张的欧洲经济》，经济科学出版社，2003 年版，第 138—181 页。

[51] [法]费尔南·布罗代尔著，吴模信译：《菲利普二世时代的地中海和地中海世界》（下卷），商
务印书馆，1998 年版，第 343—347 页。

[52] 史卫:《人类财政文明的起源与演进》,中国财政经济出版社,2013 年版,第 289 页。

[53] [意]卡洛·M.奇波拉主编,徐璇译:《欧洲经济史》(第一卷),商务印书馆,1988 年版,第 235—236 页。

[54] 厉以宁:《厉以宁讲欧洲经济史》,中国人民大学出版社,2016 年版,第 135—136 页。

[55] [英]伊恩·莫蒂默著,李荣庆等译:《欧罗巴一千年:打破边界的历史》,上海人民出版社,2019 年版,第 167—169 页。

第四章

雅俗之间：
各国的"文化生活"

　　一个国家的文化往往是建立在其制度和财政水平等基础之上的"软实力"，是一国国力的"终极表现"。纵观1522—1582年这60年，我们会看到，当时全球这些主要国家的"文化表现"，往往与其当时的国力和财政状况有着紧密的关联。

糖，这种我们今天司空见惯的原材料（或者产成品），在 16 世纪的欧洲仍然妥妥的是一种奢侈品：当时的制糖工艺仍然是非常复杂的（见本章章首图）。这幅图是史特拉丹奴斯（Jan van der Straet）于 1580 年所绘的《制糖作坊》（Sugar mill）。早在 13 世纪，阿奎纳的《神学大全》一书已经把蔗糖当作是著名药品，而到了 16 世纪，法国名医兼商人米歇尔·德·诺特雷达姆（Michel de Nostredame，1503—1566 年）在其《果酱制法》一书中仍然将糖视为一种名贵药物。他曾在阿维尼翁潜心研究药学，并对魔法与玄学产生了浓厚的兴趣，因为阿维尼翁图书馆的该领域藏书颇多。据说当时教皇使节与马耳他的骑士团长正在阿维尼翁，于是诺特雷达姆还自制配方为他们制作了美味的果冻。不过，据说他配制的这种果冻含糖量过多。

而在 16 世纪的大明帝国，民众基本不用愁吃糖的问题。当时，李时珍在其《本草纲目》中记载了那时糖的制作工艺："糖法出西域，唐太宗始遣人传其法入中国，以蔗汁过樟木槽，取而煎成。清者为蔗饧，凝结有沙者为沙糖。漆瓮造成，如石、如霜、如冰者，为石蜜、为糖霜、为冰糖。"可以看出，大唐帝国在制糖方面的水平已然炉火纯青，更不用说 16 世纪的大明帝国了。

据记载，古代国人在三千年以前就会人工制饴糖了。饴糖是蔗糖大规模普及前古代国人甜味的主要来源，而蔗糖的制造也基本上在三国魏晋南北朝到唐代之间开始趋于繁盛。早在唐宋时期，当时制糖的手工业已然十分昌盛，所产的糖，其品种和质量都达到当时世界的最高水平。糖产品不仅在国内销售，还远销波斯、罗马等地。总之，16 世纪的大明帝国子民是不愁没糖吃的。

即便是小小的糖，其实也折射出了一个国家的富裕程度（普通民众是否有足够的糖吃)、工艺和制造水平(制糖水准)、贸易水平(糖产品不仅内销还出口,拥有足够大的国外市场)、文化(糖在饮食文化中的地位),等等。小到糖都是如此,更不用说大到文学、绘画教育等领域,更是一国文化的重要体现。

"文化"这个词的正式定义,一般指人类在社会实践过程中物质和精神财富的总和。一个国家的文化往往是建立在其制度和财政水平等基础之上的"软实力",是一国国力的"终极表现"。

本章"文化"部分将从这 60 年间的文学、绘画、饮食、教育等方面展开。

一、500 年前的休闲文学

大明帝国:"四大名著"的半壁江山

在 1522 年到 1582 年的大明帝国,文学氛围在整个古代封建王朝时期堪称"黄金时代"。别的不说,光是鼎鼎大名的中国古代四大名著,居然有两本是诞生于这60 年间的。一本是《水浒传》,取材于北宋末年宋江起义的故事,其成书时间是在嘉靖三年(1524 年)到嘉靖九年(1530 年)之间。其作者署名一般认为是施耐庵和罗贯中两人。《水浒传》一开始并不是禁书,甚至据说万历皇帝很喜欢读《水浒传》。直到崇祯十五年(1642 年),因为一个水浒传爱好者李青山搞了不止一次的水浒造反模仿秀,《水浒传》第一次遭到了官府的正式封禁。

另一本是《西游记》,由吴承恩写作于 1560 年到 1580 年之间,不过最终出版是在明万历二十年,即公元 1592 年由金陵书商世德堂唐氏刊刻出版,也就是说是在1592 年成书。

颇为让人感到意外的是,《西游记》在出版之时居然是一本禁书。这是为什么? 我们可以猜测,大致是三方面的原因。第一,《西游记》里的主要人物之一"猪八戒"的"猪"和大明皇帝的姓同音,这在皇室看来显然有侮辱之意。第二,《西游记》宣扬的是佛教,而当时的嘉靖皇帝显然对道家更为偏好。而且,《西游记》里整天想着吃唐僧肉并幻想长生不老的老妖精,怎么看都像是对每日炼丹并幻想长生不老的嘉靖皇帝的影射。第三,《西游记》中的孙悟空显然是挑战权威的典范。孙猴子既大闹天宫,又不把玉帝放在眼里,而且还和天宫里各路神仙的人缘关系都处得很好，这在中央集权高度集中、企图控制老百姓思想的大明帝国皇室眼里，显然是不可容忍的。

除了这两本以外，知名禁书《金瓶梅》也是诞生于这一时期，作者是兰陵笑笑生。虽然具体的成书时间在学界仍有争论，但大家都比较公认的一点是：《金瓶梅》成书于隆庆年间（1567—1572 年）至万历早中期。此书的诞生，一定程度上反映了当时的社会风气。当时大明帝国社会的开放程度很高，也很拜金，堪称"笑贫不笑娼"。《金瓶梅》正是诞生于这样的时代。

可以看出，这 60 年间，大明帝国的文学氛围是相对比较宽松的，佳作频出，百花齐放。看来这一时期的大明帝国的民众们，文化生活基本是不愁的。

日本：绵延至今的"战国文化"输出

16 世纪，日本存在着尊重古典的风潮，而且不仅限于贵族阶层，武士和平民也十分倾向古典[1]。室町幕府时代的日本物语文学，一大任务是恢复其活力。物语文学不再依附贵族文化，而是更多地吸纳民间故事，即所谓的"回归物语的远点"。这与接连不断创作寺院神社起源谈等新型神话紧密相连，即物语要回归古代。这一时期的代表作品主要有《和泉式部日记》《御草子岛渡》《一寸法师》等[2]。

1522—1582 年正值日本"武力全开"的"战国时代"，那就不得不提当时的武士文化。众所周知，当代日本的文化输出攻势很强，但其实主要就是靠两样东西：一个是动漫，另一个是游戏。近年来日本的游戏公司在以 16 世纪"战国时代"为背景的策略游戏和第一人视角游戏越来越多，而且在市场上反响都不俗，比如 FS 社的《只狼》《忍者之刃》，光荣株式会社的《信长之野望系列》《太阁立志传系列》等，都大受欢迎。（见图 1）诸如游戏《只狼》中的手里剑和不死斩，《仁王》中的太刀和镰刀的原型，都是出自当时真实的武力产品。（见图 2）这些均可谓是当时武士文化的直观体现。

图 1　游戏《只狼》

图 2　《只狼》中的不死斩（丁梓益供图）

顺便一提，日本的不少国民剧，比如 NHK 大河剧系列，其主要题材都是以 16 世纪日本战国时代和室町幕府故事为主，比较耳熟能详的有《太平记》《花之乱》《功名十字路》《真田丸》等。我们或许可以从这些游戏和影视剧中，一窥 16 世纪日本的热血战国时代及其在文化领域中的发展。

奥斯曼帝国：宫廷里的波斯语诗歌

在 16 世纪的奥斯曼帝国的文学领域，诗歌的发展迅速，但并不局限于母语诗歌。1520—1574 年，即苏莱曼一世和赛利姆二世统治时代，是奥斯曼帝国文学尤其是宫廷波斯语诗歌发展的鼎盛时期。比如，穆罕默德·阿卜杜勒·巴基（Muhammad Abdul-Baki，1526—1600 年）很有诗歌天赋，被时人誉为"诗人之王"和颂歌作家。他的诗歌强调了生命短暂和个人享受，迎合了上流社会的价值取向。穆罕默德·伊本·苏莱曼·富祖里（Muhammad ibn Suleyman Fuzuli，1483—1556 年）的诗歌水平在当时仅次于巴基。他的代表作有小说《怨诉之书》（抨击苏莱曼时期宫廷的腐化和残暴）、诗歌《心灵之友》（劝导世人弃恶从善）、以及 1536—1537 年创作的长诗《莱伊拉和马季农》（描绘在陈规陋俗的禁锢中出现的一个恋爱悲剧）[3]。

值得一提的是，苏莱曼一世本人也是一位优秀的诗人，他以"穆希比"（Muhibbi）的笔名写下了许多优美的诗歌，这些诗歌通常表达了对美好生活的向往，比如著名的"每个人的归宿都一样，但故事的版本多种多样"。

欧洲：文艺复兴"二周目"

文艺复兴往往又被称为"人的发现"时代，被认为是人文主义觉醒的年代。虽然这种人文主义的时代精神是我们以发展的眼光来说的，其实在当时广大民众中间，甚至在愚昧无知的西欧贵族身上几乎是不存在的，但今天当我们回过头来总结文艺复兴时，仍然会把它视为最具有时代意义的精神[4]。

西罗马帝国在 476 年灭亡之后，欧洲成为日耳曼人的天下。中世纪的欧洲，基督教渗透在精神领域和社会生活中各个方面。古希腊和罗马文化似乎被尘封在历史的记忆之中，等待着复活的时机。从大约 14 世纪开始，教权和皇权，即罗马教廷和神圣罗马帝国的权力争夺导致两败俱伤。民族国家的独立成了当时不可阻挡的历史趋势，法国、英国、西班牙、葡萄牙等国纷纷建立了王权专制，各国的教会也实际上落入了国王的控制。与此同时，教会内部的腐朽也在此期间达到极致。这样的客观环境引发了一些重要的历史进程，比如路德的宗教改革，更是催生了文艺复兴的萌芽。

文艺复兴伊始，在意大利兴起了学习古希腊语的热潮。许多拜占庭学者在意大利讲授希腊语。到了 16 世纪，希腊语甚至成为大学和许多文科中学的必修课。与此同时，人文主义者还恢复了西塞罗时代的古典拉丁语[5]。

1522—1582 年正处于文艺复兴的第二阶段。一般认为，文艺复兴始于 14 世纪初，以但丁《神曲》的诞生为标志，终于 17 世纪中叶，以伽利略的被囚为标志。其中，16 世纪一般被看作是文艺复兴的第二阶段。这一时期的重要标志是，文艺复兴不再是意大利的独家生意，而是全欧洲的事了。这一时期的文学杰作颇多，试举几例：西班牙出现了塞万提斯和《唐吉诃德》，法国出现了拉伯雷和《巨人传》，英国出现了托马斯·莫尔和《乌托邦》，葡萄牙出现了巴洛斯和他的《亚洲旬年史》。

米格尔·德·塞万提斯（Miguel de Cervantes，1547—1616 年）是西班牙文学史上最杰出的作家之一，也是《唐吉诃德》的作者。他被誉为西班牙文学的先驱和文艺复兴时期最重要的作家之一。《唐吉诃德》被认为是世界上第一部现代小说之一，具有深刻的哲理内涵和幽默风趣的叙述方式。《唐吉诃德》的主人公唐吉诃德是一个被浪漫主义幻想所驱使的骑士，他为了追求理想而踏上了一系列荒诞可笑的冒险。他心中的理想化形象是一名贵族骑士，他的使命是扼制邪恶、保护弱

图3 塞万提斯的《唐吉诃德》中译本

者、维护正义。然而,在现实中,他是一个过于痴迷于骑士小说的平凡人,他的行为被认为是愚蠢和荒谬的。《唐吉诃德》以其丰富的幽默感和对人性的深刻洞察而闻名。通过唐吉诃德的冒险,塞万提斯揭示了人性的复杂性,探讨了现实与理想之间的差距,以及理想主义与现实主义之间的冲突。小说中的角色形象生动鲜明,情节曲折离奇,既让人捧腹大笑,又令人深思。《唐吉诃德》不仅是一部娱乐性的作品,也是对人类经验和社会现实的深刻反思。它的影响不仅局限于西班牙文学,还深远地影响了世界各地的文学创作,成为许多作家和艺术家的灵感源泉(见图3)。

《巨人传》是法国文艺复兴时期作家弗朗索瓦·拉伯雷(François Rabelais,1494—1553年)的一部文学巨著,共分为五卷,于16世纪中期完成。拉伯雷专长于抨击经院哲学、落后倒退的思想以及荒唐的战争[6]。这部作品被认为是世界文学史上最为重要的讽刺文学之一。《巨人传》以巨人一家的生活经历为主线,融入了丰富的讽刺、幽默和寓言,涉及政治、宗教、哲学等多个领域。主要人物包括巨人父子盖加良图亚(Gargantua)和潘塔格鲁艾尔(Pantagruel),他们的冒险经历和奇特行为成了整部作品的核心,拉伯雷在其中提出了"古典版本"的"追随你的内心"(Follow your heart):"请你们到知识的源泉去畅饮;请你们研究知识、畅饮真理"。拉伯雷通过《巨人传》深刻反映了当时社会的政治腐败、宗教虚伪和人性丑恶,同时也对人类的智慧和勇气给予了赞美。他以幽默和夸张的手法揭示了人类的种种荒诞和矛盾,展现了他对当时社会现象的深刻观察和批判。《巨人传》不仅在当时引起了巨大轰动,也对后世文学产生了深远影响。它的幽默讽刺和对人性的深刻洞察力使其成为世界文学史上的经典之作,被广泛认为是法国文学的巅峰之作之一[7]。

蒙田(Montaigne,1533—1592年)是一位更具有哲学思想的文学家和哲学家。蒙田出身于商人家庭,并在1581—1585年间担任过波尔多市的市长。他的拉丁文非常出色,因而涉猎了大量的古典作品,他早期作品几乎都是古代作家名言镶嵌而致。在文学方面，蒙田的三卷《散文集》，对后来的培根、莎士比亚以及17、18世纪的法国思想家、人文学者都产生了很大的影响[8]。而在哲学方面，蒙田对当时社会的各方面进行了批判性的观察，且不说他的质疑态度，至少其目光锐利是不消说的。他的论著反映了在此之前几世纪人文主义思想孕育的宽阔视野、毫不落俗的知识分子的独特视角。后来17到19世纪的一些著名哲学家，比如英国的约翰·洛克、法国的卢梭、德国的尼采，都受到他的影响[9]。

托马斯·莫尔（Thomas More，1478—1535年）是文艺复兴时期英国的政治家、法学家和文学家，他于1520年代出版的《乌托邦》被认为是早期乌托邦文学的奠基之作。莫尔虽然政务工作繁忙，但对其所爱的学科仍手不释卷。莫尔不仅对于拉丁语和希腊语的知识日臻成熟，他喜好希腊作家远甚于拉丁作家，而在希腊哲学家当中，他最喜欢攻读研究柏拉图和柏拉图派的作品，他的这本《乌托邦》也受到了柏拉图《理想国》的影响。《乌托邦》以虚构的乌托邦岛为背景，通过对这个理想社会的描绘，探讨了当时社会的种种问题，并提出了对社会制度的反思和改进建议。在这个虚构的乌托邦社会里，私有制被废除，一切财产共有，劳动和财富平均分配，社会等级消除，法律简化，人们过着简朴而幸福的生活。莫尔通过《乌托邦》提出了对当时社会政治制度的批判，倡导了一种更加平等和公正的社会秩序。他反映了对当时贵族统治和社会不公的不满，同时也表达了对于理想社会的向往和探索。托马斯·莫尔还明确表示反对赋予金银过度的重要性。《乌托邦》以其独特的构想和深刻的社会分析，成为后世乌托邦文学的经典之作，对后世的政治思想和社会改革产生了深远影响。尽管《乌托邦》在当时并未引起太大的反响，但随着时间的推移，它逐渐被视为文艺复兴时期最重要的文学作品之一，也成为后世社会改革和政治哲学的重要参考文献。

葡萄牙在19世纪以前最伟大的历史学家是16世纪中叶活跃的若昂·德·巴洛斯（Joao de Barros，1496—1570年）。他完成了

图4　若昂·德·巴洛斯画像

很多写作计划,但是只有《亚洲旬年史》流传了下来。第一卷和第二卷均出版于1552 年,写的是从 593 年至 1515 年葡萄牙在亚洲的扩张史。第三卷出版于 1563年,写的是 1516—1525 年葡萄牙在亚洲的历史。(见图 4)达米昂·德·戈伊斯(Museu Damião de Góis,1502—1574 年)也是葡萄牙文艺复兴时代伟大的学者,以其丰富的阅历以及人文主义精神闻名于世。他在 1541 年出版了《埃塞俄比亚人的信仰、宗教和风俗》一书,在欧洲天主教界和新教界都产生了很大的影响,也受到了许多学者的欢迎。1558—1567 年间,他完成了《圣君曼努埃尔编年史》[10]。

二、百“画”齐放

大明帝国:“吴门四家”

16 世纪的大明帝国,在正德到万历年间,随着工商业的发展,江南地区的经济发达促进了文化的繁荣,一时名家辈出。文人名士们常常雅集宴饮,诗文唱和,很多优游山林的文人士大夫也以画自娱,相互推重。他们继承和发展了崇尚笔墨意趣和“士气”“逸格”的元人绘画传统,其间以沈周、文徵明、唐寅、仇英最负盛名,史称“吴门四家”。他们开创的画派被称为吴门派或吴派,并成为 1522 年到 1582 年间大明画坛的主流。

唐寅(1470—1523 年)就是民间耳熟能详的“唐伯虎”。他的人物画,特别是仕女画,以题材新颖,构思巧妙,笔墨娟秀而著称。《秋风纨扇图》是其重要的代表作品,也是明代写意仕女画的上品。这幅画用高度洗练的笔触,描绘了一名手持纨扇伫立在秋风里的美人(见图 5)。

若与前朝的仕女图相比,比如唐代的仕女画一般刻画的是上层社会的贵族妇女,而唐寅

图 5　唐寅的《秋风纨扇图》

笔下的仕女是小眉小眼的造型，整体的文静气质，因为他这些画中的模特是当时社会下层的女性，比如青楼女子。一方面，我们可以猜测，唐寅自己际遇坎坷，对仕途绝望，目睹青楼女子的遭遇，在欣赏中流露出对身份卑贱的弱女子的同情。这一气质的变化贯穿在唐寅乃至整个吴派仕女画的创作之中，并成为一种典型的样式。而另一方面，我们也可以认为，当时的社会对于平民百姓和弱势群体有了更多的关注。

文徵明（1470—1559 年）擅长画山水、人物和花卉。其中《湘君湘夫人图》是其人物画作品的代表。这里还有个小故事。文徵明曾请仇英以屈原《楚辞》中的《湘君》《湘夫人》两篇为主题来作画，然而仇英的画并没有令文徵明感到满

图 6　文徵明的《湘君湘夫人图》

意，于是他自己重新创作了一幅，即这幅《湘君湘夫人图》（见图 6）。

湘君和湘夫人相传是湘水之神。这幅画中湘君和湘夫人一前一后，前者手持羽扇，侧身后顾，似与后者对答，神情生动。这幅画的人物造型、衣冠服饰与设色是模仿六朝风格，实际上是以士大夫高雅美学反对世俗美学，以知识修养和精神享受替代直接的观感享受。这在一定程度上也代表了当时的某种社会风气和趋势。

图 7　仇英的《桃源仙境图》

仇英（1502—1552 年）的《桃源仙境图》是其代表作品，也是明朝中后期山水画的典范之作。仇英追求的是文人雅士理想中的世外桃源。这幅画描绘了隐于山林的逸士潇散其间，表现文人休闲生活的主题，诸如读书、弹琴、赏泉、论画等。画中整个山水都围绕着人物来营造意境，人物在他的画中是整体画面的中心（见图 7）。

这一时期还有其他久负盛名的作品，比如《丝路山水地图》，堪称 16 世纪视野最

宏大的绘画作品(见图8)。这幅巨作创作于明朝嘉靖三年(1524 年)至嘉靖十八年(1539 年)之间,是一幅属于明朝宫廷的皇家地图。该图描绘了东起嘉峪关西至天方城(今沙特阿拉伯伊斯兰圣城麦加)的辽阔地域范围。这幅地图负载了大量原始的地理信息,它的出现以实物证明了在西方地图传入中国之前中国对世界地理,特别是对于丝绸之路沿线已有清晰的认识。

图 8　《丝路山水地图》(部分)

在艺术风格上,《丝路山水地图》十分接近明代中期在苏州兴起的"吴门画派",由当时的宫廷画家以吴门画派青绿山水技法绘制而成,以表现青绿山水、高山大川为主,气势恢宏,尺幅巨大。另外,这幅画里用汉语标注了两百多个源自九种语言音译而来的明代地名,涉及了欧、亚、非三大洲十多个国家和地区,史料价值也相当高。

日本:"狩野画派"

16 世纪的日本人热爱大自然和生活的感情,融入了园林艺术创造。受禅宗和中国山水画的影响,日本的写意园林艺术臻于佳境。比如,最早在京都的龙安寺出现的石庭,在日本石庭被俗称为"枯山水",贯穿了空寂幽玄的艺术思想。而在僧侣画家之外,狩野正信及其子狩野元信(1477—1559 年),开创了影响深远的"狩野画派",使日本水墨画艺术从汉画之风转向本土之风。狩野元信之孙狩野永德(1543—1590 年)的传世作品还有《唐狮子屏风》《桧图屏风》及《洛中洛外图屏风》等。其中,《唐狮子屏风》图中的唐狮神采飞扬,流露出一种果敢和气吞山河的霸气,与当时的战国时代的氛围非常契合(见图 9)。

图 9 《唐狮子屏风》

图 10 松鹤梅屏风图

狩野永德深受织田信长和丰臣秀吉的赏识,以其卓越的才华,确立起障壁画典型的时代样式——桃山样式。狩野永德特别擅长描绘那种富丽堂皇的金屏风,作于其早年的一件《松鹤梅屏风图》(见图10),显示出他精湛的技艺以及这种屏风画的基本特征[11]。

奥斯曼帝国:细密画

在1522—1582年间,奥斯曼帝国绘画领域最重要的成就是对细密画的继续发展和创新。奥斯曼细密画最初源于15世纪的奥斯曼宫廷书籍插图艺术。苏莱曼一世时期的频繁对外战争,直接在细密画领域产生了一个新的艺术形式:测绘和地图类细密画。比如,当时奥斯曼著名的军旅画家马特拉齐·拿苏(Matrakci Nasuh)在《房屋道路全集》(1537年)中所绘的伊斯坦布尔俯瞰图、著名地图制图学家皮利·雷斯(Piri Reis,1470—1553年)在1540年为《苏丹巴耶济德史》绘制的勒班陀地图等。(见图11、图12)

当时的奥斯曼宫廷无疑是包括绘画在内的各种艺术发祥之地。服务于苏丹

图11 《房屋道路全集》(1537年)中的伊斯坦布尔俯瞰图

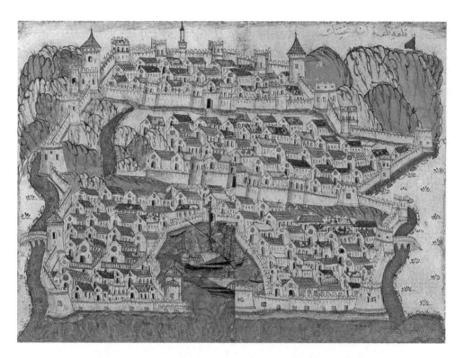

图 12　《苏丹巴耶济德史》(1540 年)中的勒班陀地图

宫廷的工艺家包括画家、图书装订工、皮货商、珠宝商和金匠。现存于世的工匠名单和工资登记簿为 1520—1566 年间苏莱曼大帝对艺术的慷慨资助提供了证据，其中最早的资料可以追溯到 1526 年，名单上记录了 40 个艺术团体的 600 名成员。

欧洲：从宗教到人本

在 1522—1582 年间的经济发展和社会变革，也反映在绘画等艺术领域中。比如，对于宗教改革这一 16 世纪重要的历史事件，一些知名画家的作品就有所体现，包括丢勒 1526 年创作的《四使徒》和米开朗基罗在 1534—1541 年间绘制的《最后的审判》。

丢勒(1471—1528)是德国文艺复兴时期最伟大的画家和版画家，被视为"德意志的代表性民族画家，开创了德意志民族艺术新纪元的艺术奠基人"。出身于纽伦堡一个金匠家庭，幼年跟随父亲学习金银匠作并兼学绘画。他曾到威尼斯广泛学习各画派的绘画技术，并形成自己独特的艺术风格。《四使徒》是丢勒晚年(1526 年)创作的最著名的油画作品，内容取材于《圣经·新约全书》中的约翰、彼得、保罗和马可四位福音使者(见图 13)。

图 13　丢勒的《四使徒》
（德国慕尼黑，旧画廊）

丢勒在创作这幅画的时候，正值宗教改革运动分裂成许多宗派、国家处于混乱之后。他通过对耶稣四个门徒的描绘，寄托了对德国社会改革的推动者和捍卫真理者的热情歌颂和弘扬。他在画的下部题写了如下的文字："在这动荡不安的年代，愿所有执政者时刻戒备，别把谬言视作神谕，因为上帝从不给自己的话增减只字。为此，我希望大家聆听这四位至尊至善的使者的劝告。"

米开朗基罗在创作了西斯廷礼拜堂天顶壁画 25 年后，于 1534—1541 年间再次走进西斯廷礼拜堂创作了《最后的审判》这幅巨作（见图 14）。不

图 14　米开朗基罗的《最后的审判》（梵蒂冈，西斯廷礼拜堂藏）

过，与 25 年前相比，此时的意大利已经发生了很大的变化，反对罗马教皇和封建统治的运动此起彼伏，米开朗基罗的弟弟就是在革命中去世的。画家对教皇和皇帝的恶行极端地愤怒。在这幅巨作中，就包含着作者沧桑的人生体验以及对教会等统治阶级的愤慨和控诉。据说，在 1541 年圣诞节前夕，该画揭幕时，曾引起了整个罗马城的轰动。当时的教皇看到这幅宏伟巨作时，跪倒在它的面前，说："上帝啊，当末日降临时，不要审判我的罪啊！"

除了宗教背景的画作，人物肖像、风景画和地图也是这 60 年间艺术家们创作的"热门领域"。比如，《弗朗索瓦一世》（创作时间：1529—1530 年）是法国让·克卢埃（1485—1540）的代表作，也是美术史上一幅著名的肖像画。让·克卢埃是弗朗索瓦一世的首席宫廷画师。弗朗索瓦一世虽然并不受民众拥护，但他对艺术有特别的偏爱，对当时正值巅峰的意大利文化也极为倾倒。他曾多次邀请意大利的艺术家到法国进行艺术创作，其中就包括文艺复兴巨匠达·芬奇等人。法国如今举世闻名的卢浮宫也是他当时首倡用于收藏艺术经典的。此外，他还特意邀请了大批意大利画家、雕塑家以及建筑师与法国的艺术家们一起参与枫丹白露行宫的扩建，促进了两国之间的文化交流，也直接推动了法国"枫丹白露"画派的形成，他为法国的文化、艺术事业的发展作出了不可磨灭的贡献。让·克卢埃就是该画派的主要代表之一。他在借鉴意大利各画派的绘画技艺的基础上，形成了沉静、含蓄、生动形象的画风，体现在这幅《弗朗索瓦一世》中，也对后来法国绘画艺术的发展具有深远的影响（见图 15）。

小汉斯·霍尔拜因（1497—1543）的《伊拉斯谟像》的主人公伊拉斯谟是当时尼德兰地区具有鲜明反教会、反封建思想的人文主义学者，也是讽刺作品《愚人颂》一书的作者。霍尔拜因还为《愚人颂》绘制了插图。霍尔拜因很早就闻伊拉斯谟大名，并在朋友的引见下与其相识。他在 1523—1524 年间为伊拉斯谟画了三幅肖像画，这是其中最杰出的一幅（见图 16）。画中的伊拉斯谟侧身

图 15　让·克卢埃的《弗朗索瓦一世》
（法国巴黎，卢浮宫藏）

图 16　小汉斯·霍尔拜因的
《伊拉斯谟像》
（法国巴黎，卢浮宫藏）

而坐，正在全神贯注地凝思。高挺的鼻梁，浓密的眉毛，紧闭的嘴唇，透露出一种哲人的睿智和思索的快感，把伊拉斯谟可敬可佩的外部形象以及坚毅果敢、聪明睿智、沉着稳健的内心世界亦刻画得栩栩如生。此外，他在 1527 年为托马斯·莫尔也画了一幅画像。

勃鲁盖尔（1525—1569）是 16 世纪尼德兰地区最伟大的画家。他出生于布鲁日，曾在比利时安特卫普学习绘画，而后迁居布鲁塞尔。他创作了一定数量的宗教画，但更喜欢民俗画和风景画。他于 16 世纪 50 年代初期创作《那不勒斯湾》（见图 17）。

图 17　勃鲁盖尔的《那不勒斯湾》（奥地利维也纳，美术馆藏）

马格努斯的《海图》是欧洲最早的地理代表作之一，创作时间：1527—1539 年。这张地图的尺寸很大，面积达到约 2.1 平方米，呈现了呈扁平状的北欧地区。马格努斯 1490 年出生，在德国上大学。宗教改革迫使马格努斯移居意大利，也正是在那里诞生了《海图》。他花了十二年时间制作这张地图，并于 1539 年印刷出版。

在《海图》诞生的时代，人们对科学和发现充满好奇，但仍然对自然世界抱有各种幻想。当时的欧洲当时已经进入大航海时代，印刷技术的发展为渴望更多信息的受众带来了奇幻的思想。当时距离印刷机发明以来已经过去一个世纪，但很少有欧洲人能够阅读，马格努斯的地图不需要识字技能，它为人们提供了根据圣经或口头传说所了解的怪物形象。在《海图》中，海怪不仅仅是起到装饰的作用，更多的是对危险海域中可怕怪物的警告。这并非空穴来风：仅仅是由于坏血病，16 世纪长途航海的死亡率就达到了 50%。而其他各种事故、溺水和传染病意味着相当多出海的人将面临葬身海底的命运。因此，当时的人们对海上旅行危险有极大的焦虑。对当时的人而言，海洋是一个异常危险的地方，而马格努斯的这张《海图》反映了人们对未知事物的恐惧但同时又想要驯服它的渴望（见图 18）。

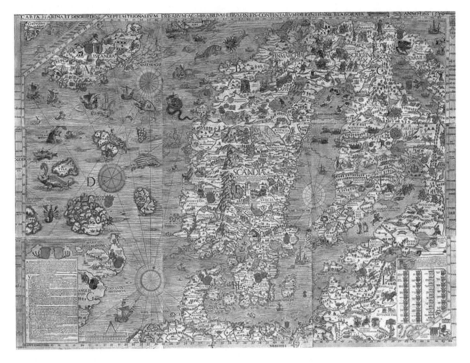

图 18　马格努斯的《海图》

我们可以看到，这 60 年间的欧洲绘画有一个非常鲜明的特征，即除了以教会或者宗教事宜作为背景以外，也有众多绘画作品回归到了对"人"的描绘，或者是对当时新探索的世界的新认识，或者其他世俗事宜，比如旅游中的风景画。

三、500 年前的人都吃啥

大明帝国:"炒炖熬煎,炸烧蒸熏"

16 世纪的大明帝国士大夫热心设计更为艺术化的生活,在烹饪和饮茶方面都有一些著作问世。明代饮食类著作中最重要的应该算是高濂的《遵生八笺》(成书于约 1581 年)和龙遵叙的《饮食绅言》(成书于约 1565 年)。《遵生八笺》内容丰富,其中大部分取之于烹饪实践,也有不少抄自古方和药膳,说明作者较注重饮食的营养保健作用。《饮食绅言》以食论为主,包括"戒奢侈""戒多食""慎杀生""戒贪酒"四个部分。龙遵叙有感于当时的奢侈食风,提倡节俭、少吃和以素食为主的必要[12]。

而 16 世纪大明帝国上层社会,包括富户们的饮食水平,则可以从《金瓶梅词话》第二十二回中可见一斑。书中记载西门庆家的一顿家常早餐是这样的:"两个小厮放桌儿,拿粥来吃。就是四个咸食;十样小菜儿,四碗顿烂:一碗蹄子,一碗鸽子雏儿,一碗春不老蒸乳饼,一碗馄饨鸡儿。银厢瓯儿里粳米投着各样榛松栗子果仁梅桂白糖粥儿",那就更不用说正餐和筵宴了。除此之外,《金瓶梅词话》也顺便提到茶、酒、羹汤、饮料、干鲜果、蜜饯、糖食、糕饼、米面主食、菜肴珍馐,不下三四百种。在烹饪技术方面,书中列举了炒、炖、熬、煎、炸、烧、蒸、熏等各种制法,说明那个时候大明帝国的烹饪已经全面发展,自成体系[13]。

在 16 世纪大明帝国的茶饮方面,大明的茶业处于转型阶段,饼茶生产减少,散茶生产成为主流。在 16 世纪,茶叶对于寺庙经济也极为重要,每位茶叶大师对茶都有特制方式,比如,安徽南部松萝山的僧人大约在隆庆年间(1567—1572 年)调制出了他们的标志性产品。但这一时期,茶叶仍然被视为一种药物或者奢侈品[14],享用的群体仍以上流阶层和士人阶层为主。明代茶文化也有了新的发展,主要表现在这样几个方面。首先,16 世纪真正形成了栖神物外的茶文化心态,更具体来说,大明帝国一部分文人以品茶为日常生活,以茶为玩世之物,以茶雅志。其次是对散茶沏泡方法的进一步深入研究。此外,16 世纪的品茶人更讲究品茶氛围,比如《茶谱》描写了品茶的环境,"或会于石泉之间,或处于松竹之下,或对浩月清风,或坐明窗静牖,乃与客清谈款话,探虚玄而参造化,清心神而出尘表"[15]。

日本：饮食和茶道的"闲寂之风"

正如魏晋南北朝的乱世时期,在上流阶层、士人阶层乃至普通平民之中,茶道和佛道盛行——人们希望在其中获得片刻的安宁,以对抗外界的纷扰和苦闷。在1522—1582年的战国时代,日本的茶饮界也是非常类似的情形：形成了"事茶道"的风气以及怀石料理的出现(见图19)。后来出现的《山上宗二记》记载,小商人、手艺人之间也盛行饮茶聚会。除了斗茶之外,也有在厨房组织的喝劣质茶的百姓聚众,各式各样的茶会都有。

奈良僧人珠光从追求风雅的想法出发,确立了以和汉融合为目标的独特的闲寂茶道观,并创造了新的茶道。武野绍鸥(1502—1555年)继承其茶道风格,并将茶道简朴化。武野绍鸥对茶道的贡献,一是从日本思想体系中发展较为成熟的歌道理论,充实了茶道思想;二是推进了茶会的和式化。

图19　怀石料理

在闲寂的审美意识的指导下,新的餐饮模式——怀石料理于安土桃山时代初期(即1573—1580年左右)形成了。"怀石"指的是佛教僧人在坐禅时在腹上放上暖石以对抗饥饿的感觉。"怀石料理"的原意是指在日本茶道中,主人请客人品尝的饭菜。在茶道中伴随着闲寂茶风的发展,怀石料理的内容也完备了。从茶道与禅院的茶礼关系考虑,不可小看素斋对怀石料理的巨大影响。怀石料理虽然有饭桌形式,但基本上是放在木制方盘中享用的怀石膳。用膳的形式很重要[16]。

就连织田信长和丰臣秀吉都参与到了对茶道的推进中,不过他们基本上是出于政治目的。织田信长常用征集来的名物举办茶会。《天王寺屋会记》记载了1573 年织田信长在京都妙觉寺举办的一场茶会。从茶会上的挂轴,到用膳的食器,都是名物。织田信长借此收买富商的人心,并显示战利品。1578 年,当时还是在织田信长门下的丰臣秀吉也被允许举办茶会。而在 1582 年的本能寺之变后,织田信长的茶道老师们全部受聘于丰臣秀吉门下,丰臣秀吉对茶道的理解和认识有了很大提高,并且比织田信长更热衷于举办豪华的茶会。茶道是织田信长和丰臣秀吉操纵部下和与将领们增进感情的手段,是帮助其实现政治抱负的有力工具[17]。

奥斯曼帝国:鹰嘴豆泥和烤肉

**图 20　16 世纪奥斯曼帝国名菜
——鹰嘴豆泥
(笔者摄,2023 年 6 月)**

在 16 世纪的奥斯曼帝国,人们吃的主食往往来自米麦和面包:奥斯曼帝国制作面包的工艺当时已经达到了很高的高度。在水果领域,当时的奥斯曼人偏好苹果、葡萄和浆果。肉类方面,古兰经是不允许吃猪肉的,而牛又常常用于田间劳作和产制牛奶,于是羊肉成为重要的食用肉类。另外,炖菜和鹰嘴豆泥也是奥斯曼人的最爱(见图20)。不过奥斯曼人并不贪吃,正如 1554 年奥地利驻奥斯曼大使 Augier Ghislain de Busbecq 在他的日记中写道:"他们如果能找到一块加了盐、洋葱和酸奶的面包,他们就不再吃别的了。奥斯曼人喜欢酸奶、奶酪和葡萄。"

16 世纪奥斯曼帝国士兵的标准口粮是每人每天 320 克面包、160 克硬面饼(一种双层烘烤的饼干状面食,保质期长)、200 克羊肉、160 克大米和 80 克油。大米通常会被做成肉饭,这是奥斯曼人的另一种最爱,或者与羊肉一起加入他们的许多汤中。Kebab,即土耳其烤肉,在全欧洲的各个城市随处可见,其密集程度甚

图 21　风靡全球(至少风靡全欧洲)的土耳其烤肉 Kebab,在 16 世纪的
奥斯曼帝国可以找到原型(笔者摄,2023 年 7 月)

至往往超过当地的麦当劳。极有可能在 16 世纪的奥斯曼就已经出现当代 Kebab
的雏形了(见图 21)。

在饮食习俗方面,奥斯曼人生性开朗豪爽,真诚而谦恭,有着东方人热情好客
的特征。奥斯曼人会主动邀请熟悉的朋友到家中做客,主人常常会拿出红茶、咖
啡、蛋糕、点心、水果等来招待客人,但不会轻易请吃饭。如果被邀请去奥斯曼人
家里用餐,在用餐结束以后,主人往往会邀请客人到客厅去喝红茶、咖啡。在此之
前,随意离开餐桌的做法一般被认为是一种失礼的行为[18]。

欧洲：烤孔雀和可可豆

在 16 世纪 20—40 年代的法国,弗朗索瓦一世热衷于吃各种蔬菜、梨、淡水鱼、
烤肉,以及各种能够朝天上飞的动物,比如烤孔雀和其他烤野禽。(见图 22)他的
甜点菜单包括：糖渍水果、牛骨髓饼和杏仁蜂蜜蛋糕。而上文中提到的弗朗索瓦
一世和亨利八世在"金帛盛会"的竞相摆阔中,前两天共有 248 道菜上桌,消耗掉
了：2 000 头羊、700 条鳗鱼、50 只鹭、不计其数的波尔多和勃艮第葡萄酒。

1549 年,为了向美第奇王后表示敬意,在巴黎主教府举行的一场宴会上,人们
吃了 70 多只火鸡——火鸡刚刚于 1520 年代由著名航海家埃尔南·科尔特斯在墨
西哥发现。(见图 23、图 24)1533 年,教皇克雷芒七世(即朱利奥·德·美第奇),

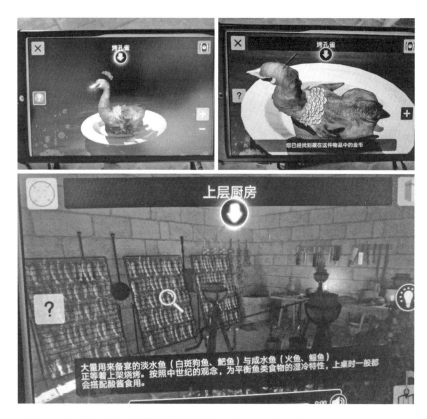

图 22　在法国阿维尼翁教皇宫的宴会厅,中文语音导览器上显示了 16 世纪
法国宫廷食用的佳肴,包括烤孔雀、名字听都没听过的淡水鱼等,令人
叹为观止(笔者摄,2019 年 6 月)

图 23　埃尔南·科尔特斯画像

发现的四季豆(ayacolt)给了法国的美第奇王后,
于是四季豆很快在法国的饮食界传播开来。

　　与阿拉伯人的贸易对当时意大利的餐饮的
影响很明显:直到 16 世纪中叶,意大利三分之二
的菜谱还带着东方影响的痕迹并且使用香料。
香料的性质还带有社会地位的标记:一道菜包
含的各种香料越多,社会地位越高。逐渐地,意
大利向欧洲提供披萨,以及由阿拉伯人从大明帝
国传入的面条(这或许正是如今意大利面的重要
起源之一)。同时代最重要的烹饪书之一是巴托
洛米奥·斯戈皮(Bartolomeo Scappi)于 1570 年

图 24 埃尔南·科尔特斯于 1520 年代在墨西哥发现的火鸡

留下的著作，他是当时的教皇庇护四世和庇护五世的大厨。同样是在 1570 年，咖啡从君士坦丁堡传入了威尼斯。早在 16 世纪中叶，君士坦丁堡到处都是"kahwakanes"，即"咖啡馆"，它们经常成为文人们聚会聊天的场所。

一些意大利、法国和英国的谚语仍然在强调非常古老的禁忌，这些禁忌一直都是欧洲营养学的内容之一。比如，"干酪可以消化任何食物，除了它自己不易消化"（1566 年）；"肉归肉，鱼归鱼"（1578 年）；"水里来的鱼必须死在油里"（1578 年）；"吃生菜后不喝酒的人有生病的危险"（1579 年）。

16 世纪 80 年代对于全球，尤其是当时西班牙的巧克力和可可爱好者也是一大福音：1585 年，第一批可可豆抵达西班牙的塞维利亚港。（见图 25、图 26）巧克力最早是 1527 年由科尔特斯在墨西哥发现的，当时被玛雅人和阿

图 25 可可豆

兹特克人加了辣椒后当作一种饮料来喝。很快，在 16 世纪末，这种饮料在伊比利亚半岛流传开来：这种饮料又加了蜂蜜或者糖后，在西班牙被大量消费[19]。这种饮料后来在 17 世纪初被带入法国宫廷，再后来，就逐渐走向了全球。

图 26　西班牙塞维利亚港(笔者摄,2019 年 10 月)

四、现代大学的"老祖宗"

大明帝国:"千军万马过独木桥"的科举

如前所述,明朝伊始,国家所确立的学校教育体制,分为中央国学、地方儒学以及社学三级。其中,中央国学里的国子监最初与科举并行,在宣德年间并轨,统一为科举制度。

在 1522—1582 年的大明帝国,科举考试仍然是明廷掌控国家意识形态和社会精英的一个重要措施。"整个明朝的行政都是由文官主导的",对儒家思想和以儒家文化为基础的科举制度存在着"严肃的尊重"[20],它"是在大片地区实行统一国家社会和政治秩序的主要工具"[21],通过科举将优秀人才吸引到系统中,然后供国家使用。

大明帝国科举选拔出的官员组成的文官系统比之前的任何一个朝代都发挥了更为重要的作用。如前所述,1522—1582 年间大明帝国的几位皇帝,要么乏力掌控"由文人而非世袭贵族领导的政体"[22](例如隆庆时期),要么虽然对文官系统有所把控但对治理国家本身的兴致很低(例如沉迷于多种娱乐形式的正德皇帝,抑或痴迷长生不老药的嘉靖皇帝，抑或长达几十年不上早朝的万历皇帝）。因此，对帝国的控制往往落入有权势的高级官僚手中。正如韦伯所指出的那样，"在世袭制国家中，官员作为最有实力的一群人以及'税收收割者'，最有机会积累财富"[23]。这一条基本适用这 60 年间的大明帝国。尽管这些官僚可能为自己的家族谋取私利，但他们更重要的角色仍然是充当皇室和帝国的"代理人"。

这些人选的挑选就需要科举的帮忙。虽然大明帝国的科举是出了名的"八股"，但得益于科举制度自隋朝建立伊始历时七百多年后的高度成熟，科举体制确实可以挑选出大量优秀的人才。这 60 年间的几位大明帝国皇帝似乎都很聪明（但也很懒惰），他们往往只是在幕后操控，让他们觉得最合适的"代理人"来守护皇族和国家的利益。因而，嘉靖皇帝虽然忙于寻找丹药，但还是任命了一些通过科举制度上来的真正能干的官员来代为行事。而对于万历皇帝来说，官员们十多年没见过皇帝的情况确实并不罕见，但万历皇帝每周也会和他的内阁见面至少两次，商议国家政务。

在 16 世纪的大明帝国，平民阶层愈发从科举中明显受益，这或许也是明末东林党等商人阶层代言人能够崛起的制度基础。Chang(2014)做过一个相关的有趣研究，根据其研究成果，我们可以看到，在 1522—1582 年间，家族中过去三代中有人当官的官僚占官员队伍的比例相对还是比较平稳的，并没有出现很多人以为的"大明帝国官员呈现世袭化倾向"。这一定程度上也说明了，大明帝国的科举，相对而言还是比较公平的，虽然它本身仍有这样那样的缺点（见表 1、图 27）。

表 1　殿试成绩与家族中三代中有官的官僚占官员队伍的比例(1430—1583 年)

	%殿试排名		% 殿试排名(分时期)				
	(1)	(2)	1430—1469 (3)	1472—1496 (4)	1502—1535 (5)	1538—1559 (6)	1562—1583 (7)
三代以内有人做官	− 0.053 9*** (0.009 40)	− 0.057 7*** (0.011 1)	− 0.098 4* (0.054 2)	− 0.022 0 (0.039 1)	− 0.074 3** (0.031 3)	− 0.043 2 (0.027 1)	− 0.082 0*** (0.023 0)
两代以内有人做官	− 0.026 8*** (0.007 02)	− 0.033 2*** (0.007 96)	− 0.059 3** (0.026 8)	− 0.036 6 (0.024 2)	− 0.031 2 (0.021 9)	− 0.025 2 (0.020 3)	− 0.055 2*** (0.019 6)
一代以内有人做官	− 0.016 6*** (0.006 13)	− 0.024 6*** (0.006 87)	− 0.031 9* (0.019 3)	− 0.027 3 (0.020 0)	− 0.022 3 (0.019 3)	− 0.029 5 (0.019 1)	− 0.044 3** (0.018 1)
% 会试排名		0.108 *** (0.010 0)	0.109 *** (0.027 7)	0.095 5*** (0.029 6)	0.127*** (0.028 3)	0.102*** (0.027 6)	0.115 *** (0.026 2)

（续表）

	%殿试排名		% 殿试排名(分时期)				
	(1)	(2)	1430—1469 (3)	1472—1496 (4)	1502—1535 (5)	1538—1559 (6)	1562—1583 (7)
% 乡试排名		0.061 1** (0.009 39)	0.052 2*** (0.025 9)	0.079 5*** (0.027 2)	0.001 24 (0.025 8)	0.060 4** (0.025 3)	0.085 0*** (0.024 0)
出生的县		Yes	Yes	Yes	Yes	Yes	Yes
控制变量		Yes	Yes	Yes	Yes	Yes	Yes
样本数	12 877	12 244	2 339	2 313	2 387	2 491	2 714
R^2	0.003	0.195	0.405	0.403	0.379	0.378	0.367

注：括号中为稳健标准误差。在 * 10%、* * 5%、* * * 1%水平上显著。
对照组：年份虚拟变量、年龄、求学时长、家庭状况、乡试考试地。

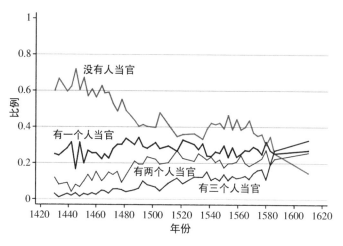

图 27　家族中过去三代中有人当官的官僚占官员队伍的比例(1430—1610 年)
资料来源：Chang, K. C. (2014). Social Mobility in Ming China：Evidence from Twelve Thousand Chin-shih Data.

　　而且,基于商人在大明帝国社会生活中愈发凸显的重要性,历朝"登不上台面"的商人阶层在大明帝国的科举中也受到了更多关照。商人们因开展商业业务的需要,不得不经常长途跋涉,这就导致商人或其子女返乡备考的困难尤为突出。明廷也意识到了商人所面临的困境,一些地方政府早在 16 世纪上半叶就开始推出各种便利商人参加科举的措施。而到了万历八年(1580 年),明廷系统地解决了这一困境：增加了单独的"商籍",并增加这一群体的参加科举的名额。从此,大明帝国的商人们可以更轻松地参加科举考试[24]。

日本：儒学、武士和宗教

自幕府时代开始，"大学寮"和"国学"已经消失，出现了官营和民营的古代学校。其中，官营学校的课程主要是四书五经等儒家典籍，此外还有武士修养和技艺等。1522—1582 年间的战国时代亦是如此。

在这 60 年间，宗教教育仍然占据着重要地位，特别是佛教和神道教在教育领域的影响力较大。许多寺庙和神社都设有学校，为年轻人提供基础的文字和宗教知识。这些学校的教育内容主要包括经文、礼仪、文学和艺术等，培养学生的宗教信仰和道德品质。亦有一些新的教派在 16 世纪的宗教教育中颇具影响力。比如曹洞宗，它是这一时期最稳定的教派，在政治层面上也是最温和的教派。它将佛教神灵和日本神灵都吸纳进来，这个教派赢得了地区贵族、当地武士和各类村民及城镇居民的效忠。到了 1550 年，曹洞宗的僧侣们已经拥有了散布于从本州北部到九州南部的大约 15 000 座寺院。又比如，法华宗。在 15—16 世纪，他们的教义朝西扩散，慢慢地在日本中部崛起了一些活跃的信徒团体，甚至一些公家也加入了这个教派。法华宗的寺院变成了城市领导层的中心。在参与战国武力政治并付出了昂贵代价的一段时间之后，法华宗又复苏，于 16 世纪后期成为一个许多当时最为成功的艺人和商人都加入的教派[25]。

奥斯曼帝国：以大清真寺为中心

教育是 16 世纪奥斯曼帝国的苏丹们关心的另一个重要领域。首先值得一提的是奥斯曼官办的精英教育。具有相当规模的清真寺设有高等学校，教授文法、逻辑学、哲学、修辞学、几何学、天文学、法律和神学。这些学校不但传授不可分割的神学和法律，同时也传授一些人文科学和自然科学的基本知识。那些在高等学校学习期满毕业的人都自动成为乌里玛阶层的一员，可以成为教师或者伊玛目（一般指伊斯兰教集体礼拜时在众人前面率众的礼拜者）。

教学中心往往是围绕清真寺庭院的众多建筑之一，清真寺周围其他服务大众的建筑设施还包括图书馆、食堂、喷泉和医院[26]。1550—1559 年间，苏莱曼一世为了加强教育力度，又设置了四座高等学校，增设了医学、数学和物理学科[27]。

欧洲：大学教育的复兴

在对近代科学于西欧的兴起的解释中，大学的兴起具有很高的重要性[28]：传播科学知识的最适合平台。从某种程度上说,大学本身是 12 世纪法律革命的一项副产品:正是对法律意见以及对学者、律师、牧师和神职人员的需求促进了大学的发展,并且也几乎完全意外地创造了使科学得以繁荣的机构和平台[29]。

1453 年东罗马帝国为奥斯曼帝国所灭之后,希腊学者纷纷逃亡到西欧。大量的希腊和罗马文献出现在欧洲人面前,令他们惊叹不已。16 世纪的欧洲刚刚结束了长达千年的中世纪黑暗时代,在教育领域的启蒙已然开始,虽然仍处于初始的过渡阶段。

在 1522—1582 年,欧洲的教育仍然主要由教会和贵族掌控,大多数人仍然没有机会接受正规的教育。当时的欧洲教育体系以教会教育为主导,神学教育是当时最重要的教育内容之一。教会通过修道院、教堂学校和大学等机构传播宗教知识和信仰,培养牧师、修士等教会人员。

在这 60 年间,欧洲的大学数量逐渐增多,并且在教学内容和组织结构上有了一系列的变化。16 世纪的宗教改革和时有发生的混乱一度使大学的教育蒙受严重损失。不过,混乱倒退的局面很快得到扭转。宗教改革家和国家行政管理部门通力合作,积极开展教育重建工作,特别是大学的重建工作。宗教改革家因为其阅读圣经主张,敏锐地意识到大众教育的重要性,也迫切希望通过教育,培养有学识的牧师;世俗政权则需要受过良好教育的专业人才,充当正在扩张的各级政府机构的官员。于是在这一时期,马尔堡大学(1527 年)、布拉格大学(1556 年)、耶拿大学(1557—1558 年)、维尔茨堡大学(1582 年)等知名高校先后创办。(见图 28)

这一时期的大学教学内容涵盖了神学、法学、医学和哲学等多个领域,而且开始有了一定的专业分工。以当时的德语区大学为例,在 16 世纪上半叶及之前,上课的时候,各个专业的老师们一般按照固定的时间表讲课,讲课方式主要是读标准的教材,学生们则忙于做笔记。课本不是人人都有的,因为新的印刷术刚刚发明,15 世纪末才发展成主要工业。定期和不定期的辩论是课堂讲授的一种补充,目的在于检验学生是否能够灵活地运用所学的知识。这一时期欧洲大学的教学内容发生了一些积极的变化。比如,从前的文学院几乎完全以亚里士多德的哲学为基础,如今则变成古典人文学科,历史、政治学、哲学、法律等课程的比重得到了加强,虽然和后面的世纪相比,医学和自然科学的重要性尚未得到足够的重视[30]。

同样是在这 60 年间,人文主义思潮开始在欧洲大学中盛行,对教育内容和方法产生了深远影响。人文主义者强调对古典文学和人文学科的研究,提倡人的全面发

图 28　从马尔堡城堡俯瞰 1527 年建校的马尔堡大学(笔者摄,2017 年 4 月)

展和自由思考,这种思潮对大学教育产生了积极的推动作用。此外,16 世纪的欧洲大学也是学术自由和学术争议的重要场所。在大学中,学者们自由地表达观点、展开讨论,这种学术自由的氛围促进了知识的创新和进步。但同时,由于大学教育与宗教权威紧密联系,一些学术观点和理论也遭到了审查和限制,学者们之间也存在着激烈的学术争议。当时大学的学生生活也丰富多彩,大学成为知识和文化交流的中心。学生们除了参加课堂教学外,还积极参与学术讨论、社团活动和文化节庆等各种活动。此外,大学城也成了文化和艺术的聚集地,吸引了大量的学者、艺术家和文人前来交流和创作。

五、平民也学习

大明帝国:"上承传统,下接新品"的新型书院

在 1522—1582 年的大明帝国,以科举为代表的传统官办教育并不再是"一家独

大"的主流。新型的书院和新思想开始在大明帝国出现。

在 16 世纪上半叶,大明帝国的官办学校教育已经开始呈现出衰敝之象。原因可能有这样几个:例监生的出现造成学生成分混杂,质量下降;教师的日益缺乏;程朱理学的思想专制,以及大明商业的飞速发展。商业的井喷和经济的春风,让专制的程朱理学与科举制度的沆瀣一气与这个时代愈发显得格格不入。如前所述,明代科举的一大显著特点正是八股文:考生的思想日益僵化,行文日益枯燥和空洞。

在这样的背景下,阳明心学、新朱子学等具有启蒙色彩的新思想逐步脱颖而出。大明帝国的官办学校教育大都僵守着旧的程朱教条,于是,讲学书院应运而生,从 16 世纪上半叶开始勃兴。讲学书院最大的特点就是自由讲学,其目的不是为了参加科举考试。这里成为明朝中期开始学者们传播思想、昌明真正的学术之地,是新思想、新学术的孕育和诞生之地。

这一时期书院的兴起与王阳明(1472—1529 年)创立心学以及阳明学派弟子们传播心学的努力是分不开的。在当时的大明帝国,阳明心学对于人们规范道德、提倡实践、给予人生力量具有巨大的影响。他甚至被后人封为"圣人",差不多和孔老夫子一个级别的。王阳明讲学 22 年,所到之处即开设书院,宣讲他的"致良知"理论,甚至连后来官至内阁首辅的徐阶、张居正等人也是王学中人(见图 29)。与王阳明同时期的著名学者、"甘泉学派"创始人湛若水(1466—1560 年)也喜欢建书院,他讲学52 年,在全国各地讲学和周游,"平生足迹所至,必建书院"。(见图 30)

图 29　王阳明画像　　　　图 30　湛若水画像

王阳明、湛若水等学者的讲学和建书院受到了明廷保守势力的攻击，前后至少发生了三次禁毁书院的情况。第一次禁毁书院发生在嘉靖十六年（1537 年），嘉靖皇帝下诏禁毁南京的讲学书院。次年（1538 年）发生了第二次禁毁书院，当时的吏部尚书许瓒上疏要求禁毁各司及州府以阳明学为主的讲学书院。万历七年（1579 年）张居正力主进行第三次禁毁书院。张居正本人是阳明学说的支持者，所以此次由张居正主导的禁毁书院，其目的并不是针对阳明学说，而是想通过压制书院来强化官营学校，把教育重新纳入到以官办学校为主的轨道，同时也正好顺便借此排除异己，因为反对他专权的士大夫多数是自由讲学的学者。这次禁毁书院的规模甚于嘉靖时的两次。不过，其时与内阁对立的士大夫的力量已经越来越强大，所以基本没有削弱书院讲学之风[31]。

日本：多系统并行的平民教育

在 16 世纪，日本的平民教育呈现多系统并行的态势。首先，在日本的传统社会中，家庭教育一直是重要的教育形式之一。父母和长辈通常会亲自教导子女基本的礼仪、道德和家庭职责。在 16 世纪，日本社会的家族观念十分重要，父母对子女的教育责任很重，他们会尽力培养子女的品德和才能，以便他们在社会中取得成功。

当时日本的武士阶层（武家）也有自己的教育体系，这主要体现在武道和礼仪的培训上。武士的子弟从小就接受剑道、弓道等武术的训练，同时也注重礼仪、道德和忠诚精神的培养。武士教育不仅注重身体素质的培养，还强调忠诚、勇敢和荣誉的精神，以培养出优秀的武士人才。

16 世纪的日本也开始出现一些私人学校，为普通民众提供教育机会。除了上述寺庙、神社等宗教机构创办的学校外，一些地方领主和贵族也开始在自己的领地上建立学校，为本地区的子民提供教育资源。当时的民营学校和前述的官办学校类似，当时的学校课程主要是文学、数学、历史等基础知识的教育，还有一些基本的武士修养和技艺等。

奥斯曼帝国："教律裁判委员会"与教育

16 世纪奥斯曼帝国的平民教育，主要由伊斯兰教机构负责。这一总机构一般下设"学者会议"和"教律裁判委员会"等附属机构，这些机构由伊斯兰教长老、法官以及从事教法和教理研究的学者们组成，负责司法和法律的裁决、监督和履行宗教仪式,管理清真寺和宗教基金,以及管理各级教育。

伊斯兰教机构对帝国教育的管理,主要通过清真寺来进行。每一所清真寺都有一个初等学校,学生们在其中读书、写字、学习阿拉伯语和《古兰经》。在苏莱曼一世时代,由宗教基金资助的清真寺附属学校为男性穆斯林学生提供了一个充分自由的教育环境,明显地优于同时期的基督教国家。在苏莱曼时代的帝都伊斯坦布尔,小学的数量已经增加到了至少 14 所。小学主要是教学生们阅读、写作和伊斯兰教教义。小学毕业后,如果学生们想接受更进一步的教育,可以进入八所伊斯兰学校(可类比当时基督教世界的学院)中的一所深造,在那里学习语法、形而上学、哲学、天文学和占星学[32]。

欧洲:印刷业与教育启蒙

16 世纪的欧洲平民教育

16 世纪的欧洲私办教育包括了贵族教育和市民教育两个方面。贵族子弟通常接受私人教育,由家庭教师或私人导师传授知识和技能,重点是培养领导才能和社交技巧。市民阶层的教育主要通过城市学校进行,这些学校由市政府或商业组织资助,提供基本的读写、算术等知识,培养劳动力和商业精英。此外,16 世纪的欧洲还存在一些非官方的教育机构,如医学院、法学院和艺术学院等。这些学院通常是由行业组织或职业协会设立,培养医生、律师、艺术家等专业人才,为社会提供专业技能和服务。

在 16 世纪的欧洲,教育的机会仍然是有限的,大多数人仍然没有机会接受正规的教育。农民和工匠的子女通常只能在家庭中学习父辈的手艺和技能,缺乏正规的学校教育。妇女的教育机会更为有限,大多数女性只能接受基本的家庭教育,学习家务和手工艺,很少有机会接受正规的教育[33]。

印刷业的助力

在 1522—1582 年这 60 年间,欧洲教育的逐渐"进化"离不开一项技术的重要支撑:印刷业的持续发展。

16 世纪初期,欧洲大约有 250 家出版印刷机构:这些机构生产了约 2.7 万个版本的书籍。然而,绝大多数能够读写的人仍然不拥有任何印刷书籍,更不要说高达总人口九成的文盲了。有数据表明,中世纪晚期的西欧大约只有八分之一的人口具有读写能力,而事实上,这种读写能力通常也仅仅意味着他们能够在契约上签名[34]。

当时的大部分书籍是拉丁文印刷的神学书籍，它们的吸引力不大。可以说，在 16 世纪初期，流行的传播媒体依然是教堂和市场，而不是印刷文字。

16 世纪西欧印刷业的发展产生了明显的滚雪球效应：用本地语言写作的书籍越来越多（尤其是本地语言版本的《圣经》），于是越来越多的人开始阅读；而这一点又推高了对新书的需求。一个意大利作者在 1550 年抱怨道，可读的书太多了，以至于他连标题都读不完。此外，书籍的使用频率越来越高：以前拥有拉丁文书籍的富人会把图书珍藏在自己的图书馆里，只与受过良好教育的亲友分享；而现在大部分本地语言的图书被传来传去，可以被不同的人读上十几遍。

印刷革命还有一点之前不那么被人重视的衍生效应：社会效应。随着印刷文字的普及，识字人数随之增加，书面文字的重要性得到更大的强化。几乎欧洲每个国家都开始记录个人洗礼、婚礼和葬礼的信息。比如，英格兰从 1538 年开始记录以上信息。法国从 1539 年开始保存洗礼记录，对婚礼和葬礼的记录开始于 1579 年。在德国，一些独立教区早在 1520 年代便开始了登记制度，大部分地区从 1540 年代起就开始有了系统的记录。在 1520 年代的葡萄牙，每 12 个教区中已经有一个教区实施了民事记录。

民事登记制度只是冰山一角。在 16 世纪的英格兰，政府开始要求保存大量其他文件材料。比如，从 1552 年起，地方法官开始为旅馆老板和船运供给老板颁发执照。而政府也开始禁止某些书籍的出版。除伦敦的出版社以外，仅有两家大学的出版社被允许营运。所有出版社都必须在出版同业工会注册，以便代表王室的官员能检查所有的出版内容，审查与其利益相违背的一切内容[35]。正如《欧罗巴一千年》中所说，"今天我们或许觉得这样的干预很正常，但考虑到书籍印刷在 1500 年以前尚未有所记录，到了 1600 年就成了政府严密监控的领域，这的确是一个巨大的跨越"[36]。虽然如此，印刷业的发展，对于当时欧洲平民教育的助推作用是显而易见的。

六、"睁眼看世界"

大明帝国："舶来品"和"本地特产"

书院和"王学"绝非动摇大明帝国保守势力的唯一一股力量。随着传教士的到来,16 世纪大明帝国的各个阶层开始受到"舶来品"的影响,尤其是来自欧洲的自然科学领域的成果。随着明廷上层以及学界开始接触越来越多的"舶来品",其中一些比较实用的部分也在当时大明帝国的普通民众间得到传播。

以机械学领域为例。当时欧洲人研发和使用机械的水平已经远在大明帝国之上[37]。在这一时期的大明帝国,对机械制造有较大贡献的是王徵。

王徵在与当时来华的传教士接触后,对西方的机械知识以及钟表结构原理产生了很大的兴趣。他产生了许多灵感,甚至设计出了自行车以及其他各种器械。他与德国传教士邓玉函合译的《远西奇器图说录最》是最早系统介绍西方力学知识的中文著作,在中国力学史上具有里程碑的意义。其中包含了许多对当时的明朝人而言非常耳目一新的事物,比如阿基米德螺旋式水车、压力水泵、旋转式水泵、风力磨、塔式卧轴风车等机械,以及动滑轮、由定滑轮和动滑轮组成的滑轮组、蜗轮蜗杆结构、鼓轮等机构。其中不少术语甚至沿用至今。《远西奇器图说录最》把力学和几何原理作为机械设计基础放在一个相当重要的地位,这比起古代中国传统完全依赖工匠个人经验发明或改进器械,是一个认识上的飞跃[38]。(见图 31)

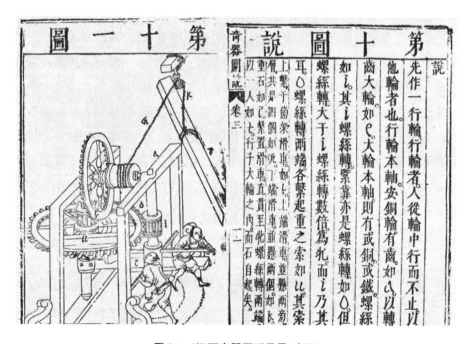

图 31 《远西奇器图说录最》内页

　　作为典型的小农经济，大明帝国的农具改良也十分重要，主要涉及对传统农具的改进和创新。例如明代钢制犁的出现使得耕地更加平整，轻便的耕牛耕作更为轻松。此外，明代还出现了许多新型的农具，如梳齿轮牛耕机、提水机等。这些农具的改良主要是为了提高耕作效率和降低劳动强度。

　　而在药物学领域，这一时期大明帝国的"本地特产"有很多，其中最为著名的作品可能要数由李时珍编纂而成的《本草纲目》了。（见图 32）《本草纲目》是一部全面而系统的药物学巨著，收录了大明帝国几乎全部的药物和药方，并对其功效和用途做了详细的介绍，被誉为"东方药学的百科全书"。

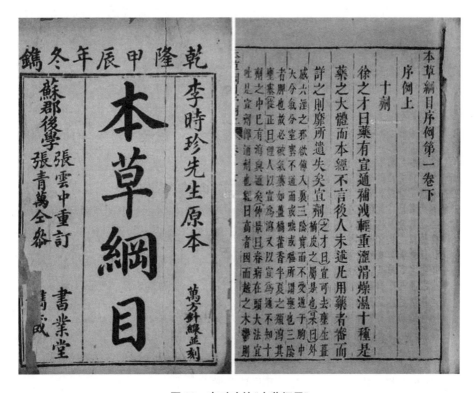

图 32　李时珍的《本草纲目》

　　《本草纲目》全书分为五十二卷，收录了大约一万三千多种药物，总计五千多万字，堪称中国古代药学的宝库。它的编纂历时二十多年，李时珍不仅亲自采集植物、动物、矿物等药材，还广泛搜集前人的药物记载和经验，进行整理和补充，使得《本草纲目》汇聚了丰富的药学知识和实践经验。

　　总体来说，除了《本草纲目》等少数比较惊艳的成果，这 60 年间大明帝国的科技创新乏善可陈,而且大都没有太高的技术含量,更多的是对原有工具或技术的一些细节化提升,或者纯粹是对"舶来品"的模仿。虽然如此,随着更多新事物的涌入,自然科学还是在大明帝国得到了逐步的普及。不得不说,在 1582 年后不久,《徐霞客游记》《天工开物》的出现,以及徐光启和利玛窦合译《几何原本》的引入等,都离不开这 60 年间自然科学氛围的启蒙。

日本:外来文化的影响

1522—1582 年的日本,开始受到更多外来文化和知识的影响,尤其是来自欧洲的。在此期间,欧陆文化,尤其是铁炮等枪械武器文化和基督教文化传到了日本。比如,织田信长先是从葡萄牙传教士那里得到了毛瑟枪,然后在他控制了堺市之后加速这种"洋枪"的生产[39]。这无疑加速了日本统一的进程。

葡萄牙人在 1542 年"发现"日本后很快加深了对日本的认识。驱使他们这样做的动力既为传播基督教,也为获得日本的白银。正如葡萄牙人迪奥高·道·高特在《亚洲史》中所写的那样,在当时的日本,"银是唯一的等价交换物"。在日本,1526 年发现石见银矿,1533 年日本引进新冶炼法"灰吹法",银的产量迅速增加。当时大明帝国的经济规模仍在扩大,同时又实施了限定用白银纳税的"一条鞭法"税制改革,因而导致对白银的需求大增。不仅日本的白银,连南美的白银(当时称为"墨西哥银")都被吸引到大明帝国。西班牙人将墨西哥银从银矿经阿卡普尔科和马尼拉后输入中国。包括日本人和葡萄牙人在内的倭寇,将日本白银从银矿经平户到福建漳州的航路输入中国。

当时的日本通过走私贸易克服技术上的落后,并很快实现了银的增产。其原因主要是以下两点。第一,日本在形式上是接受大明帝国的册封,但所受限制比较弱,无论生产多少白银也不用担心有"贡银"的命令;第二,此时的日本正值战国时代,各个大名都努力将矿山掌握在自己手里并鼓励增产。

奥斯曼帝国:地理学与海军

在 16 世纪的奥斯曼帝国,由于宗教高级学校的普遍开设,数学、地理学和医学等科学知识得到普遍传播。其中,奥斯曼帝国的地理学与海军联系密切:前者为后者提供指南,后者为前者创造需求。16 世纪是奥斯曼帝国海军的全盛时期。上文已经提及的地理学家皮利·雷斯同时也是海军指挥官。1522 年,他写成其代表作《海军志》，将此前八百年间伊斯兰水手和地理学家关于海洋和航行的地理知识、他本人以及西方水手的相关经验收录其中。1528—1529 年，他又绘制了一张地图，显示出北大西洋沿岸的欧洲西部和北美洲轮廓（见图 33）。当时奥斯曼的红海舰队总司令希提·阿里·雷斯（Seydi Ali Reis，1498—1563 年）于 1554 年写成地理学著作《海洋》。

图 33　皮利·雷斯绘制的世界地图的一部分（1528—1529 年）

这些新的知识得以在奥斯曼传播，当然还是要靠印刷术。印刷术在 15 世纪的奥斯曼帝国是被明令禁止的（1485 年当时的苏丹巴耶济德二世下令禁止臣民开展印刷业务）。到了苏莱曼一世时期，印刷术"解禁"。印刷所相继成立，甚至 1567 年在伊斯坦布尔还出现了一家亚美尼亚文的印刷所[40]。

欧洲：自然科学与女性主义

女性地位和女性主义

前述的西欧蓬勃发展的印刷业，尤其是本地语书籍的印刷，带来了一个之前不为人们所重视的社会影响：女性社会地位的变化。书籍对所有读者一视同仁，并不介意读者是男性还是女性。聪明的女性很快认识到她们能够像男人那样通过读书获取知识。比如,在英格兰,男性的识字率在整个 16 世纪翻了一番,从 10% 增加到 25%;而女性的识字率增加幅度更大,从不到 1% 增加到约 10%。

因为不满于大众对女性被歧视的忽视,一些女性试图纠正性别对待中的不平衡。在意大利,图里娅·达拉戈纳(Tullia d'Aragona)于 1547 年写了一本名为《无尽爱情之对话》,指出把罪和女性以及性行为联系起来是不道德的,是对女性的歧视。加斯帕拉·斯坦帕(Gaspara Stampa)则写了一系列抒情诗。在英格兰,伊莎贝拉·惠特尼(Isabella Whitney)成为第一位用英语出版诗歌的女性。她于 1567 年出版了《改写成诗的书信:一位淑女致她多变的情人》表达了其内心的苦涩。而在 16 世纪的法国,女性作家也开始挑战旧有的体系[41]。

在 16 世纪,已经出版和尚未出版的女性作家作品还包括书信、宗教小册子、日记、回忆录和食谱。这些书籍有助于塑造女性的身份认同,并加强她们日益增长的个体感。印刷因此成为整个女性和知识新关系产生的催化剂[42]。

自然科学教育

《剑桥欧洲经济史》将 1600—1640 年称为"培根、伽利略和笛卡尔的时代"[43]。不过,在这一时期的欧洲社会,科学其实仍然并非主流。炼金术士、占星术和魔法师仍然大行其道。而在这个"培根、伽利略和笛卡尔的时代"前的 1522—1582 年,那就更是如此了[44]。

当时印刷业的发展,带动了另一个重要的"副产品":对古代科学著作的翻译和介绍更进了一步。文艺复兴推动了对世俗生活的重视,从而引起了人们对自然的浓厚兴趣和自然科学的发展。对人体、天文、地理以及自然世界其他领域的研究普遍得到了加强。观察和实验日益成为科学研究的重要手段。数学和数学方法受到普遍重视,并逐渐与自然科学研究结合起来。这些发展为 16 世纪以哥白尼的天文学革命为代表的自然科学繁荣打下了基础[45]。

在 1522—1582 年间,虽然宗教和神学教育仍然是教育界的主流,但欧洲在自然科学领域也取得了不小的成就。比如,在天文学领域,哥白尼(1473—1543 年)出身于来自托伦的德意志商人家庭。他的专长并非只有天文学一项。他受国王雇用进行货币改革。他的论文《货币铸造策略》(1526 年)中关于"劣币驱逐良币"的类似"格雷欣法则"的阐述,比格雷欣早了 30 多年。而在哥白尼著名的《天体运行论》(1543 年)中,他用统计资料充分论证了他早在 1510 年代就已经提出的"日心说"。"日心说"一举推翻了亚里士多德的关于一个不动的、位于中央的、不像行星的地球的观点。其后不久，开普勒（1571—1630 年）发现了行星轨道的椭圆形状，从而进一步证实了哥白尼的理论[46]。

又比如，在解剖学方面，之前几个世纪的权威是 14 世纪博洛尼亚大学医学教授蒙迪诺的教科书。达·芬奇是最早对此表达反对的学者之一：他更倾向盖伦的"从骨骼开始"的研究体系，而不是蒙迪诺的"从脏器入手"。1531 年，长久以来一直没有被发现的盖伦长篇论文集《论解剖程序》于 1531 年出版。很快，盖伦成为新的权威。

安德雷亚斯·维萨里（1514—1564 年）是帕多瓦大学的教授和后来查理五世和菲利普二世的宫廷医生，他革新了整个人体解剖学的教学。他的《人体的构造》（1543 年）实现了十几项解剖学和生理学上的突破，尤其是在循环系统和神经系统方面（见图 34）。

又比如，在动植物学领域，帕多瓦大学医学院于 1533 年成立了植物学讲席，其他学校也随之跟进。在 16 世纪三四十年代，德国的新教植物学家出版了关于已知植物的百科全书，并依据古代作者和详尽的实地考察收录它们的产地和医药用途，还带有好几百幅详尽的插图。奥托·布伦费尔斯（1488—1534年）收录的插图极为精确和逼真，绘有植物的根、表面细节，以及从各个不同的角度展现的

图 34　维萨里的《人体的构造》
　　　　（1543 年）插图

叶和花。意大利植物学家卢卡·吉尼（1490—1556 年）在博洛尼亚大学建立了一个植物标本库。到他去世的时候，标本库已经遍布欧洲各地。两位来自瑞士的植物学家，康拉德·格斯纳（1516—1565 年）和格奥尔格·鲍尔（1494—1555 年），系统性地研究了"化石"。他们分析、归类并描述宝石、岩石、金属、琥珀，以及真正意义上的化石。格斯纳在其《化石记》（1565 年）后附上现有的样本目录，以促进全欧洲化石搜集的发展。

在这 60 年间，学者们和自然哲学家们都在不停地推进对于自然世界的理解，出版了大量的百科全书、文摘等学术著作，彼此之间通过紧密的知识交流网络进行直接对话。人类的知识发展与以前历史相比变得更成体系也更广泛[47]。这 60 年间科

学领域中的两项非常重要的成就,即哥白尼的新天文学和维萨里给予完善的新解剖学,都属于纯知识领域。虽然它们暂时还没有直接的用途,但它们在将来都会产生有用的事物。而在科学更加实用的学科中,比如机械学、物理学和化学,这 60 年间尚未出现新原理来改变技术实践;相反,可能其反面的影响更为凸显[48]。

甚至,在药物学领域,新航路的开辟激发了欧洲人对东方"神秘香料"的向往,并且确实影响了欧洲人对药物和香料的看法。比如,1563 年,曾在果阿工作的葡萄牙医生加西亚·德·奥尔塔(Garcia de Orta,1501—1568 年)出版了著作《印度草药和药物谈话录》(Colóquios dos simples e drogas da India),纠正了此前关于多种药物和香料的错误观点,并填补了药物学领域缺乏对东方世界进行系统论述的著作空白。

参考文献

[1]叶渭渠:《日本文学思潮史》,北京大学出版社,2009 年版,第 165 页。

[2][日]古桥信孝著,徐凤、付秀梅译:《日本文学史》,南京大学出版社,2015 年版,第 148—152 页。

[3]哈全安:《土耳其通史》,上海社会科学院出版社,2014 年版,第 77—78 页。

[4]高福进:《欧洲文化史》,人民出版社,2018 年版,第 292 页。

[5]文聘元:《西方历史的故事》,百花文艺出版社,2001 年版,第 227 页。

[6][法]让·马蒂耶著,郑德弟译:《法国史》,上海译文出版社,2007 年版,第 72 页。

[7]Brown, Alice. French Studies: The Sixteenth Century[J]. *The Year's Work in Modern Language Studies*,2015,75(1):20—41.

[8]高福进:《欧洲文化史》,人民出版社,2018 年版,第 298 页。

[9][荷兰]彼得·李伯庚著,赵复三译:《欧洲文化史:全球史视角下的文明通典》,江苏人民出版社,2012 年版,第 357 页。

[10]顾卫民:《葡萄牙海洋帝国史(1415—1825)》,上海社会科学院出版社,2018 年版,第 179—187 页。

[11]欧阳英:《外国美术史》,中国美术学院出版社,2008 年版,第 81—82 页。

[12]王学泰:《中国饮食文化史》,中国青年出版社,2012 年版,第 259—261 页。

[13]万建中:《中国饮食文化》,中央编译出版社,2011 年版,第 201—204 页。

[14][美]刘仁威著,黄华青、华腾达译:《茶业战争:中国与印度的一段资本主义史》,东方出版中心,2023 年版,第 43 页。

[15]黄仲先主编:《中国古代茶文化研究》,科学出版社,2010 年版,第 103—105 页。

[16][日]原田信男著,周颖昕译:《日本料理的社会史:和食与日本文化论》,社会科学文献出版社,2011 年,第 56—58 页。

[17] 吴玲、江静:《日本茶道文化》,上海文艺出版社,2010 年版,第 28—33 页。

[18] 黄维民:《奥斯曼帝国:土耳其人的辉煌往事》,中国国际广播出版社,2021 年版,第 184—187 页。

[19] [法]雅克·阿塔利著,吕一民等译:《食物简史:从餐桌上认识全世界》,天津科学技术出版社,2021 年版,第 55—61 页。

[20] Hucker, C. (1958). Governmental Organization of the Ming Dynasty. *Harvard Journal of Asiatic Studies*, Vol. 21：1—66.

[21] Maddison, A. (2007). *Chinese Economic Performance in the Long Run：960—2030 AD*. Paris：OECD Development Centre Studies, p. 15.

[22] Russell, B. (1922). *The Problem of China*. London：George Allen and Unwin, Ltd, p. 34.

[23] Weber, M, Runciman, W. G. And Matthews, E. (1978). *Max Weber：Selections in translation*. Cambridge：Cambridge University Press, p. 316.

[24] 华腾达:《明朝的钱去哪儿了:大明帝国的财政崩溃与商人命运》,上海远东出版社,2023 年版,第 39—40 页。

[25] [美]康拉德·托特曼著,王毅译:《日本史》(第二版),上海人民出版社,2008 年版,第 146 页。

[26] Kinross, Patrick. *The Ottoman centuries ：The Rise and Fall of the Turkish Empire*. New York：Morrow. 1979, pp. 105—106.

[27] 许序雅、许辅旻:《文明的十字路口:奥斯曼帝国的兴衰》,商务印书馆,2015 年版,第 97 页。

[28] Huff, T. E. *The Rise of Early Modern Science. Islam, China and the West*. Cambridge：Cambridge University Press. 1993, p. 87.

[29] [荷]扬·卢滕·范赞登著,隋福民译:《通往工业革命的漫长道路:全球视野下的欧洲经济,1000—1800 年》,浙江大学出版社,2016 年版,第 78 页。

[30] 孙立新:《德国通史·第二卷:信仰分裂的时代》,江苏人民出版社,2019 年版,第 107 页和第 340—342 页。

[31] 袁行霈等:《中华文明史》(第四卷),北京大学出版社,2006 年版,第 345—346 页。

[32] 黄维民著:《奥斯曼帝国:土耳其人的辉煌往事》,中国国际广播出版社,2021 年版,第 156—157 页。

[33] Crowston, Clare. Women, Gender, and Guilds in Early Modern Europe：An Overview of Recent Research[J]. *International Review of Social History*, 2008, 53(16)：19—44.

[34] [荷]扬·卢滕·范赞登著,隋福民译:《通往工业革命的漫长道路:全球视野下的欧洲经济,1000—1800 年》,浙江大学出版社,2016 年版,第 104 页。

[35] Goldzweig, Arthur. Literary Censorship in France：Historical Comparisons with Anglo-Saxon Traditions, 1275—1940[J]. *Comparative Literature Studies*, 1980, 17(3)：287—304.

[36] [英]伊恩·莫蒂默著,李荣庆等译:《欧罗巴一千年:打破边界的历史》,上海人民出版社,2019 年版,第 152—158 页。

[37] Mokyr Joel. The Lever of Riches：Technological Creativity and Economic Progress[J]. *The Economic Journal*, 1990, 101(1)：996.

[38] 杜车别:《大明王朝是被谁干掉的》,世界知识出版社,2017 年版,第 55—57 页。

[39] 顾卫民:《葡萄牙海洋帝国史(1415—1825)》,上海社会科学院出版社,2018 年版,第 151 页。

[40] 哈全安:《土耳其通史》,上海社会科学院出版社,2014 年版,第 104—113 页。

[41] Kevin Brownlee, Scott Francis. Querelles des femmes: French Women Writers of the 15th and 16th Centuries[J]. *French Forum*, Vol. 42, No. 3 (Winter 2017), pp. 337—339.

[42] [英]伊恩·莫蒂默著,李荣庆等译:《欧罗巴一千年:打破边界的历史》,上海人民出版社,2019 年版,第 160 页。

[43] [英]E. E. 里奇、C. H. 威尔逊主编,张锦冬译:《剑桥欧洲经济史(第四卷):16 世纪、17 世纪不断扩张的欧洲经济》,经济科学出版社,2003 年版,第 99 页。

[44] Ross, Eric. Misogyny and Witchcraft in 16th-Century Europe[J]. *Current Anthropology*, 1995, 36 (2): 333—337.

[45] 张志伟:《西方哲学十五讲》,北京大学出版社,2004 年版,第 174 页。

[46] [英]诺曼·戴维斯著,刘北成、郭方等译:《欧洲史:转型时代(约 1450—1914)》,中信出版集团,2021 年版,第 508 页。

[47] [美]乔纳森·戴利著,童文煦译:《现代西方的兴起》,文汇出版社,2021 年版,第 121 页。

[48] [英]E. E. 里奇、C. H. 威尔逊主编,张锦冬译:《剑桥欧洲经济史(第四卷):16 世纪、17 世纪不断扩张的欧洲经济》,经济科学出版社,2003 年版,第 94 页。

结　语

1582 年，及其
之后的世界

　　1582 年，万历皇帝正式开始亲政，接手了一个
财政紧张、边境不够太平的大明帝国；织田信长在
这一年陨落，丰臣秀吉开始领导一个在对外贸易和
思想上更加开放的日本；早已没有了苏莱曼大帝的
奥斯曼帝国，在财政和向外扩张的泥沼中缓步前
行；法兰西的美第奇太后和亨利三世都已在其人生
中的最后几年，勉力维持着一个财政上已不堪一击
的瓦卢瓦王朝；菲利普二世仍然运营着一个表面繁
荣的庞大帝国，葡萄牙已在它的疆域之内，但其"无
敌舰队"将在短短几年后被打败；英格兰与荷兰都
在虎视眈眈，准备争夺下一任的霸主之位。1582
年，全球史的新篇章，已然开启。

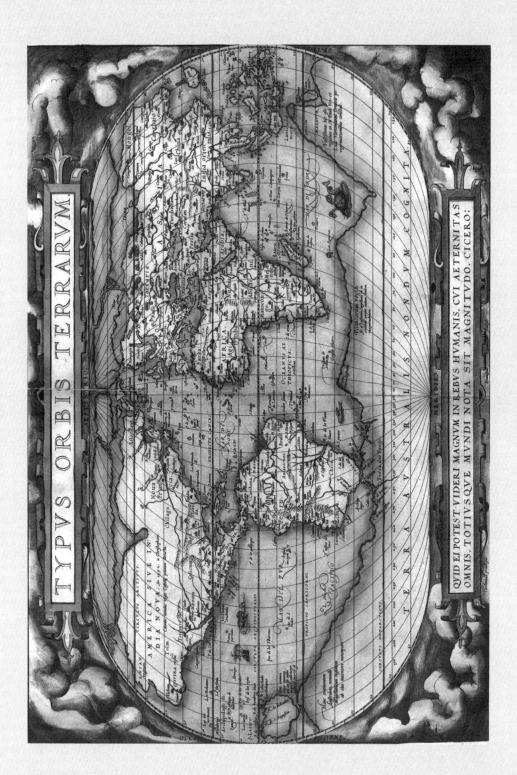

一、1582 年的世界：大分流的关口

这张世界地图源自 1570 年 5 月在比利时安特卫普出版的 *Theatrum Orbis Terrarum*（拉丁语，可译为"寰宇全图"）。这套《寰宇全图》被认为是有史以来第一套真正的现代地图集（所谓"真正的"，意思是错误较少、总体较为正确）。这套地图集的作者是亚伯拉罕·奥特柳斯（Abraham Ortelius，1527—1598 年），他既是一位地图绘制者，同时也是一名成功的地图出版商和商人。

确实，当我们在看这张《寰宇全图》里的世界地图时，我们会发现这张地图和我们现在已经看习惯的世界地图长得很像，尤其是当我们将它与更早期的那些地图相比较，比如本书绪论章所展示的那张绘制于 1500 年的世界地图，就更不用说更早期的那些画得乱七八糟、千奇百怪的"世界地图"了。

时至 16 世纪，全球正处于中世纪与近现代的交汇点，亦处于大分流背景下的"百年大变局"中。在 15 世纪郑和七下西洋之后，大明帝国尽管拥有当时世界上最强大的远洋舰队，却因为种种原因退守陆地，将制海权拱手让出。而奥斯曼帝国在从印度洋驱逐葡萄牙人没有成效的情况下，默认了"上帝赐给我们的是陆地，海洋则是赐给基督徒的"。于是，通过迪亚士、哥伦布、达伽马等人前赴后继的航海探险，欧洲进行的一系列地理大发现助力其逐渐拥有了海上霸权。

可以说，1522—1582 年这 60 年间，从欧洲人的视角来看，他们的世界从此真正进入了全球化的历史洪流，而随着西方商人和传教士的到来，东方的大明帝国、日本

和奥斯曼帝国抑或主动或被动地被纳入这一进程中。

1582 年的大明：帝国覆灭的开始

纵观本书,我们或许会改变对于大明民众"生活在水深火热之中"的刻板印象:从大明帝国的文学、教育、饮食等领域的"表现",我们不难发现,在 1522—1582 这 60 年间,大明帝国的各个阶层,总体上生活是比较如意的,教育和文化气息也甚是浓厚,饮食的品类或许也超出了我们现代人对于 500 年前的想象。这至少反映出当时的大明帝国,"藏富于民"的程度还是可以的。

但在"藏富于国"的层面上,我们会看到 1582 年的大明帝国已经显现出颓势。大明帝国作为一个不对外扩张且长期由海禁政策引领的封闭式经济体,这 60 年间的对外战争数量是不大的,基本上是边境隐患方面的问题,再加上这一时期张居正等财政能臣的努力,这 60 年间大明帝国的总体财政状况尚可。

尤其值得一提的是 1567 年的"隆庆开海"和 1571 年的"俺答封贡"。历史教科书往往会强调"隆庆开海"——毕竟大明帝国被海禁政策压抑了太久,但"俺答封贡"鲜少被提及。这两个事件对于 1582 年的大明帝国而言其实都相当重要:这是大明帝国在立国 200 多年后,第一次在南北两方同时出现和平安定的局面。伴随着不久之后后金的崛起,辽东开始战事不断。假如此时东南和西北也仍然处于战乱状态,大明帝国将陷于四面楚歌的境地,那其覆灭之日就不可能晚至 1644 年。而且,边境的相对平和也大大削减了明廷的军事开支以及其他各种相关损耗,这为 1572 年接任内阁首辅之位的张居正推行进一步的财政改革、充实国库铺平了道路。从这个意义上,在 1567—1572 年间,隆庆皇帝、高拱和当时还不是内阁首辅的张居正等人为大明帝国又争取了 70 多年的时间。然而,他们的努力所带来的效果,对于当时的大明帝国而言,却又很有限。我们也都知道,在 1582 年后,越接近明末,以军事为主的支出越大,财政状况就越不堪。

1582 年,利玛窦(Matteo Ricci)奉远东教务视察专员之令,抵达澳门。其使命是学习中文,抓住一切机会,完成"东亚传教士第一人"沙勿略未竟的事业。翌年,他进入广东,定居在肇庆[1]。利玛窦之后,又有众多传教士来到大明帝国。然而,他们的到来,以及随之而来的各种"奇技淫巧",已无法影响大明帝国的国运:边境开始愈发吃紧。

1582 年的后一年,即 1583 年,后金的努尔哈赤起兵,先后统一建州女真各部、海西女真和野人女真大部，受大明帝国封为都督佥事、龙虎将军。

1582 年，张居正去世，万历皇帝亲政，也同时意味着十年的"万历新政"结束。这十年的改革取得了很大的成就，扭转了嘉靖、隆庆以来的颓势，尤其是在财政上。或许是有了这样的底气，于是亲政伊始，年轻的万历先后主导了著名的"万历三大征"。虽然行动获得胜利，但军费消耗巨大。雪上加霜，自 1586 年开始的长达十数年的"国本之争"则是深度激化了万历皇帝与朝臣们之间的紧张关系，直接导致了他长达三十年不上朝的空前绝后的纪录。

无论是学界还是民间，都有"明实亡于万历"的说法。这个说法可以说对也不对。大明帝国覆灭的预兆确实早在万历年间（甚至可能更早）就已经埋下了，但大明帝国终结的这笔账也并不能都算到万历皇帝头上。毕竟，重大的错误往往根本不是单个原因所能导致的，而是由各种原因叠加并共同造成的。

万历皇帝虽然自身有很大的性格缺陷（而且还体弱多病），虽然三十年不上朝，虽然和大臣们的关系搞得很僵，但万历和他的爷爷嘉靖一样，并没有放松对朝堂的掌控。在这三十年间，大明帝国没有宦官之乱，没有外戚干政，文官系统没有出现大的奸臣，甚至连深具大明帝国特色的党争都有所收敛，而对外关系和对外战争也尽在万历皇帝的掌控之中。万历皇帝本人也明确表示过：虽然他确实忽略朝政的一般事项，但对于大事他还是亲自过问的。

所以说，如果不是万历风评太差，万历这一朝的表现甚至是可圈可点的。

既然万历怠政或者说万历昏庸这样的理由无法解释明朝灭亡这件事，那么大明帝国覆灭的更重要原因，我们其实还要回到 1522—1582 年，即万历皇帝亲政以前的这 60 年里去找。

在财政方面，1582 年的大明帝国其实已经回天乏术。这一年，大明帝国最后的财政守卫者离开了。正如本书中所指出的，大明帝国的制度和财政体系决定了 1582 年的大明帝国有以下六个已无法避免的财政问题。

（1）较为原始的财政管理手段、皇帝对大部分朝政的"怠政"和财政能臣的缺失不可避免地加剧了财政管理的困境；

（2）国营专卖的困境、"隐田"等重大问题的存在以及田赋征收的困难；

（3）来自西班牙、菲律宾的白银断供导致张居正的"一条鞭法"财政改革在实质上失效；

（4）小农财政思想的作祟和商人地位的上涨导致大明帝国的商业税收进一步降

低(比同时期的欧洲少了不是一星半点),而商人的极高流动性又导致征收愈发困难;

(5) 财政收入"全线崩塌"的同时,军费、赈灾等财政支出却在噌噌噌地持续上涨;

(6) 缺乏足够的筹资渠道,尤其是一些创新的融资手段(若对比当时的欧洲)。

以上六个问题,每一个问题都是极其难解决的"烫手山芋"。

正如本书中所提到的,同时代的欧洲商人协助解决了不少财政问题。其实,大明帝国的商人们在大明帝国的众多财政活动中也都充当了重要角色。"士农工商"的传统社会排序大致可以认为在 16 世纪的大明帝国转变成了"士商工农":商人的社会地位显著提高。然而,商人角色的日益重要和地位的提升并没有给大明帝国的财政体系带来类似同时期西欧的积极正向效应;相反,商人阶层本身还造成了当时大明帝国的一些财政问题(比如上述第 4 点)。

而且,正如本书第二章提到的,寻租(非生产性寻利活动)和再投资缺位(非生产性投资活动)这两大破坏性因素,直接导致大明帝国的商人难以为国家财政贡献足够力量,难以承担起同时期欧洲商人所扮演的财政角色。这极大影响了大明帝国的国力和国运。

值得补充的一点是,大明帝国遭遇小冰河期导致天灾不断也是一大不利因素。崇祯即位以后大明的灾情更严重。但综合南北方志的记载,我们会发现,灾变的前兆可追溯至嘉靖前期(1520 年代),并且自万历十三年(1585 年)起开始变得更为明显。可以说,气候变化虽然不一定是大明帝国在 1644 年灭亡的主因,却是压倒骆驼的最后一根稻草。这同时导致了上述的第 5 个财政难题:赈灾支出的大幅攀升。

因而,可以毫不夸张地说,大明帝国灭亡的命运,早在 1582 年甚至更早,就已经注定了。

1582 年的日本:"本能寺之变"和丰臣秀吉

1582 年,《剑桥日本史》将这一年认定为日本中世时期的结束之年。

在本书中我们可以看到,在 1522—1582 年的日本,外来文化对于本土文化的冲击是很大的,在教育领域同样是如此。而在这 60 年间,其财政收入来源其实与同为东亚国家的大明帝国有太多的类似之处:财政收支体系,田产收入,商业税收,外贸收入,卖官收入,等等。然而,细看之下,我们会发现,当时日本的商业税收和外贸收入的比重要远高于同时期的大明帝国。这不是没有原因的。

1582 年 6 月，日本发生了"本能寺之变"。本能寺之变是日本历史上最大的武装政变，也是战国时代走向终结的一大契机，也被视为战国时代最后的"下剋上"。织田信长在即将一统日本之时，最为器重和信赖的部下明智光秀发起叛乱。

"本能寺之变"这一事件的重要性是很高的，因为丰臣秀吉在本能寺之变之后得以掌权。1582 年，丰臣秀吉下令全国进行地籍测量，史称"太阁检地"，这和几乎同时期的大明帝国张居正的做法几乎是如出一辙。

丰臣秀吉不太喜欢佛教的清规戒律：据说他在案头放了一本基督教的经典。他喜欢穿葡萄牙人的衣服，当然这并不表示他对欧洲人放弃了戒心。他希望更大力地发展海外贸易。不难想见，在丰臣秀吉的领导下，日本的商业税收和外贸收入的比重在日本的财政收入中继续提高。

早在 1579 年，耶稣会派遣巡察使范礼安来日本领导传教事业，并在 1581 年拜见了织田信长。范礼安是意大利那不勒斯人，出身于一个名门望族。他多次巡历亚洲各国，在印度、日本及中国海上航行往来 32 年，被尊为"东方宗徒"。为了拜见织田信长，范礼安精心准备了他的京都之行。1581 年 3 月 19 日，范礼安与他的 40 名同伴，外加 35 头驮着各色礼品的骡子、40 匹驮着行李的马，浩浩荡荡地奔往京城。3 月 29 日，在本能寺，范礼安与织田信长进行了第一次正式会面，效果很好，范礼安把他带来的各种油画、祭祀图像、乐器、书籍一一送给织田信长。织田信长也回馈了礼物，并且允许传教士们自由地在他的王国各处传播福音[2]。

1582 年 1 月，一支日本使团从长崎出发，航行了两年，于 1584 年 7 月抵达葡萄牙的里斯本。1585 年 2 月，日本使团抵达罗马，并拜见了当时的罗马教皇格列高利十三世。罗马教会像接待欧洲各国皇室的使节一样接待日本使团。1585 年 5 月，日本使团离开罗马，踏上归途。日本使团在米兰留下一封信之后，乘西班牙军舰到了西班牙，在马德里拜见西班牙国王菲利普二世。当时菲利普二世控制的领土面积不但超越了同时期的大明皇帝和奥斯曼苏丹，甚至超越了以往的阿拉伯哈里发和蒙古可汗，是有史以来地球上统治地域最广的帝王。日本使团于 1590 年 6 月回到长崎。为时 8 年的访问欧洲之旅宣告结束。

在接见使团后，丰臣秀吉震惊于世界上竟然还有菲利普二世这种统治疆域如此广袤的君王。丰臣秀吉不甘人下，他决心在有生之年征服全世界，至少要做全日本的统治者。前者显然是妄想，不过后者他真的做到了：短短 8 年后，即 1590 年，丰臣秀吉攻灭了后北条氏,基本上意味着他统一了全日本。

16 世纪末,更多来自葡、荷、西、英等国的西欧商人,纷纷先后抵达日本,并同日本商人进行贸易。虽然由于外国商人实行掠夺贸易,将枪炮等兵器高价卖给日本的大领主、贵族,威胁了幕府的封建统治,在 1630 年代德川幕府五次颁布"锁国令",与大明帝国前中期的海禁几乎是如出一辙,但日本"睁眼看世界"及其与世界接轨的历史潮流,在 1582 年其实已经埋下了种子。

1582 年的奥斯曼:火炬之战与国运

1582 年,著名的"火炬之战"。卡菲尔帕夏率领的奥斯曼帝国军队击败了萨法维王朝的军队。随着火炬之战的结束,萨法维王朝的军队再次被逐出了高加索地区:波斯人实际上已经输掉了战争。波斯人向穆拉德三世承认了战争败局,同意由奥斯曼帝国管理其占领的原属波斯帝国的城市。

但备受屈辱的波斯新君阿巴斯一世,已经决心用各类改革来重建自己的威信。他开始将目光从内陆转向海洋,准备用西方的军事技术来组建新式军队。因此,1582 年的火炬之战也就成为中世纪波斯传统军队向新型军队转型的转折点,同时也对之后两个世纪的地区局势产生了深远影响。

在财政方面,这一时期的奥斯曼帝国内部也陷入严重的财政危机。正是在 1582 年,奥斯曼帝国的财政第一次出现赤字[3]。之后,在与哈布斯堡家族的"长期战争"持续的 16 世纪 90 年代,也出现了庞大的赤字。面对这一事态,政府,特别是财务系统的书记官僚们发布扭转财政的诸项政策,并四处斡旋,希冀可以得到尽快落实。

1582 年后,其主要征税体制正由蒂玛尔制向包税制过渡。与此同时,这无疑导致了构成在乡骑士的骑士阶级的长期性没落。到了 1586 年,当时的穆拉德三世直接将阿克切贬值 44%。这波操作直接废掉了阿克切这个货币,导致到了 17 世纪,奥斯曼帝国的市场上流通的货币基本上是外币。

这波操作是不是很眼熟?是的,张居正的"一条鞭法"差不多也造成了类似的结果。虽然"一条鞭法"的初衷其实是为了挽救财政,但当时大明帝国的市场过于依赖白银,导致白银的断供对大明的财政造成极大的打击。

奥斯曼帝国的最大疆域也一度达到了横跨亚非欧三大洲的地步,在当时堪称巨无霸式的存在。也因为奥斯曼帝国鼎盛时期阻断了东西方交流的传统丝绸之路,成为西方人开辟海上新航线的重要原因之一。

等到了 17 世纪中叶，英国的东印度公司已经能够把印度的货物经过非洲的好望角运至伦敦，然后再出口到奥斯曼帝国的各大城市。而商品的售价比奥斯曼帝国的商人设法直接从印度运来的商品更廉价。于是，奥斯曼帝国的贸易入超问题越发严重。此外，在同欧洲的商贸过程中，帝国的许多非穆斯林臣民从欧洲外交官那里搞到了保护证书，可以享受免税的好处，因此造成了偷漏关税的混乱局面，这也严重影响了奥斯曼帝国的财政状况。

不过，虽然奥斯曼与其他国家（尤其是波斯）不断的战争在一定程度上推动了欧洲开辟更多的海上线路，但是基督教欧洲商人经营的海上贸易也并没有完全取代途经奥斯曼帝国的陆路贸易，正如布罗代尔所说，"在 1630 年后，欧洲消费的香料和胡椒肯定已经改经大西洋运输，但是丝绸，不久以后的咖啡和药材，再往后的棉花以及印花布或者单色布，仍然由近东运往欧洲"[4]。

1582 年的英国：新一代"日不落"起航

在 1582 年前后，伊丽莎白一世为奠定英国的强大国力进行了一系列的操作。首先是 1571 年，西班牙和威尼斯的联合舰队在著名的勒班陀海战中战胜了奥斯曼海军，为英国向地中海地区扩张商业提供了非常关键的前提条件。

1581 年，伊丽莎白一世正式向"黎凡特公司"颁发贸易专利证书，允许该公司垄断对奥斯曼的贸易，期限为 7 年。1583 年，该公司派遣拉尔夫·菲奇经陆路到达印度、缅甸、暹罗等地。英国人试图绕过好望角，挑战葡萄牙人在南大西洋的努力。1585 年和 1588 年，英国又先后成立了"摩洛哥公司"和"几内亚公司"。这些公司前往非洲从事贸易掠夺，包括贩运黑奴。

在伊丽莎白一世女王鼓励造船和航海业的政策推动下，英国于 1588 年击败了西班牙的"无敌舰队"，成为新兴的海上霸主，为日后的"日不落帝国"奠定了坚实的基础。

1600 年，伦敦商人在伊丽莎白一世的支持下成立了著名的"东印度公司"。东印度公司享有对好望角以东的国家特别是印度进行贸易的垄断权。

当时从政界到学界到社会上对国际贸易的态度比较一致。比如经济学家托马斯·孟（1571—1641 年）除了在当时学界很有影响力，还曾担任东印度公司的董事。他坚持认为，为了维护公司向东方出口贵金属以交换当地产品的权利（这些当地产品通常转口到其他欧洲国家），货币的出口可以使该国增加财富。当时以他为代表的主流观点都认为,通过国际贸易,一国可以获得的商品大大增加,其增加幅度大大超过通过制造业获得的商品,更多于通过农业获得的商品增加。可以看到,当时英国的一大思潮就是从重金主义转向重商主义。

1603 年 3 月,伊丽莎白一世去世,亦标志着都铎王朝的结束。沃尔特·雷利爵士评价伊丽莎白一世的决策风格是"女王陛下做的所有决策都是半途而废的"。然而,即便"半途而废",事后证明,伊丽莎白一世的决策方向基本上是非常正确的。

可以说,1582 年的英国,无疑正在伊丽莎白一世的领导下走在逐步强盛的道路上,并在未来的遥远的某一天成为大不列颠帝国,虽然在 17 世纪初伊丽莎白一世留下的权力真空期在在短期内给当时的英国带来了不小的问题。

1582 年前后,英国正式接棒大航海的探索事业。弗朗西斯·德雷克(Francis Drake)在 1577—1580 年间指挥了第二次环球航行,而托马斯·卡文迪许(Thomas Cavendish)在 1585—1588 年间领导了第三次环球航行。他们都带回了惊人的财富。在这些航海探险者中,既有官方或半官方的船员,也有冷酷的强盗和海盗。

1582 年的法国：宗教和财政泥潭

1582 年的法国,正深陷政治和宗教的泥潭之中。截至 1582 年,法国在短短的 20 年里已经爆发了七次宗教战争(1562—1563,1567—1568,1560—1570,1573—1574,1576,1577,1579—1580)。美第奇太后于 1572 年故作姿态地来到"圣巴托洛缪大屠杀"的现场,但她其实纵容谋杀新教徒。而在 1582 年后,法国的宗教战争仍在继续。

发生在 1572 年的圣巴托洛缪大屠杀对 1582 年后的法国政治生态亦影响深远。人们常常以为,宗教战争仅仅是一条线性进程中一个血腥插曲。但这一事件对于君主制的机构有着重要的影响:为了使类似的恐怖事件不复出现,君主制应当是绝对的君主制。这一点在 1576 年布卢瓦三级会议上得到了确认:天平倒向了绝对权力的一边。王权不再受任何机构的限制,仅受制于国王一人遵从上帝的戒律与某些基本法的意愿[5]。

而在财政方面,1585 年,亨利三世重走回头路:在每个选区创设官位,起用民选官员或者派遣财政官员,抵押间接税(或许还有人头税)征收权,变卖各种收入的承包权。

等到 1589 年,美第奇太后和亨利三世先后去世,给他们的继任者留下了一个杂乱无章、支离破碎的财政体系。柯林斯(2016)指出,法国 16 世纪税制最重要的一个特点就是皇家借款以及法国王室与法国精英政治交往之间的紧密相关性。国王欠贵族的债务往往全额偿还，而国王欠官吏和商人的债务则减半偿还，这是一个衡量这两个群体政治势力的重要指标。依靠官吏筹集资金来还本付息、课征税收和把资产阶级市民缴纳的税款收缴入库，为随后 17 世纪 30 年代产生的灾难性后果埋下了伏笔[6]。美第奇家族在法国的影响力并没有随着凯瑟琳的去世而结束，比如美第奇家族的玛丽在 1610 年到 1624 年间也掌控着法国的政局[7]。

后来，到了 17 世纪初，法国政府开始改善其财政。17 世纪初的法国仍然处于宗教战争和政治动荡的阶段，国家财政状况依然严重不稳定。为了重建国家财政，满足国家的经济需求，法国政府开始采取措施推行重商主义政策：法国的国力和财政开始步入一个新轨道。

1582 年的奥地利："奥奥"纷争

1582 年后，奥地利与奥斯曼之间仍然很不太平。事实上，自 1568 年起，奥斯曼帝国对奥地利的袭击就接连不断，而双方大规模的战争在 1593 年重新开始。哈布斯堡王朝的军队在匈牙利境内的西塞克击败奥斯曼帝国的军队。此后，双方战事延续长达 13 年之久，哈布斯堡王朝的军队一度突破奥斯曼帝国的多瑙河防线，波斯尼亚、瓦拉几亚、特兰西瓦尼亚和摩尔达维亚相继反叛。直至苏丹艾哈迈德一世即位，双方均无力再战。1606 年，奥地利哈布斯堡王朝与奥斯曼帝国缔结对奥斯曼帝国不利的《席特瓦托罗克和约》，奥地利首次被承认为平等的缔约一方，它无须每年向奥斯曼苏丹纳贡，但需要一次性付清 20 万杜卡特的金币。奥斯曼承认奥地利哈布斯堡王朝君主为神圣罗马帝国皇帝，并承诺给予法国、威尼斯、荷兰商人以贸易优惠[8]。

然而，奥斯曼帝国与奥地利哈布斯堡王朝的战争在 17 世纪仍然持续。比如，1663 年，当时在位的穆罕默德四世进攻奥地利帝国，败于包括奥地利在内的中欧联军；1664 年，奥斯曼和奥地利在拉布河畔的圣戈特哈特附近决战，奥斯曼军队遭到奥地利军队的迎头痛击而失利。接着双方缔结了《瓦什瓦尔和约》，奥斯利从特兰西瓦尼亚撤军，虽然该地区仍然属于奥斯曼帝国所有，但奥斯曼苏丹从此不再具有废立东欧各国君主的权力；1683 年发生了著名的"第二次维也纳之围"，奥斯曼军队围困维也纳，但是奥地利得到了波兰军队的支持。当年 9 月，奥斯曼军队被击溃，阵亡 2 万余人，损失火炮 300 门。

旷日持久的奥斯曼帝国与奥地利哈布斯堡王朝之间的战争，从 1529 年起算，前后持续了两个多世纪,在很大程度上削弱了奥斯曼帝国的实力,加速了奥斯曼帝国的衰亡,对欧洲后来的格局产生了重大影响。

1582 年的西班牙:随"无敌舰队"而去

1582 年的西班牙,在菲利普二世的带领下,依然国力强盛。贸易给西班牙带来了大额的财政收入,建立了西班牙与全球其他地区的联系(或殖民关系),还带来了新产品。比如,1585 年对于全球,尤其是当时西班牙的巧克力和可可爱好者是一大福音:就在这一年,第一批可可豆抵达西班牙的塞维利亚港,从此拉开了可可豆国际贸易的序幕。很快,这种饮料(是的!当时的可可豆主要是做成饮品)在伊比利亚半岛流传开来,并逐渐走向了全球。

然而,强大国力的外衣下,西班牙的财政状况早已不堪一击。如本书所述,菲利普二世当时已经遭遇了严重的财政危机。即使在这样的情况下,1580 年代,菲利普二世仍然花费 1 000 万杜卡特组建了历史上著名的"无敌舰队"。

有一种观点认为当时的西班牙曾经在 1580 年左右考虑过进攻大明帝国。确实,早在 1576 年 6 月,当时的西班牙驻菲律宾总督桑德在给菲利普二世的信中说,"只需要 2 000 到 3 000 人,便足以占领所要占领的省份,用那里的港口和舰队,组成海上最大的强国,这是十分容易的。征服一省之后,便足以征服全国"。不过,根据其他一些研究显示,"谨慎的"菲利普二世和西印度院(当时西班牙主管西属美洲殖民地行政、司法和立法事务的最高机关)都不赞成这一提议,相反,他还严禁西班牙的各殖民地与敌视大明帝国的海盗或盗商集团达成任何形式的联盟。这也容易解释:与各殖民地不同,西班牙本土的官方政策是通过正常的贸易和外交形式与大明帝国进行联系。比如,1580 年 4 月,塞维利亚的贸易厅收到了菲利普二世的谕旨,命其在欧洲采买送给大明帝国皇帝的礼物。

1588 年"无敌舰队"的覆灭经常被看作是西班牙国力衰败的转折点。而在另一边,荷兰起义也成为西班牙帝国命运中的巨大噩梦。它从沉重负债的财政部那里花费了大量的金钱,结果把皇室推向了进一步的破产。数据显示,在 1566 年以前,西班牙卡斯蒂利亚、地中海和佛兰德斯的总共的年度军事支出一直高达 200 万杜卡特;到了 1570 年代,这个数字超过了 400 万杜卡特;到了 1598 年,这个数字更是飙升到了 1 000 万杜卡特[9]。

但无论从哪个角度,西班牙的海上霸权时代从此一去不复返。随着 1602 年荷兰东印度公司的建立，并且迅速把印度、马六甲、印度尼西亚等殖民地全部纳入囊中，葡萄牙的海上霸权亦被夺去。荷兰成为新的海上霸主。英国作为荷兰之后的海上霸主，此时刚从都铎王朝进入斯图亚特王朝。毫无疑问，其财政实力和科技实力正在逐渐积累并蓄势待发。西班牙、葡萄牙、荷兰、英国这些国家国力的强盛，助推了其教育、文化等领域的蓬勃发展。

1582 年的葡萄牙：西班牙的附庸

1582 年的葡萄牙已经成了西班牙哈布斯堡王朝的一部分：它不再是一个独立的王国。葡萄牙的强盛只维持了一个世纪多一点，而 1522—1582 年几乎正好落在了这个区间里。维持强盛的时间虽短，但葡萄牙取得了辉煌的成就：它缔造了一种新型的、形式灵活的帝国，以机动的海权为基础，并创造了欧洲殖民扩张的模式[10]。而英国人和荷兰人将紧随其后。

二、1582 年后的世界

在本书的最后，我们再次回到"大分流"这个主题。虽然 1582 年的欧洲仍然是愚昧的，但文艺复兴的持续推进正在逐步改变这一点。文艺复兴作为西欧思想解放运动的表现形式，人文主义是其实质，这在此 60 年间的绘画和文学作品中都有充分的呈现。而更为关键的是，对世俗生活的重视引起了人们对自然的浓厚兴趣和自然科学的发展，即便在 1582 年炼金术和妖魔鬼怪之术而非自然科学仍然是当时欧洲的主流。数学愈发受到重视，并与自然科学研究结合起来。这些为之后欧洲的自然科学繁荣乃至工业革命都打下了很重要的基础。

而这些变化的发生，毫无疑问与当时欧洲的地理大发现以及随之带来的海量财富有着密不可分的联系。虽然欧洲的国家也都面临着这样那样的财政困境，甚至还时常触发财政破产，但从总体上看，当时欧洲的财政力量足以支持它走得更远，后面 17、18 世纪的发展已经证明了这一点。

我们或许可以说，无论是关于"大分流"的何种解释，科技与工业的推进总离不开国家财政这一关键要素。在此基础上，本书从全球史的角度继续强力论证了这样一个观点：财政在近现代国家构建过程中虽然不是唯一的决定因素，其重要性对任何一个国家而言都是怎么强调都不为过——财政以制度为基础，深刻地影响了战争的进程,以及文化和教育领域的发展。制度命脉、财政命脉、军事命脉,乃至文化命脉,都要牢牢掌握在自己手里。这些方面对 1522—1582 年的大明帝国、战国时代的日本、奥斯曼帝国,以及远在欧洲的英国都铎王朝、法国瓦卢瓦王朝、西班牙和奥地利哈布斯堡王朝、葡萄牙阿维什王朝来说,都是如此,无一例外。对于 16 世纪的国家是如此,对于当今的世界各国,又何尝不是如此?

但是要做到上述这点,对于当时已然开始全球化进程的很多国家而言,显然是不容易的。鲍曼在其《全球化:人类的后果》中认为,"大分流时代的政治上层建筑挡住了视线,使人们看不到秩序构建机制中更为深刻而且更为重大和长远持久的偏差。这一嬗变首当其中的是国家的角色。任何国家的军事、经济和文化自足性,已不再是一个切实可行的前景"[11]。这一表述对于 1522—1582 年的世界是非常贴切的:全球各主要国家都在互相角力,争夺对这个世界的领导权和话语权。

Kwon(2011)做过一个很有意思的研究:他通过指数化的形式,把 1500—1800 年间葡萄牙、西班牙、荷兰、英国、法国和俄国在全球的领导权指数进行了具体的计算,见下表[12]。

表 1　一些国家的全球霸权/领导权指数(Hegemony Index,1500—1800 年)

	葡萄牙	西班牙	荷兰	英国	法国	俄国
1500	0.709	0.810		1.244	1.483	
1510	2.066	0.813		0.236	0.469	
1520	1.555	0.859		0.900	0.641	
1530	1.832	0.851		0.625	0.612	
1540	1.856	0.893		0.751	0.511	
1550	1.361	0.912		1.366	0.802	
1560	1.431	0.945		1.440	0.705	
1570	1.334	0.973		1.486	0.783	
1580	0.706	0.769	1.951	1.900	0.127	
1590		2.415	2.042	1.567	0.000	
1600		2.264	2.353	1.741	0.000	
1610		0.786	4.422	2.018	0.000	
1620		1.491	4.303	1.325	0.180	

（续表）

	葡萄牙	西班牙	荷兰	英国	法国	俄国
1630		1.143	4.524	1.095	0.823	
1640		0.284	5.820	1.380	0.890	
1650		0.822	3.242	2.645	0.988	
1660		0.608	3.819	3.052	0.878	
1670		0.395	3.537	2.107	2.054	
1680		0.410	2.617	2.591	2.294	
1690		0.426	2.905	2.256	2.505	
1700		0.403	3.111	2.729	2.172	
1710		0.000	3.290	3.650	1.976	
1720		0.122	2.906	4.592	0.628	0.536
1730		0.627	2.167	4.241	1.036	0.395
1740		0.906	1.395	4.410	1.288	0.382
1750		0.826	1.427	4.321	1.408	0.332
1760		1.195	1.110	4.266	1.403	0.242
1770		1.074	0.594	4.498	1.987	0.289
1780		1.240	0.799	3.904	2.092	0.292
1790		1.080	0.880	3.642	1.633	0.841
1800		1.158	0.479	4.477	1.394	0.815

资料来源：Kwon, Roy. Hegemonies in the World-System: An Empirical Assessment of Hegemonic Sequences from the 16th to 20th Century[J]. *Sociological Perspectives*, 2011, 54(4): 593—617. Figure 1 and Appendix A.

　　根据 Kwon 的研究成果，我们会发现，一方面，葡萄牙的数据显然已经终结于 1580 年，此时西班牙的领导权指数也已经显著下降，法国的影响力指数则基本降到了零；另一方面，英国的领导权指数显著上升，而荷兰则在 1580 年代"异军突起"刚刚加入"领导权争夺战"：1581 年 7 月，当时荷兰北部的七个州组成了"乌特勒支同盟"，宣布从西班牙菲利普二世的统治下独立，成立尼德兰联合共和国（因此荷兰基本上不在本书的论述时间范围内）。

　　Kwon 的这一指数化的结论，和本书的论述是基本契合的。纵观本书，我们看到的 1582 年的世界是这样一番图景：

　　1582 年已然在大分流的进程中。万历皇帝正式开始亲政,接手了一个财政紧张、边境不够太平的大明帝国;织田信长在这一年陨落,丰臣秀吉开始领导一个在对外贸易和思想上更加开放的日本,尽管这一进程会在不久后的将来被德川幕府打破;早已没有了苏莱曼大帝的奥斯曼帝国,在财政和向外扩张的泥沼中缓步前行;法兰西基本上被三十年的宗教战争拖垮了,美第奇太后和亨利三世都已在其人生中的最后几年,勉力维持着一个财政上已不堪一击的瓦卢瓦王朝,而新的朝代正在蓄势待发;鲁道夫二世继续在奥地利推行着反宗教改革措施;菲利普二世仍然在运营着一个表面繁荣、实则已财政破产的庞大帝国,其"无敌舰队"将在短短几年后被打败,哈布斯堡王朝虽未气数将尽,却也元气大伤;伊丽莎白一世在与议会的财政抗争中稳占上风,英格兰正在其带领下迅速崛起;英格兰与初露锋芒的荷兰都在虎视眈眈,准备争夺下一任的霸主之位。

　　1582 年,全球史的新篇章,已然开启。

参考文献

［1］孙尚扬:《利玛窦与徐光启》,中国国际广播出版社,2009 年版,第 9 页。

［2］张霞:《不可不知的日本史》,华中科技大学出版社,2013 年版,第 121—122 页。

［3］Gabon Agoston. Firearms and Military Adaptation: The Ottomans and the European Military Revolution, 1450—1800[J]. *Journal of World History*, 2014, 25(1): 85—124.

［4］［法］费尔南·布罗代尔著,施康强、顾良译:《15—18 世纪的物质文明、经济和资本主义》(第三卷),生活·读书·新知三联书店,1993 年版,第 314 页。

［5］［法］阿莱特·茹阿纳著,梁爽译:《圣巴托洛缪大屠杀:一桩国家罪行的谜团》,北京大学出版社,2015 年版,第 318—319 页。

［6］［美］詹姆斯·B.柯林斯著,沈国华译:《君主专制政体下的财政极限:17 世纪上半叶法国的直接税制》,上海财经大学出版社,2016 年版,第 45 页。

［7］［法］让·马蒂耶著,郑德弟译:《法国史》,上海译文出版社,2007 年版,第 46 页。

［8］哈全安:《土耳其通史》,上海社会科学院出版社,2014 年版,第 68—69 页。

［9］［英］雷蒙德·卡尔著,潘诚译:《西班牙史》,东方出版中心,2009 年版,第 155—157 页。

［10］［英］罗杰·克劳利著,陆大鹏译:《征服者:葡萄牙帝国的崛起》,社会科学文献出版社,2016 年版,第 403 页。

［11］［英］齐格蒙特·鲍曼著,郭国良、徐建华译:《全球化:人类的后果》,商务印书馆,2013 年版,第 61 页。

［12］Kwon, Roy. Hegemonies in the World-System: An Empirical Assessment of Hegemonic Sequences from the 16th to 20th Century[J]. *Sociological Perspectives*, 2011, 54(4): 593—617.

参考文献

中文文献

[1]［法］阿莱特·茹阿纳著,梁爽译:《圣巴托洛缪大屠杀:一桩国家罪行的谜团》,北京大学出版社,2015 年版。

[2]［法］费尔南·布罗代尔著,施康强、顾良译:《15—18 世纪的物质文明、经济和资本主义》(第三卷),生活·读书·新知三联书店,1993 年版。

[3]［法］费尔南·布罗代尔著,吴模信译:《菲利普二世时代的地中海和地中海世界》(下卷),商务印书馆,1998 年版。

[4]［法］让·德科拉著,管震湖译:《西班牙史》,商务印书馆,2003 年版。

[5]［法］让·马蒂耶著,郑德弟译:《法国史》,上海译文出版社,2007 年版。

[6]［法］雅克·阿塔利著,吕一民等译:《食物简史:从餐桌上认识全世界》,天津科学技术出版社,2021 年版。

[7]［荷兰］彼得·李伯庚著,赵复三译:《欧洲文化史:全球史视角下的文明通典》,江苏人民出版社,2012 年版。

[8]［荷］扬·卢滕·范赞登著,隋福民译:《通往工业革命的漫长道路:全球视野下的欧洲经济,1000—1800 年》,浙江大学出版社,2016 年版。

[9]［加］卜正民著,潘玮琳译:《挣扎的帝国:元与明》,中信出版社,2016 年版。

[10]［美］乔纳森·戴利著,童文煦译:《现代西方的兴起》,文汇出版社,2021 年版。

[11]［美］阿兰·米哈伊尔著,栾力夫译:《奥斯曼之影:塞利姆的土耳其帝国与现代世界的形成》,中信出版集团,2021 年版。

[12]［美］白桂思著,付马译:《丝绸之路上的帝国:青铜时代至今的中央欧亚史》,中信出版集团,2020 年版。

[13] [美]伯纳德·刘易斯著,范中廉译:《现代土耳其的兴起》,商务印书馆,1982 年版。

[14] [美]道格拉斯·诺斯、罗伯特·托马斯著,贾拥民译:《西方世界的兴起:900—1700》,中国人民大学出版社,2022 年版。

[15] [美]道格拉斯·欧文著,梅俊杰译:《国富策:自由贸易还是保护主义?》,华东师范大学出版社,2013 年版。

[16] [美]菲利普·T. 霍夫曼、凯瑟琳·诺伯格编,储建国译:《财政危机、自由和代议制政府(1450—1789)》,格致出版社,2008 年版。

[17] [美]贺凯著,谢天译:《明朝监察制度》,中国方正出版社,2021 年版。

[18] [美]杰克·戈德斯通主编,关永强译:《为什么是欧洲:世界史视角下的西方崛起(1500—1850)》,浙江大学出版社,2010 年版。

[19] [美]康拉德·托特曼著,王毅译:《日本史》(第二版),上海人民出版社,2008 年版。

[20] [美]刘仁威著,黄华青、华腾达译:《茶业战争:中国与印度的一段资本主义史》,东方出版中心,2023 年版。

[21] [美]美国国家地理学会编著,潘垣铮译:《土耳其、俄罗斯帝国与明代中国》,现代出版社,2022 年版。

[22] [美]彭慕兰、史蒂文·托皮克著,黄中宪、吴莉苇译:《贸易打造的世界:1400 年至今的社会、文化与世界经济》,上海人民出版社,2018 年版。

[23] [美]山村耕造主编,严忠志译:《剑桥日本史》(第三卷),浙江大学出版社,2019 年版。

[24] [美]史蒂芬·贝莱尔著,黄艳红译:《奥地利史》,中国大百科全书出版社,2009 年版。

[25] [美]斯蒂芬·平克著,安雯译:《人性中的善良天使:暴力为什么会减少》,中信出版集团,2019 年版。

[26] [美]王国斌、罗森塔尔著,周琳译:《大分流之外:中国和欧洲经济变迁的政治》,江苏人民出版社,2019 年版。

[27] [美]威廉·麦克尼尔著,许可欣译:《威尼斯:欧洲的枢纽 1081—1797》,上海人民出版社,2021 年版。

[28] [美]詹姆斯·B. 柯林斯著,沈国华译:《君主专制政体下的财政极限:17 世纪上半叶法国的直接税制》,上海财经大学出版社,2016 年版。

[29] [葡]曾德昭著,何高济译:《大中国志》,上海古籍出版社,1998 年版。

[30] [葡]多默·皮列士著,何高济译:《东方志:从红海到中国》,中国人民大学出版社,2012 年版。

[31] [日]村井章介:《十五世纪至 16 世纪东亚国际秩序与中日关系》,古代中近世东亚世界的日中关系史会议,2007 年。

[32] [日]古桥信孝著,徐凤、付秀梅译:《日本文学史》,南京大学出版社,2015 年版。

[33] [日]林佳世子著,钟放译:《奥斯曼帝国:五百年的和平》,北京日报出版社,2020 年版。

[34] [日]原田信男著,周颖昕译:《日本料理的社会史:和食与日本文化论》,社会科学文献出版社,2011 年版。

[35] [瑞士]许靖华著,甘锡安译:《气候创造历史》,生活·读书·新知三联书店,2014 年版。

[36] [意]卡洛·M. 奇波拉著,贝昱、张菁译:《欧洲经济史》(第二卷),商务印书馆,1988 年版。

[37] [英]E. E. 里奇、C. H. 威尔逊主编,张锦冬译:《剑桥欧洲经济史(第四卷):16 世纪、17 世纪不断扩张的欧洲经济》,经济科学出版社,2003 年版。

[38] [英]M. M. 波斯坦编,周国荣、张金秀译:《剑桥欧洲经济史(第三卷):中世纪的经济组织和经济政策》,经济科学出版社,2002 年版。

[39] [英]W. M. 奥姆罗德、玛格丽特·邦尼、理查德·邦尼编,沈国华译:《危机、革命与自维持型增长:1130—1830 年的欧洲财政史》,上海财经大学出版社,2020 年版。

[40] [英]爱德华·吉本著,席代岳译:《罗马帝国衰亡史》(第六卷),吉林出版集团有限责任公司,2011 年版。

[41] [英]崔瑞德、[美]牟复礼编,杨品泉等译:《剑桥中国明代史:1368—1644 年》(下卷),中国社会科学出版社,2006 年版。

[42] [美]牟复礼、[英]崔瑞德编,张书生等译:《剑桥中国明代史:1368—1644 年》(上卷),中国社会科学出版社,1992 年版。

[43] [英]杰森·古德温著,周晓东、郭金译:《奥斯曼帝国闲史》,江苏人民出版社,2017 年版。

[44] [英]科林·琼斯著,杨保筠、刘雪红译:《剑桥插图法国史》,世界知识出版社,2004 年版。

[45] [英]肯尼思·O. 摩根著,方光荣译:《牛津英国史:从公元前 55 年至 21 世纪》,人民日报出版社,2021 年版。

[46] [英]雷蒙德·卡尔著,潘诚译:《西班牙史》,东方出版中心,2009 年版。

[47] [英]理查德·邦尼主编,沈国华译:《经济系统与国家财政:现代欧洲财政国家的起源(13—18 世纪)》,上海财经大学出版社,2018 年版。

[48] [英]罗杰·克劳利著,陆大鹏译:《征服者:葡萄牙帝国的崛起》,社会科学文献出版社,2016 年版。

[49] [英]诺曼·戴维斯著,刘北成、郭方等译:《欧洲史:转型时代(约 1450—1914)》,中信出版集团,2021 年版。

[50] [英]齐格蒙特·鲍曼著,郭国良、徐建华译:《全球化:人类的后果》,商务印书馆,2013 年版。

[51] [英]西蒙·沙玛著,彭灵译:《英国史I:在世界的边缘 3000BC-AD1603》,中信出版集团,2018 年版。

[52] [英]伊恩·莫蒂默著,李荣庆等译:《欧罗巴一千年:打破边界的历史》,上海人民出版社,

2019 年版。

[53] 边俊杰:《明代的财政制度变迁》,经济管理出版社,2011 年版。

[54] 蔡乐钊主编:《帝国、蛮族与封建法》,北京大学出版社,2016 年版。

[55] 晁中辰:《明代海禁与海外贸易》,人民出版社,2005 年版。

[56] 杜车别:《大明王朝是被谁干掉的》,世界知识出版社,2017 年版。

[57] 费宏:《明武宗实录》,台北中研院历史语言研究所,1962 年版。

[58] 冯玮:《日本通史》,上海社会科学院出版社,2008 年版。

[59] 高福进:《欧洲文化史》,人民出版社,2018 年版。

[60] 顾卫民:《葡萄牙海洋帝国史(1415—1825)》,上海社会科学院出版社,2018 年版。

[61] 哈全安:《土耳其通史》,上海社会科学院出版社,2014 年版。

[62] 华腾达:《明朝的钱去哪儿了:大明帝国的财政崩溃与商人命运》,上海远东出版社,2023
     年版。

[63] 黄仁宇:《资本主义与二十一世纪》,生活·读书·新知三联书店,1997 年版。

[64] 黄仁宇著,阿风等译:《十六世纪明代中国之财政与税收》,生活·读书·新知三联书店,2001
     年版。

[65] 黄维民:《奥斯曼帝国:土耳其人的辉煌往事》,中国国际广播出版社,2021 年版。

[66] 黄仲先:《中国古代茶文化研究》,科学出版社,2010 年版。

[67] 蒋大鸣主编:《中国审计史话新编:自先秦至民国》,中国财政经济出版社,2019 年版。

[68] 焦建国:《英国公共财政制度变迁分析》,经济科学出版社,2009 年版。

[69] 赖建诚:《边镇粮饷:明代中后期的边防经费与国家财政危机(1531—1602)》,浙江大学出版
     社,2010 年版。

[70] 黎东方:《细说明朝》,上海人民出版社,2006 年版。

[71] 李东阳:《明孝宗实录》,台北中研院历史语言研究所,1962 年版。

[72] 厉以宁:《厉以宁讲欧洲经济史》,中国人民大学出版社,2016 年版。

[73] 梁方仲:《中国历代户口、田地、田赋统计》,中华书局,2008 年版。

[74] 梁捷:《梁捷西方经济思想史讲稿》,复旦大学出版社,2019 年版。

[75] 林仁川:《明末清初私人海上贸易》,华东师范大学出版社,1987 年版。

[76] 林婉娇:《基督教与日本的锁国》,《渤海大学学报》(哲学社会科学版),2006 年第 4 期,第
     107—109 页。

[77] 刘强:《海商帝国:郑氏集团的官商关系及其起源(1625—1683)》,浙江大学出版社,2015
     年版。

[78] 刘守刚:《国家的财政面相》,上海远东出版社,2022 年版。

[79] 刘守刚:《西方国家的驯化:基于财政思想史的视角》,复旦大学出版社,2021 年版。

[80] 刘守刚:《中国财政史十六讲:基于财政政治学的历史重撰》,复旦大学出版社,2017 年版。

[81] 马金华:《外国财政史》,中国财政经济出版社,2011 年版。

[82] 马一:《明代鲁迷使臣入华进贡初探》,《北方民族大学学报》(哲学社会科学版),2018 年第 2 期,第 40—47 页。

[83] 梅俊杰:《自由贸易的神话:英美富强之道考辨》,上海三联书店,2008 年版。

[84] 梅俊杰:《重商主义与国家赶超:世界经济史上的经验和教训》,上海人民出版社,2023 年版。

[85] 欧阳英:《外国美术史》,中国美术学院出版社,2008 年版。

[86] 钱穆:《中国历代政治得失》,九州出版社,2012 年版。

[87] 尚洁:《中世纪晚期近代早期威尼斯贵族政治研究》,武汉大学出版社,2013 年版。

[88] 沈定平:《明朝时代的中西文化交流史》,商务印书馆,2001 年版。

[89] 沈起炜:《中国历史大事年表》,上海辞书出版社,1983 年版。

[90] 施诚:《中世纪英国财政史研究》,商务印书馆,2010 年版。

[91] 史卫:《人类财政文明的起源与演进》,中国财政经济出版社,2013 年版。

[92] 孙立新:《德国通史·第二卷:信仰分裂的时代(1500—1648)》,江苏人民出版社,2019 年版。

[93] 孙尚扬:《利玛窦与徐光启》,中国国际广播出版社,2009 年版。

[94] 田汝英:《葡萄牙与 16 世纪的亚欧香料贸易》,《首都师范大学学报》(社会科学版),2013 年第 1 期,第 24—29 页。

[95] 万建中:《中国饮食文化》,中央编译出版社,2011 年版。

[96] 王三义:《帝国之衰:奥斯曼帝国史六论》,社会科学文献出版社,2018 年版。

[97] 王学泰:《中国饮食文化史》,中国青年出版社,2012 年版。

[98] 王毓铨主编:《中国通史》(第 9 卷),上海人民出版社,2013 年版。

[99] 文聘元:《西方历史的故事》,百花文艺出版社,2001 年版。

[100] 吴玲、江静:《日本茶道文化》,上海文艺出版社,2010 年版。

[101] 肖石忠:《看得见的世界史:葡萄牙》,石油工业出版社,2019 年版。

[102] 许序雅、许辅旻:《文明的十字路口:奥斯曼帝国的兴衰》,商务印书馆,2015 年版。

[103] 阎照祥:《英国史》,人民出版社,2003 年版。

[104] 杨绍猷:《俺答汗评传》,中国社会科学出版社,1992 年版。

[105] 杨永良:《日本文化史:日本文化的光与影》,台北语桥文化,1999 年版。

[106] 叶渭渠:《日本文学思潮史》,北京大学出版社,2009 年版。

[107] 袁行霈等:《中华文明史》(第四卷),北京大学出版社,2006 年版。

[108] 张建民、周荣:《中国财政通史(第六卷):明代财政史》,湖南人民出版社,2013 年版。

［109］张霞:《不可不知的日本史》,华中科技大学出版社,2013 年版。

［110］张芝联、刘学荣主编:《世界历史地图集》,中国地图出版社,2002 年版。

［111］张志伟:《西方哲学十五讲》,北京大学出版社,2004 年版。

［112］周雷:《赋税改革与国家转型:16 世纪中国与奥斯曼帝国的比较》,《东方学刊》,2021 年第 4
期,第 80—92 页。

外文文献

［1］Agoston, Gabon. Firearms and Military Adaptation: The Ottomans and the European Military
Revolution, 1450—1800[J]. *Journal of World History*, 2014, 25(1): 85—124.

［2］Brook, T. (1999). *The Confusions of Pleasure: Commerce and culture in Ming China*. Berkeley:
University of California Press.

［3］Brown, Alice. French Studies: The Sixteenth Century[J]. *The Year's Work in Modern Language
Studies*, 2015, 75(1): 20—41.

［4］Chou, C. and Edward, H. K. (1974). *An Economic History of China*. Center for East Asian
Studies, Western Washington University.

［5］Clunas, C. (1991). *Superfluous Things: Material culture and social status in early modern China*.
Cambridge: Polity Press.

［6］Crowston, Clare. Women, Gender, and Guilds in Early Modern Europe: An Overview of Recent
Research[J]. *International Review of Social History*, 2008, 53(16): 19—44.

［7］Deng, K. G. (1999). *The Premodern Chinese Economy: Structural Equilibrium and Capitalist
Sterility*. London: Routledge.

［8］Goldzweig, Arthur. Literary Censorship in France: Historical Comparisons with Anglo-Saxon
Traditions, 1275—1940[J]. *Comparative Literature Studies*, 1980, 17(3): 287—304.

［9］Habermas, J. (1989). *The Structural Transformation of the Public Sphere*. Translated by Thomas
Burger. Cambridge: MIT Press.

［10］Hua, Tengda (2021). *Merchants, Market and Monarchy: Economic thought and history in early
modern China*. London: Palgrave MacMillan.

［11］Huang, R. (1974). *Taxation and Governmental Finance in Sixteenth-century Ming China*.
Cambridge: Cambridge University Press.

［12］Hucker, C. (1958). *Governmental Organization of the Ming Dynasty*. Harvard Journal of Asiatic
Studies, Vol. 21: 1—66.

［13］Huff, T. E. (1993). *The Rise of Early Modern Science. Islam, China and the West*. Cambridge:

Cambridge University Press.

［14］ Igor, Kakolewski (2021). *Melancholy of Power: Perception of Tyranny in European Political Culture of the 16*[th] *Century*. Berlin: Peter Lang.

［15］ Kamen, Henry. (1971). *The Iron Century: Social Change in Europe 1550—1660*. London: Weidenfeld and Nicolson.

［16］ Kevin Brownlee, Scott Francis. Querelles des femmes: French Women Writers of the 15th and 16th Centuries［J］. *French Forum*, Vol. 42, No. 3 (Winter 2017): 337—339.

［17］ Kinder, Gordon. Protestantism in Sixteenth-Century Spain［J］. *Mediterranean Studies*, 1992, 3 (1): 61—70.

［18］ Kinross, P. (1979). *The Ottoman Centuries : The Rise and Fall of the Turkish Empire*. New York: Morrow.

［19］ Kwon, Roy. Hegemonies in the World-System: An Empirical Assessment of Hegemonic Sequences from the 16th to 20th Century［J］. *Sociological Perspectives*, 2011, 54(4): 593—617.

［20］ Ma, Debin (2016). *Textiles in the Pacific*, 1500—1900. London: Routledge.

［21］ Maddison, A. (2007). *Chinese Economic Performance in the Long Run: 960—2030 AD*. Paris: OECD Development Centre Studies.

［22］ McDermott, J. (2006). *A Social History of the Chinese Book*. Hong Kong University Press.

［23］ Menudo, J. M. (2020). *The Economic Thought of Sir James Steuart: First Economist of the Scottish Enlightenment*. London: Routledge.

［24］ Mokyr Joel. The Lever of Riches: Technological Creativity and Economic Progress［J］. *The Economic Journal*, 1990, 101(1):996.

［25］ Pamuk, Sevket. Prices in the Ottoman Empire, 1469—1914［J］. *International Journal of Middle East Studies*, 2004, 36(3): 451—468.

［26］ Pollmann Judith. Countering the Reformation in France and the Netherlands: Clerical Leadership and Catholic Violence 1560—1585［J］. *Past & Present*, 2006, 190(2): 83—120.

［27］ Ross, Eric. Misogyny and Witchcraft in 16th-Century Europe［J］. *Current Anthropology*, 1995, 36 (2): 333—337.

［28］ Russell, B. (1922). *The Problem of China*. London: George Allen and Unwin, Ltd.

［29］ Sachslehner, J. (2021). *Wien: Biografie einer vielfältigen Stadt*. Graz: Molden Verlag.

［30］ Scott, J.C. (2009). *The Art of not Being Governed: An anarchist history of upland Southeast Asia*. New Haven: Yale University Press.

［31］ Sombart, W. (1967). *The Quintessence of Capitalism: A study of the history and psychology of the modern business man*, translated and edited by Epstein M. New York: Howard Fertig.

[32] Subrahmanyam, S. (2012). *The Portuguese Empire in Asia* 1500—1700: *A Political and Economic History* (2nd edition). New York: Wiley—Blackwell.

[33] Tang, L. (2018). *Merchants and Society in Modern China: Rise of merchant groups*. London: Routledge.

[34] Twitchett, D. and Mote, F. (1998). *The Cambridge History of China: Volume* 8, *The Ming Dynasty*, 1368—1644. Cambridge: Cambridge University Press.

[35] Weber, M, Runciman, W. G. And Matthews, E. (1978). *Max Weber: Selections in translation*. Cambridge: Cambridge University Press.

[36] Wilhelm, R. (1930). *Chinesische Wirtschaftspsychologie*. Leipzig: Deutsche Wissenschaftliche Buchhandlung.

[37] Zwierlein, Cornel. Security Politics and Conspiracy Theories in the Emerging European State System (15th/16th c.)[J]. *Historical Social Research*, 2013, 38(1): 65—95.